둔덕국민학교 16회 동창회 기념촬영
(배순자 첫 번째 줄 좌로부터 두 번째)

박정희 대통령과 육영수 여사를 좋아하는 사람들의 모임

박 · 정 · 모 거제시 지부 단체 회원
친목을 도모하며

✲ 목표 ✲

사상과 지도 이념을 연구 · 계승하고,
추모 · 선양함을 목적으로 한다.

✲ 목적 ✲

회원 및 임원 청와대 방문

✲ 회장 ✲

박재행

✲ 필자 ✲

홍보국장 배순자

✲ 날짜 · 장소 ✲

2013년 12월 11일 청와대

2011년 3월 26일 박 · 정 · 모 거제시 지부 창립총회 성황
홍보국장 우수회원패 기념 촬영

자문 2인 우수회원패 홍보국장 배순자

청와대 앞 보슬비 맞으며

필자의 서재

제주도 관광 당시

동남아 여행, 태국 가이드와 함께

제3회 대구광역시 〈청소년 지도자 대상〉 시상식

월간 『문학세계』 〈신인문학상〉 시상식

경남경찰청장 부임 때 김금도 외 배순자 일동

세월의 흔적

세월의 흔적

배 순 자 작품집

도서출판 천우

어린 시절 산과 들녘 두메산골 모닥불 연기 따라 피어 있는 찔레꽃 향이 풍기는 향수(鄕愁)! 가도 가도 끝이 없는 길! 묻어 본 마음 그때를 잊으랴! 부모 슬하 막내로 귀여운 사랑을 받으며 어리광부려 보던 따뜻한 품이 그리워라! 동심이 뭔지도 알지 못하여 꽃과 나무를 보며 혼자 흥얼거리며 시를 읊어 본다.

토막토막 3년 세월 가고 또 가니 어린 시절 보던 얼굴 인걸(人傑)은 간 곳 없고 서글퍼진 그 옛날이 참으로 야속하기만 하다. 산천은 의구(依舊)한데 먹구름만 밀려 찾아온 가난, 한 맺힌 서러움인 것을……. 초석을 다져 준 한민족 영웅, 어디서 연명하는가 슬프다. 꿈, 3년이면 누구나 바라던 소망, 곧 성공을 실어 보는 꿈은 현실인 것이다. 어린 시절과 젊은 시절을 지나 인생의 연륜을 쌓아가면서 자신의 힘보다 더 큰 계획을 세우며, 수많은 시행착오를 겪으면서 성공의 길로 조금씩 성공의 길로 다가선다.

학교에서 배운 지식보다 실제 삶의 체험 속에서 몸으로 체득한 지식이 인생의 참된 길을 보여주는 것이 아닐까. 삶의 여정 속에서 때로는 실수를 통해 목표한 바를 이루어내는 것이 나의 삶의 신조이다.

평소 편지 쓰는 것이 나의 취미였으며, 21세부터 70세까지 편지를 쓰다 서울우체국에서 '나 하나의 우표' 100장을 만들어 부친 편지가 온 마을을 뒤덮었다. 1999년부터 신문사에 글을 기고한 것이 시와 수필 쓰기가 시작된 시초였다. 그리고 시인 배길수 선생님으로부터 지도받기 위해 거제 학동까지 찾아가서 자문을 구하기도 했다. 지난날의 일기를 합하여 제목을 따 수필을 쓰게 된 동기였다.

「상심」으로 등단한 후 눈물로 얼룩진 나와 언니와 지인들의 삶을 글로 남기고자 한 권의 책을 엮어 본다. 부족한 나에게 하나님 은혜 충만하심에 천하를 사랑의 눈으로 나누다 보니 많은 분들의 도움을 받을 수 있었기에 진심으로 감사를 드린다. 도서출판 천우 편집부, 특히 金天雨 이사장님의 자상하고 꼼꼼한 지도에 고마움을 잊을 수 없어 열심히 본받아 나의 소행(素行)과 소망(素望)을 출판해주신 데 대해서 월간 『문학세계』 심사위원님과 함께 감사를 올린다. 75세, 한숨에 목 메이고 눈물방울 얼룩지며 이 책을 읽는 애독자들께서 열심히 봐 주신다면 더 바랄 것이 없다. 한 권의 책, 인생 소명을 올린다. 감사드린다.

2014년 4월 7일

차례

세월의 흔적

배순자(裵順子)

대한민국 경상남도 거제시 둔덕면 산방리 379번지

가품(家品)

1. 조부님 존함 배창우(裵昌雨) 할아버님
   (부자간 지방장관) 배삼도(裵三度) 4대, 7대 역임
   (1) 통관군청 과장 역임
   (2) 둔덕면 면장 역임
   (3) 거제군 대의원 3선
   (4) 마산시 북마산 한의원 경영

2. 부 배숙도(裵叔度)
   산판 목주 거제 일대 녹지 산 사업과 거제도 둔덕면 산판 거인 자격증, 허가증 제시한 분으로 거대한 사업가였음.

3. 모 조경선(曺敬先)
   여군자(女君子)라는 호칭 면 내 동네에서도 현모양처임.
   부모님께 효도 · 효심에의 삶.

4. 故 여형제 배복연(裵福連)
창조 후 2회 문화인으로 학문 배움
둔덕국민학교 졸업
경남 진주 자수중학교 졸업
2014년 현 85세

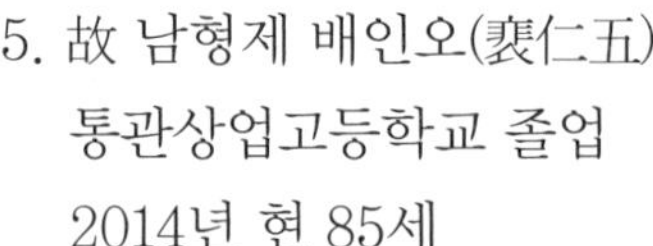

5. 故 남형제 배인오(裵仁五)
통관상업고등학교 졸업
2014년 현 85세

6. 여형제 배필아(裵華芽)
둔덕공민중학교 재학
2014년 현 83세

7. 故 여형제 배복아(裵福芽)
둔덕국민학교졸업
2014년 현 89세

8. 여형제 배순자(裵順子)
대광중학교 졸업
2014년 현 76세

9. 친삼촌 7대 면장 배삼도
부자간 우리 집안 10종목 업무

✻ 배순자의 신념 ✻

신조

1. 나는 나의 능력을 믿고
   나의 일을 믿고
   나의 좋은 결과를 믿는다

2. 나는 항상 즐겁게 생각하고
   항상 즐겁게 행동하고
   항상 웃으며 살아간다

3. 나는 나의 일을 창조하고
   나의 일을 검토하고
   나의 일을 빛낸다

성공길

1. 봉사 정신
2. 장인 정신
3. 독자의 개발
4. 세상 비지니스

2005년 3월 21일 등단

생활의 지침

1. 이마에는 예절이
2. 눈에는 슬기가
3. 입에는 친절이
4. 손에는 노력이
5. 발에는 질서가

건강

1. 건강은 스스로 관리한다
2. 최후 종말 힘 일생(一生) 생일(生一)
3. 낙망과 좌절하지 않는다
4. 작은 생각 버려 공간을 버려라
5. 성공과 건강은 대공할 수 있다

〈거제중앙신문〉 독자마당

2003년 7월 25일 금요일 ~ 7월 31일 목요일

내 고향 따뜻한 남쪽 나라

꿈으로 여겨 세월을 보내온 일생 현실은 먼 여정
일과 하루의 목표 탄탄대로 걷고 싶다
밤이면 꿈속에서 헤매다 그리운 사람도 만나 보듯
세상은 인생의 본분을 지키려 하지만
꿈속은 마음껏 날 수 있고 꿈을 펼친다
삶의 길 밀리고 밀려가는 파도처럼
움직이며 개척하는 한 많은 세상
물결 노을 친 역경 속에 인내하며
그 아름다운 세상을 찾아가리
오늘밤도 현실은 몰락할지라도
나에게는 꿈으로 헤치며 하루의 생을 묻어본다
활기찬 생활에 새로운 지평으로 달려
희망의 메시지를 깊은 마음속 묻어두리
힘찬 길을 걷고 또 걸어가며
내 고향 따뜻한 남쪽 나라로

〈거제중앙신문〉 애독자제언

2003년 7월 25일 금요일 ~ 7월 31일 목요일

여성도 자기 계발에 노력할 때

국내 노숙자는 5만 명, 실업자는 74만 명을 상회하고 있다는 보도다. 이런 때일수록 남편의 실직을 가만히 보고만 있어서는 결코 안 될 일이다.

여성들도 자기 계발과 자기 향상에 노력. 건전한 가정을 이뤄야 할 때라고 생각한다.

옛 조선조 초기의 남성 위주의 봉건주의 사회에서 여성이 자기 집 밖으로 나가는 일이 거의 없었던 것은 자타가 공인하고 있다.

따라서 그 당시에는 여성이 직업을 갖는다는 것은 '하늘의 별 따기' 처럼 상상조차 할 수 없었다.

그러던 차 20세기 초반부터 이른바 개혁의 태풍으로 새 여성 출현이 시작됐다.

근세 들어 남녀 평등권과 함께 여성들의 진출이 눈부시게 전개되고 있다. 교직, 간호사 등은 물론이고 정치인, 대학교수, 연예인 등 부지기수다.

최근 교육부 자료에 따르면 여교사의 비율이 고등학교는 41.7%, 중학교는 65.4%, 초등학교는 무려 75%나 된다는 것이다. 최근 미국도 교육 분야에서 여성 교사가 무려 65%나 차지하고 있다는 뉴스다.

이와 함께 남성 전유물로 생각하고 있던 각종 봉사단체 공직 사회와 사회 단체 등도 여성 진출을 크게 환영하고 있는 추세다.

이렇게 되고 보니 모든 직업에서 남성이든 여성이든 그 어느 한쪽만이 독차지하는 편파성은 모조리 없어지고 남녀 할 것 없이 직업 선택을 자율화하는 물꼬가 트이고 있다.

옛날처럼 남자는 바깥사람으로 밖에서만 일하고, 여자는 집 안에 파묻혀 가정만 보살핀다는 따위의 전통적 사고는 말끔히 씻긴 현실이다.

따라서 반대급부적으로 이젠 남성도 집에서 가정을 돌보고 여성도 밖에서 하루 종일 직업에 매달려 일하고 있는 것이 현실이다.

이젠 남녀노소 누구를 막론하고 자기의 소질에 알맞은 직업을 택할 수만 있다면 그 이상 소원 성취나 바람직한 일이 있겠냐는 생각이 든다.

이 난국을 슬기롭게 극복할 지름길은 여성도 마땅히 자기 계발과 자기 향상에 최선의 노력을 경주하는 것이다.

이순신 장군의 시조

한산섬 달 밝은 밤에 수루에 홀로 앉아
큰 칼 옆에 차고 깊은 시름 하는 적에
어디서 일성 호가는 나의 애를 끊나니

역사의 시조

태산이 높다 하되 하늘 아래 뫼이로다
오르고 또 오르면 못 오를 리 없건마는
사람이 제 아니 오르고 뫼만 높다 하더라

옛 시조

청산리 벽계수야 수이감을 자랑 마라
일도창해하면 다시 오기 어려우니,
명월이 만공산(滿空山)하니 쉬어간들 어떠하리
이고 진 저 늙은이 짐을 풀어 나를 주오
젊은인들 돌인들 무거워 하리오
늙기도 서러워 하거든 한 몸에 뿌린 피를 거두려 하거늘
어이하여 부러지지 않는 나의 애심 허공이 물들이리라
밤안개 속에 낯설은 밤 길
우스운 눈물만이 무려한 김이 서린다

옛 시조

이 몸이 죽고 죽어 일백 번 고쳐 죽어
백골이 진토 되어 넋이라도 있고 없고
임 향한 일편단심 가실 줄이 있으랴
임 향한 일편단심 가실 줄이 있으랴

故 이승만 前 대통령 자서전

1. 부주의한 말 한 마디가 싸움의 불씨가 되고
2. 잔인한 말 한 마디가 삶을 파괴합니다
3. 쓰디쓴 말 한 마디가 증오의 씨를 뿌립니다
4. 무례한 말 한 마디가 사랑의 불을 끕니다
5. 은혜로운 말 한 마디가 길을 평탄케 하고
6. 즐거운 말 한 마디가 하루를 빛나게 하고
7. 때에 맞는 말 한 마디가 긴장을 풀어주고
8. 사랑의 말 한 마디가 축복을 줍니다

서울 여행길 이가(李家) 방문 배순자(裵順子)
이렇게 고운 말 건네 준다면 웃음에 미소 짓고
밝고 즐거운 하루가 될 것이다

찔레꽃

찔레꽃 향기는 너무 슬퍼요
그래서 울었지 밤새 울었지
찔레꽃은 달처럼 슬퍼요
하얀 찔레꽃 순박한 찔레꽃
별처럼 슬픈 찔레꽃
달처럼 슬픈 찔레꽃
찔레꽃 향기는 너무 슬퍼요
그래서 울었지 밤새 울었지
찔레꽃처럼 사랑했지
찔레꽃처럼 노래 불러요

* 서기 1945년 민족의 얼 상징 노래
(재필)기록 배순자, 민족의 함성 소리

故 박정희 대통령

곤충은 잎을 먹듯
봄이면 활짝 핀 흰 꽃이 피었다.
사람은 언제나
소신대로 산다면 수치가 없다.

* 월미도에서 휴식을 취하시며 남겨주신 한 토막의 시.
  재필 배순자.

해설

저 하늘 찌르는 백성들의 함성 소리 세월이다.
국화송이 신혼방 꾸미듯
민족의 한(恨) 그리고 얼, 얼굴을 묻고
오 개년의 숙제를 두고 가노라.
꽁꽁 얼린 못다 함을 접동새나 풀어주오.
울며 소리 탄식하며 흐름도 세월이다.
인생은 한 주먹 흙으로
역사는 살아 숨 쉬며 길이길이 영원하리라.

망월 망향 인생

望月望鄉 人生

數많은 歲月 茫茫大海 기로에서
세찬 바람 빈 허공
暗獄 世界서 光明을 바라보듯
世上 끝 가지 분노에 척후 처도
心에 품고 病 들어도
哉生吉 나 천 판 懷猶 처럼
結에 되전을 다짐 하며
恨맺힌 父母兄弟一家 親地요
六十平生 허무한 삶 情으로 사노니
흘러간 날들은 白地 속의 무덤으로
忍耐는 쓰고 열매는 달다
노을진 바다 가에 오막살이 지붕 밑에
음악 속에 살아 가는 恨맺힌 女生
人生의 終瀨 똑딱이는 시계 초침
뻐꾹 울음 소리 맥박도 함께 뛰며
빵마다 꿈속에서 그리며 산다
茫漠한 앞길을 바라 보면서
아득히 보이는 希忙 봉으로
한 조각 人生 前 떠나 갑니다
자욱한 양개 속에 一平의 무덤
푸른 잔디 흙으로 변신 하여
내 水魂 하나 넘 결으로

一九九九年 一月 一日 慶順子

산방산 '삼짇날'

산방산 봉우리 슬피 울고 가는 저 애 기러기
애달픈 네 울음에 내 마음도 아프구나
산방산 3봉우리 모자지간 정이던가
애틋한 그 모습 석호로 우뚝 섰네
산방산 줄기마다 얼이 서린 전설의 내 고향
옛 시절 떠오르는 뭉게구름 타고 나도 가볼까
아카시아 꽃잎에 취해 피리 불던 내 고향
우수수 지는 고요한 밤에
하얗게 서리 맞은 저 달은 아카시아 나무 걸렸네
물씬 나는 달래 향기 정이 가는 내 고향
뽕나무 감나무 흠뻑 젖은 달밤
동무들과 모여 앉아 저 별은 너의 별 이 별은 나의 별 그 시절 그리워라
뒷동산에 올라가 천고마비 바라보며 솜 같은 흰 구름
이슬 맺힌 언덕 위에 향기로운 찔레꽃 동풍이냐 서풍이냐
이리 봐도 진달래 저리 봐도 진달래
아카시아 향내 나는 정이 가는 내 고향
밭 언덕 쓴 나물 된장국 무쳐 부모 형제 마주 앉아
도란도란 먹던 시절 얘기로 밤새노니
은은한 쪽 반달은 서산에 걸렸네
뭉게구름 벗 삼아 찾고 싶은 삼짇날

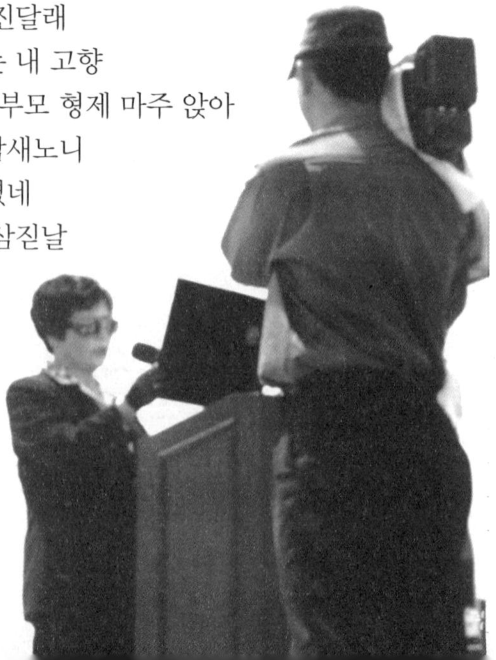

동심

넓은 운동장 활기차게 뛰놀던 소년들의 얼굴들. 흙 속에 금빛처럼 아름답고 맑은 동창들의 얼굴들 만남이 반가웠다.

첫 동창회 스승 한 분을 모시고 마치 사슴을 상징하며 하루가 짧았다. 서로 반가움에 부둥켜안은 채 눈물 먹은 미소를 지었다. 아련히 그려보는 넓은 운동장 돌을 차며 돌을 돌리며 제기를 차던 그때를 상징하기도.

합창 노래. '내 고향으로 날 보내줘 오곡백화가 만발하게 피었고' 라는 소리는 목청 있는 그대로를 산과 들을 메아리쳐 초목도 같이 춤추는 듯. 비록 시골 초가지붕 아래 조그만 앞마당일지라도 더욱 향도를 즐기며 기념 촬영을 남겼다.

꿈처럼 뛰놀다가 '야, 너 정말 예뻐졌다' 라는 메시지를 주고받는 예절. 그네들의 따뜻한 마음 병아리를 품어 주듯 모두 듬뿍 사랑을 나누었다.

옛 속담. 은혜는 물에 새기며 원한은 돌에 새긴다는데, 마음속 가다듬고 영원한 추억을 남기리. 우리들의 꽃은 온실의 꽃보다 비바람 세찬 바람 시달려도 미각적인 야생화 꽃으로 보여 꿋꿋하게 자리 지키며 살아남는 것임을 인간들의 인내를 겸하고 싶다.

그리고 국력을 기르는 많은 동창들의 재능, 대한민국 어느 곳을 가더라도 부족함이 보이지 않는 인재들의 얼굴들. 참으로 칭송하며 환호를 주는 향토민의 소리를 높인다.

여기서 서울대 수재, 기타 명문대 그리고 민생들을 보호해주시는 경찰청장도 탄생했으며, 바다를 지키는 해양 경찰 경정도 탄생. 육군 중령도, 해병대 주임 상사도, 세계 문학 시인도, 기타 교수도, 교사도, 사회봉사하는 기업체도, 농어촌을 천직 삼아 황금 벌판 향토길. 훌륭한 동창들의 재능 국력을 기르는 모범적인 동창들 대한민국 아들딸.

그리던 한 번의 소망. 부산시 해운대 스승의 날 기념 동창 30명 참석 거대한 날을 스승에게 보답을 하기 위해 1박 2일간 스승의 은혜 보답 보람 있게 한 것을 모두가 나에게 수고 격려를 스승 두 분도 전화 걸며 동창 모두가 보람 있는 큰일을 끝마쳤다는 환영을 받은 것이며, 주고받은 선물 건네며 스승과 제자들의 만남과 송별인 것일까?

자연의 손길 숲속 삶이 향토 그림자, 어머님 무덤 앞 외로운 할미꽃 백일홍 심는 훌륭한 아들딸.

해당화

산방산 줄기찬 계곡마다
굽이친 물결
유유히 흐르는 강물 따라
바다로 갈매기 떼 나는 둔덕천
꽃가마 놓인 무지개 오작교
은하수 직녀를 기다리는 듯
무성한 해당화 빵긋이 웃어주네
오고 가는 눈빛을 사로잡는
한 송이 해당화
칠백 리 뻗어 가는 유서 깊은 둔덕 고장

* 산방산 높이 : 7m
산방산 축제 장소 : 거제 둔덕 산방산 비원

2004년 10월 9일

꿈에 물 위로 가다

나의 인생은 어느 곳에 보관시켰는지
아직도 나에게는 길의 표준이 없다
지나간 괴로움은 누구에게 다 주겠는가
세상은 무대요 인생은 배우다
마음은 아직도 돛단배요
걸어온 뒤안길을 걷고
밀려왔다 밀려가는 파도처럼
내 인생 창공을 나는 한 마리 새처럼
지나온 내 인생 살아온 세월에 묻고.
파란 하늘처럼 수놓아 살리라

2009년『한국을 빛낸 문인들』선정 작품

청풍(淸風)

사랑의 상처는 인간이 남기고
사랑의 치료는 세월이 남긴다
거친 들판 위에 시든 꽃잎으로 변하고 만 그대
내 가슴 따뜻한 사랑을 안고 산다는 게 그렇게 쉬운 일은 아니다
내 염원 기약 없는 이별인가
오직 한 사람 맞이하기에 이렇게 힘이 드는가
서글프게 해가 지고 짓궂은 운명 앞에 차라리 웃고 살자
구름 속에 날아가는 새처럼 내 마음 훨훨
어두운 갈림길 안개 속에 피어나는 꽃처럼
방울 맺힌 내 가슴 한이 서린다
지난 아픔은 내 가슴 돌이 되어 이끼만 끼었노라
밤새 내린 이슬처럼 아카시아 꽃잎에 취해
시든 할미꽃으로 상징하며
숱한 추억만 남기고 태양에 이슬처럼
그 얼굴 사라질 것을 허무한 삶
메마른 단비는 그 언제

〈거제중앙신문(제168호)〉

2005년 3월 3일 목요일 ~ 3월 9일 수요일

산방산 보름달

#거제 둔덕 산방골을 더듬어 본 역사

산방산 정기의 맥을 이어 한 면의 지방 일꾼들을 한 사람씩 선택하며 1924년 5월 23일 5대 배창우 면장님부터 2005년 옥기종 면장님까지 일곱 일꾼들이 탄생한 곳이기에 산방리 동리는 그 누가 말해도 축복 받은 곳이라고들 말하고 있다.

하지만 오늘의 현실에서 다른 동리보다는 노인정이 좁아 좁은 공간에 많은 노인분들이 서로 팔을 베며 양보하면서 따뜻한 정과 그 정으로 훈훈함을 나누고, 황혼의 길을 꿈꾸며 백발 은빛에 서로의 눈웃음에 즐거운 나날을 보내면서 황혼의 정다움으로 웃음꽃을 피운다.

비록 근사한 노인정은 없지만 그 정은 다른 마을보다 아름답다는 것이 다른 마을 사람들의 공통된 말들이다.

정월 보름, 둥근 달이 뜰 때 한 해 소감을 빌며 각자의 소원을 비는 모습이 아름답다.

노인 30여 명이 모여 덕담과 함께 한 해를 기약하며 남은 여생의 갈 길을 함께 보듬어 준다.

달을 맞아 종일 노랫가락으로 웃음을 짓고 '달맞이' 하면서 한 해 농사가 어떻게 될 것이라는 예상도 하며 모두가 서로의 손을 잡고 후손들이 하는 일과 소원 성취를 빌며 그네들이 살아온 현실을 후회 없이 말하고 있는 아름다운 산방골.

회장 신기안, 부회장 이재희,
기록 배순자

지방 장관 탄생 1924년 5월 23일

1. 5대 배창우 면장님 ┐
2. 7대 배삼도 면장님 ┘ 부자간
3. 옥기종 면장님

2005년까지 일곱 일꾼들이 탄생한 곳이기에 거제시 둔덕면 산방리는 축복 받은 고장이라고 역사에 기록된다.

상심

— 형제의 상심

배복아 언니

세상 사람들은 모두가 나를 도끼눈으로만 보고 있다. 혹은 도다리 눈으로 흘겨보고 있다. 가슴에 불붙는 소리, 회오리 소리가 휘파람에 메아리친다.

타는 가슴에 기름을 끼얹듯 뭉게구름이 먹구름에 뭉쳤던 응어리를 안개처럼 걷어 준다.

피할 수 없는 운명 앞에 경적을 울리고 멀어져 간 인생사 말 못할 사연을 가슴에 묻고 소리 내어 울어 보려나. 원망할 곳 없어 주어진 삶을 침묵 속에 묻어 둔 채 눈물만 빼니 살지 못할 고향 땅, 흙에서 순탄하게 살아온 세월 아무도 없는 화산 위에 메아리쳐 보기도 하며 잊을 수 없는 정은 소리 내어 울어 본들 가는 길을 막을손가. 엄마 없는 하늘 아래, 자식 없는 땅 위에, 아무도 없는 허공에 찾을 수 없는 그리움. 형제여, 마디마디 맺힌 눈물을 어이 호소하리오. 내 마음속에 항아리를 묻어 두고 주체할 수 없는 마음이 흐른다.

아무리 불러 봐도 내 마음속에 차지를 않는다. 차라리 소설가, 시인이라면 동서남북이 가리우리까. 이 풍진 세상을 만났으니 너의 희망이 무엇이뇨. 부귀와 영화를 누렸으니 희망이 족할까요.

하답에 엄벙덤벙 주색잡기에 침몰하랴. 일장춘몽 중에 또다시 꿈같구나. 가신 부모형제 영원한 침묵 속에 울음마저 삼켜두고 내 가슴 돌이 되어 이끼만 끼었으니, 형제여, 가는 길에 불효초가 있으리까. 소리 내어 울어 본들 마음속 운다 하니 내 이름 부르리오.

햇살보다 더 눈부신 세상이었던가. 희미하게 얼룩진 산맥, 이슬 맺힌 무지갯빛으로 야릇한 모습만 눈에 아롱거려 그림마저 비에 씻겼네. 가슴에 맺힌 눈물 명주실을 풀어 보렴. 동산 위에 핀 꽃은 태양도 비춰주려니, 가냘픈 인생은 구름 속에 길을 잃었으니 행복이란 봇짐을 좇아야 했던가. 꽁꽁 얼어붙은 고드름 시 없이 녹으려니 산맥 깊은 곳에 굽이굽이 소리 내어 물안개 되련만. 애절한 형제의 목소리 찾아 적막을 깨뜨리니 새벽 이슬 데워 영롱한 재주 향수에 젖은 분꽃, 때가 되면 피오리까.

형제여, 우린 너무 쉽게 헤어졌어요. 가신 님 무덤 위에 접동새 울음소리 메아리쳐 푸른 잔디 위에 원원이 서려 가버린 내 형제여, 꿈속에선 손잡고 다니련만. 적막을 울리며 시를 따라 부른다고 가오리까. 내 언니 눈가에 방울 맺힌 서러움, 눈물로 흘러 가슴마다 상처 주고 눈 감으면 떠오르는 부모 형제 언제 만났던가 부르며 대답하리오.

타국 멀리 하늘 아래 생명처만 있다면 그 어딘들 못 가리오. 영영 가신 부모형제 상봉길이 없으리까. 한 많은 부모 형제여, 정만은 남겨두고 불러도 대답 없는 영혼, 화창한 보름달 속 미소 짓는 그 얼굴들, 증표만 남겨두고 흔적 없이 사라져간 그리움에 묻힌 그분들의 가시는 길에 명복을 빌며, 한 토막 노래를 부르는 그 순간마다 그리움이 묻어오며 사무치는 순간 아름답고 둥근 얼굴들 따뜻한 사랑 늘 내 곁에 머무소서.

어머님의 손을 놓고 돌아설 때에 부엉이도 울었소. 나도 울었소. 봄 햇빛같이 따뜻한 사랑, 동짓날 추위도 이기는 사랑, 노을이 질 때까지 호미 자루 벗을 삼고 화전 일구시고 흙에서 살아온 한 세월 모두 한으로 남겨두고 마감하신 영령들이여. 한 많은 세월 뒤돌아보며 짧은 생에 애절하게 섬기며 달을 보며 기도하던 형제의 목소리 지금도 귀에 들려옵니다.

수많은 사연들 은은히 들려주기에 호소하며 살아가는 땅 위의 삶.

산다는 것이 처참하며, 인간의 저주받은 아픔 같습니다. 마음도 육신도 병들어 인생의 종착역에 도달한 시점 세상에서 탐욕도 탐원도 다 버리고 빈손으로 인생의 길을 찾아가는 것이 인간의 본능이라 할까. 덕으로 살아가는 현실일지라도 순간마다 치우치는 분노 억제하고 인내하니 삶을 꿈으로 여기는 그 얼굴, 잠으로 얼룩지며 살아온 숱한 날들 영원하니 세상에 많은 인간관계에 미소를 띠우며 살아야 했다. 거제도 충원공원 한 평의 무덤, 푸른 하늘 아래 한 맺힌 사연을 가슴에 담에 수많은 아픔 속에 속죄하며 편히 잠들어 우뚝 솟은 묘소 앞에 길잡이 접동새 풀피리 불며 우리들의 마음을 대변하며 맴돌다 가리다. 형제여, 한 지붕 아래 조급하게 살아온 그날들, 마음 아픈 나날의 생활에 자유롭지 못함을 사죄드리는 마음 금할 길 없어 늘 상심이 따르고 있습니다.

간 곳마다 스쳐간 구석구석 소리 없이 초원의 꿈도 파초의 꿈도 흔적 없이 사라져간 한 평의 무덤 속 침묵으로 잠드소서. 환상만 남겨두고 떠나신 영령들이여, 영원을 불태우며 명복을 빕니다.

형제여, 기나긴 겨울밤 하얗게 눈 내리는 차디찬 기온과 불어오는 휘파람 소리, 똑딱이는 시계 소리 맞추어 함께 숨 쉬며 동편에 솟아오른 햇살의 아름다운 설경이 조화를 뽐내느니. 형제여, 추우면 내 곁에 머무소서. 다시 가라 하면 내 못 가네. 못다 한 굽이 설움 짓네. 한 많은 내 형제여, 서로의 못다 한 상심을 호소할 뿐입니다. 형제여, 언제나 내 곁에 머무소서.

월간 『문학세계』 신인문학상 수필 부문 심사평

사람 냄새 나는 수필을 쓰기를

배순자 님의 「상심」을 당선작으로 선정했다. 수필의 향기는 불혹의 나이를 지나서야 진가가 난다고 한다. 그만큼 인생의 쓴맛 단맛을 겪을 만큼 경험한 뒤에야 수필의 면모가 제대로 갖추어지는 것이다. 수필을 한낱 신변 이야기나 쓴다고 생각하면 큰 오산이다. 수필다운 수필이 되려면 그 작품의 문학성은 말할 것도 없거니와 철학성, 역사성까지 곁들일 수 있어야 한다고 본다.

그의 작품들에는 그동안 겪어 온 삶과 생활의 흔적들이 담겨 있다. 투철한 사명감으로 성실하게 살아온 아름다운 모습들이 소담스럽게 담겨져 있다.

「상심」은 형제를 다시 돌아올 수 없는 세상으로 보낸 애달픈 정을 노래한 작품이다. 남겨진 형제의 가슴에 돌이 되어 이끼로 남은 간절한 통한의 몸부림과 두터운 형제애가 구구절절 눈물처럼 묻어난다. 사모의 정을 서간체로 이끌어 가는 듯하다. 애통하다 못하여 가슴 깊은 절규가 구절마다 철철 넘친다. 떠나보내고 남은 자의 인연설이 서러움으로 남아 못다 한 노래를 부르는 듯 감정이 주체할 수 없을 정도로 사무치는 정을 노래한 작품이다.

수필도 문학적 가치로 평가되어야 한다. 더욱 땀 흘려 사람 냄새 나는 좋은 수필을 탄생시키길 바라며, 당선을 축하한다.

심사위원 / 윤형복 배길수 도창회 윤제철

월간 『문학세계』 신인문학상 수필 부문 당선소감

최후의 영광

월간 『문학세계』 심사위원님들께 먼저 감사하다는 말씀을 전합니다. 그동안 신문과 기타 글을 올려 왔지만, 이번 소식만큼 반가운 것은 없었습니다. 미천한 저의 글을 존중해 주셔서 그 무엇으로 감사를 표하겠습니까? 등단을 최후의 영광으로 여기며, 앞으로 많은 소재들을 기록하겠습니다. 짧은 세월 이끌어 주실 것을 믿고 월간 『문학세계』에 누가 미치지 않도록 노력하겠습니다.

이곳 남쪽 하늘 아래, 바닷바람 시원하게 마시면서 정담을 나누는 문인 선배들과 함께 보낼 아름다운 시간과 아름다운 날들을 기대하며 등단의 기쁨을 함께 나누렵니다.

추억의 칠한량(七閑良)

유구한 조상의 피를 이어 두메산골에서 태어났다.

20대 젊음을 의식하며 흙에서 살리라는 신념 아래 산방산 내력 역사를 더듬어 노래 가사를 엮어 부르며 때로는 민속 명절을 맞아 둔덕면민을 위하여 향수에 젖은 꿈나무로서 밝은 달빛 아래 많은 면민을 모시고 화려한 연극 단막을 내리면서 마치 예술의 전당 못지않게 진행된 것이다.

이때 박수와 칭송을 받으며 면민과 더불어 즐거운 명절을 보냈다. 아름다웠던 추억을 남겼으며 고풍의 진리를 글로 쓰기도 했다. 산방산 비령 틈, 옥굴 속에 불신처가 지금도 형태가 남았다는 것은 역사 흐름이 기록된 것이며, 일곱 친구들은 뽐내며 걸어온 길 경상남도 거제 지방 기념물 11호로 지정되어 있으며 본래 성의 명칭은 기성이다. 1170년 8월 상장군 정중부 등이 무신의 난을 일으켜 무부들에 의해 강제 폐지된 고려 18대 의종이 같은 해 10월부터 이성에서 절치부심 복위됨을 꿈꾸며 1173년 8월까지 만 3년 머물던 거제에서 가장 유서 깊고 유구한 역사를 간직한 곳이다.

둔덕 고려촌 건립 추진 향(鄕) 폐허된 패왕성은 자취 없이 남았다.

역사 깊은 산방산 노래

둔덕면에 고요한 달밤아 산방산이 자연적인 데는 무지터 옥굴 30명이 피난 온 곳 자취 없이 남았구나 아아 아 뜻이 높은 오색터에서 불러보자 둔덕 산방산

우리는 때로는 비평도 받았으며 모두가 인내하며 희생한 것이다.

일곱 친구 뽐내며 머리 두 갈래 묶인 채 1명 가도 14꼬리라는 별호가 붙어 늘 많은 사람들의 물망에 오르기도 했던 추억의 그날들.

70줄에 앞당겨 참신하게 살아가는 칠한량 남은 길을 염원하면서.

대흥사 목탁 소리

하늘과 땅 끝까지 내가 본 대흥사 웅장하며 아름다웠다
대흥사 목탁 소리 산천을 울리고 목탁 소리 울릴 때마다 신도들의 염불 소리
다보탑에 맺힌 사연 사연 깊은 석가탑 굽어보는 첨성대
속세에 묻힌 승려들의 길 자연에 풍경 소리 망각에 떨리는 천년 바위 울음소리
동풍이 밝아오니 산새들의 울음소리
청명한 내 마음 온갖 새들의 노랫소리
저 멀리 인가에 한 사람씩 줄지어 오르내리는 신도들
걸음마다 재촉하며 불경 드리는 모습들 아름다웠다
내 모양새는 왜 이렇게 다를까
세상에 태어날 때 모두가 같으려니 외로움은 나에게만 찾아 찾아오리오
바삭바삭 낙엽 소리 조롱 흐르는 물소리 스르릉 바람 소리 나의 친구 되려니
자연의 흐름이 일생토록 동반자 되리오
서산에 붉은 노을 우리네 발자취 재촉하며 세상 모든 모든 것 다 잊고 가자 가자
어두운 발길 손에 든 염줄 목에 걸며 무릎 꿇어 눈을 감고 외우며 가리다

식물원 날개를 뻗어

산방산 빛 받아 온갖 자연은 품 안에 자라며
창공을 나는 산새들 노랫소리, 풀벌레 울음소리
아카시아 꽃잎 풀피리 불며 능선을 넘고 넘어
아름답게 들려오며 귓전을 맴돌아 하루가 즐겁네
서늘한 바람, 푸른 잎새 하늘거린 몸매와 어우러져
손잡고 춤추며 어느 세월 서산에 노을은 인적을 묻을까?
산새들 울음소리
안식처 찾아간다는 수신호를 보낸다
수목농원 건너편 꽃밭에 두 여인의 모습들 정겹다
마치 호미 자루 움직일 때 금을 파듯, 땀방울 눈앞을 가려
흙에다 묻을 어둠 고요가 스며들고
먼 여정을 눈앞에 두며 행복한 길 더듬어 갈 때마다
황금보다 더 귀한 보배

〈거제중앙신문(제189호)〉

2005년 8월 11일 목요일 ~ 8월 17일 수요일

장수하는 둔덕노인회 게이트볼 회원들

— 동심으로 돌아가 화합과 친선 도모

바람에 출렁이는 강물이 있고 갈매기 떼가 파란 하늘을 수놓아 한 폭의 그림같이 아름다운 둔덕면 복지회관 앞에 위치한 1백50여 평의 게이트볼장.

배꽃 같은 하얀 유니폼을 입은 둔덕노인회 게이트볼연합회(회장 윤석조) 회원 20여 명은 매일같이 이곳에 모여 화합과 친선으로 게이트볼을 즐기며 구슬 같은 비지땀으로 노년을 불사르고 있다.

푸른 잔디 위에서 펼쳐지는 골프 경기 못지않게 잘 단장된 이곳저곳에서는 노인 모두가 코치가 돼 젊은이 못지않은 힘찬 목소리로 1번 어디로, 2번 어디로 가라 하며 굴러가는 공을 따라 훈계하고, 응원을 펴는 모습이 마치 철없는 어린이처럼 보인다.

이들 둔덕면노인회 게이트볼연합회 회원들은 시 지역에서 열리는 대회가 있으면 어김없이 참석, 성적은 아랑곳하지 않고 순수한 스포츠맨으로 돌아가 동심처럼 마냥 즐겁기만 하다.

앞바다 청정해역에 노을이 지고 녹음이 우거진 뒷산에서 어둠이 살포시 내려와 인근에 있는 도보교에 오색찬란한 불빛이 들어오면 둔덕노인회 회원들은 색동 게이트볼 채를 가지런히 정리한 후 '밤새 안녕' 내일 또다시 만날 것을 기약한다.

이처럼 게이트볼을 즐기며 사심 없는 해맑음이 둔덕 노인들을 장수하게 만드는 비결인가 보다.

〈거제중앙신문(제191호)〉 기고 수필

2005년 8월 25일 목요일 ~ 8월 31일 수요일

하늘의 별 '빨간 마후라'

일원들과 서해 땅 끝으로 일일 관광을 떠났다.

시원한 밀짚모자 추억 어린 옛 시절 우리들의 가슴을 활짝 열었다.

언제 우리가 만났던가. 언제 우리가 헤어졌던가. 숱한 세월 눈물로 글을 쓰던 때는 언제였던가. 천진난만한 그 얼굴들의 꾸밈없는 웃음소리가 서해 바다 바람결에 물보라 치듯 하늘로 솟았다.

거리엔 가로수가 손짓하며 반겨주는 듯 춤을 추었다.

우리는 옥만욱 공군참모총장 기념관에 도착하여 모두 경건한 마음으로 참배를 올리고, 아름다운 모습을 한 장 한 장 사진에 담으며, 엄숙과 침묵으로 감회에 젖어 보았다.

대한의 아들로 태어나 하늘을 지키며 살아 온 세월, 참으로 훌륭하셨으며 그 충성은 길이 빛날 것이다.

옛말에 '호랑이는 가죽을 남기고, 사람은 이름을 남긴다' 라고 했다. 바로 옥만욱총장님을두고하는말인듯하다.

다시 발길을 돌려야 했다.

대지 십만 평, 흙탕물 속에 피어오른 백설 같은 하얀 연꽃 한 송이 우아하고 아름다웠다. 미색(美色)의 넋이던가. 만인의 눈을 사로잡으며 우리의 마음을 흠뻑 적셨다.

서해 땅 끝. 다시 가야만 했던 길. 서해 땅 끝까지 역사를 더듬어 조그만 섬 보길도. 시간이 재촉해 갈 길이 멀었다.

훌륭한 시인 윤선도의 삶의 터전을 찾아 한 시간 뱃길. 천리 길도 한 걸음. 삐그덕 삐그덕 목노(木努)를 저어 정착한 곳, 구석진 곳마다 한이 서렸다.

가다 보니 느티나무 한 그루가 아름다운 몸매에 징표를 남겨주듯 우리들의 마음을 찡하게 하기도 했다.

많은 인가가 번창하여 토막진 곳마다 한이 서린 얼을 남겨 흔적을 묻어 역사를 펼쳐보며 한 권의 추억록에 담아 보라는 듯 국정도 분노도 누명도 지우고 흙으로 가노라.

서해 땅 끝 연꽃축제

팔월 보름달

쌍둥이 가족 여행을 떠나다

팔월 한가위 유난히도 둥근 달이 떴다
밝은 달 속 환하게 비춰진 언니 얼굴 미소 짓네요
달이 떠오르면 늘 동생을 생각하며 기도하던 언니
밝은 달만 보면 언니 음성이 귀에 쟁쟁
부모 형제 달의 그림자 쫓아 나를 보고 울고 있네요
칠십 줄에 앉아 가신 부모님 생각 몹시도 그립다
뜨거운 눈물 눈가에 스치며 목이 아린다
팔월 한가위 가요 무대는 그리움이 사무친 가사였기에
이 밤도 맺힌 눈물 얼굴에 얼룩진다
명절이 좋다 고향집 찾아 온갖 선물 바구니 손에 들고
어머님 부르는 소리 보람을 찾았다는 소리

사랑하는 내 아들딸들아 엄마가 포근히 안아주마
고생이 많았지 문 앞에 철석거리며 다가선 아들딸
엄마의 가슴에 심금을 울려주듯
먼 길도 가까이 고향 찾아 삼만 리
손에 손 잡고 내려놓은 선물 모정(母情)이려니
대견스럽고 사랑스럽기도 하구나
그들이 음식 먹는 모습은 엄마의 혈관을 뚫고 내린 듯
많은 사람들은 가족 상면 웃음이 가득 찼으려니
아무도 없는 방에서 그 무엇을 그리며
달을 향해 별을 향해 그 옛날 그리움이 쏟아진다
님들이여 흔적 없이 가신 님들 환상에 그 얼굴
님들이여 오늘 밤에도 내 곁에 머무소서
애기 구절만 남겨 주소서
밝은 불빛 아래 하얀 수건만 차곡차곡
눈물만 배이노니 내 모습 가냘픈 풀잎처럼

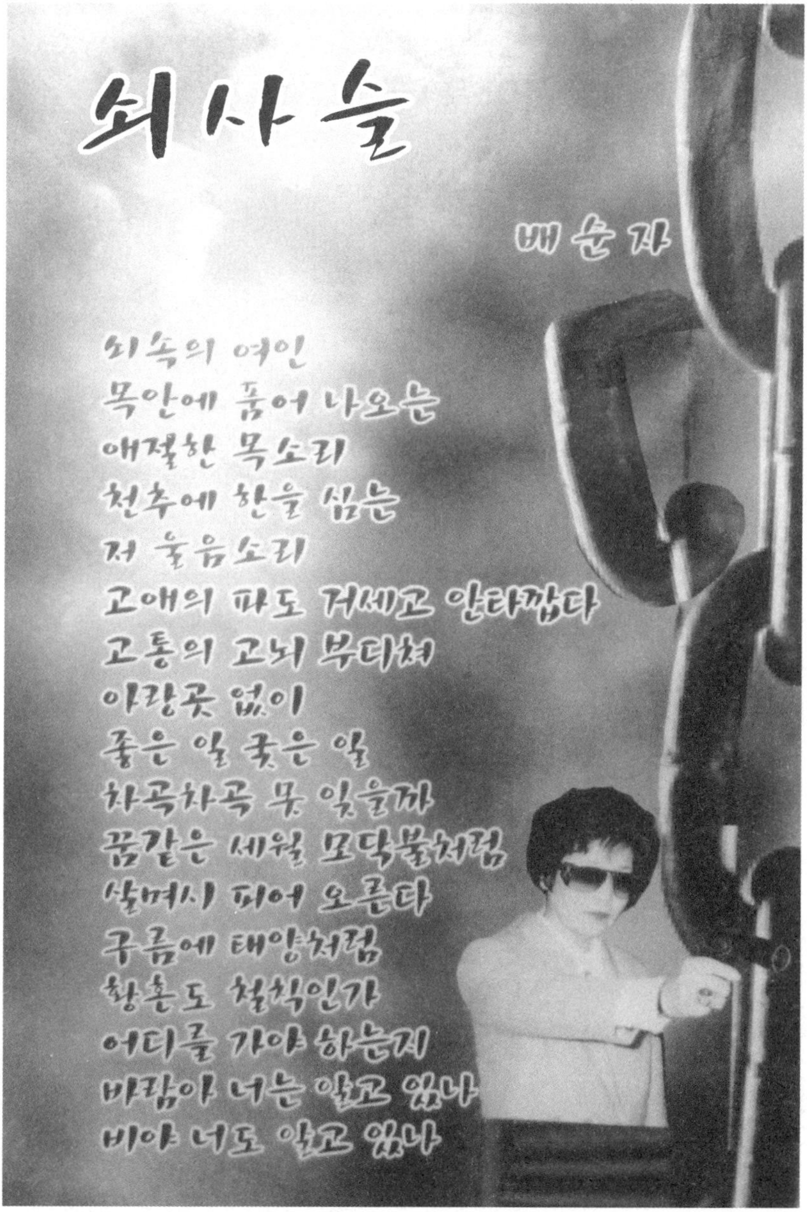

쇠사슬

배순자

쇠속의 여인
목안에 품어 나오는
애절한 목소리
천추에 한을 심는
저 울음소리
고애의 파도 거세고 안타깝다
고통의 고뇌 부디쳐
아랑곳 없이
좋은 일 궂은 일
차곡차곡 못 잊을까
꿈같은 세월 모닥불처럼
살며시 피어 오른다
구름에 태양처럼
황혼도 철칙인가
어디를 가야 하는지
바람아 너는 알고 있나
비야 너도 알고 있나

〈거제중앙신문(제207호)〉 향인 기고

2005년 12월 29일 목요일 ~ 2006년 01월 04일 수요일

존댓말을 생활화하자

신세훈 前 한국문인협회 이사장님과 함께

외국에 이민 간 사람들은 말이 제대로 통하지 않는 곳에서 밤을 낮 삼아 일을 열심히 하고 있다. 그러다 보니 불평불만이 없을 수가 없다.

예컨대, 미국에는 입이 거친 사람이 많이 있다는 것이다. 신문 잡지 등을 보면서 이 세 아이들에게 가르치는 말. 먼저 엄마부터 배운다. 어떤 말을 배우는가에 따라서 자녀의 정서에 큰 영향을 미친다.

이민 간 한국 사람들은 대부분 고생을 많이 하고 있다. 우리나라에 와서 고생하는 외국 근로자를 보면 쉽게 이해가 된다.

형편이 어렵던 시절에 자녀 교육만이라도 번듯이 시키려고 이민을 갔으나 기대에 어긋난다는 얘기를 한다. 그곳에서 TV에 나오는 사람 보고도 '이 새끼' 하고 말한다. 그 집 자녀들도 그 말이 입에 배었다는 것이다.

하루는 집안 어른이 오셔서 아버님께서 차로 모셔다 드리라고 했을 때 그 아들 녀석이 핸들을 잡고 그 어른에게 뭐라고 했을까 짐작이 가지요. '이 새끼 어디로 가십니까?' 이 얼마나 부끄러운 일인가요.

어른들의 말버릇이 자녀에게 옮아가고 그것이 그의 성격(성품)을 만들기도 한다. 아이들은 어른이 가르치는 대로 배우게 되는 것이다. 어려서 '아빠' '엄마' 를 배우면 커서도 제대로 하기 마련이다. 귀엽다고 받아들이지만 큰 다음에도 그렇게 부르는 것은 바람직하지 못하며 갓 시집온 올케를 '새언니' 라고 부른다.

올케가 80세가 되어도 시누이들은 새언니라고 부른다. 새언니란 새로 시집온 언니인데 그분이 손자를 봤는데도 그렇게 부르는 사람이 얼마든지 있다. 지금은 미국 등 외국에 이민 갔다 돌아오는 사람이 날이 갈수록 늘고 있다.

이제 우리나라도 살 만하기 때문이다.

인생사

순풍에 돛 달고 바다를 달린다
가도 가도 끝이 없는 높은 산등이려니
앞산 뒷산 산울림 내 가슴 열어놓고
임을 따라 삼만 리 오색 댕기 뿌려주더니
시부모님 공경하며 웃음꽃을 피우며
다복한 그 어느 한 시절 그리워라
내 희망 벅찼을 때 행복이란 봇짐을 메고
길을 찾아왔으려니 검은 머리 은빛으로 나 홀로 누웠으랴
방울 맺힌 빗물 되어 강을 메운다
한 많은 삶 인내라는 기억 속에 살아온 한 세월
흙에서 살리라는 신념 아래 호미 자루 움직일 때
마치 금을 파듯 값진 보배의 땀방울
눈을 가려도 보름달을 바라보고
그 얼굴 그리며 살아가는 내 인생아

제3회 대구광역시

<청소년 지도자 대상> 배순자

〈청소년 지도자 대상〉 시상식

무거운 상, 영광스러웠습니다. 비전 헌신의 노력하겠습니다.

지난 미약함을 채우고자 하면서 세월이 아쉽습니다.

단상 대상 받은 순간 인생의 본분 뒤돌아보면서 남은 여생 더욱 열심히 헌신할 것을 다짐합니다.

앞으로 문인들의 세계를 존중하며 청소년의 사업 사랑으로 동참할 것을 약속드립니다.

자리에 각처 귀빈 인사분들과 합석함을 영광으로 돌리며 화려한 단막으로 끝이 난 무거운 상 차원 높은 아름다운 자리 꽃잎만 증표를 남기고 왔습니다.

아름다운 꽃처럼 청소년들의 길이 무궁하기를 염원하면서 사장님의 무궁한 발전을 기원합니다.

해당화

산수산 푸른 능선을 넘어
굽이치는 강물의 물줄기를 보라
천 년의 세월이 가도
강물의 물 구비를 따라
지평선 너머 파도를 치며

퍼내어도 퍼내어도
앙금처럼 남아 있는
젊은 시절 꽃다운 향기
중년의 여운으로 남고

꽃가마 타고
무지개 오작교를 넘어
은하수 직녀를 기다리듯
해당화의 화신처럼

꿈결에서 반겨 주는
계절의 여왕
자연의 신비
평화로워라

칠백 리로 유유히 뻗어가는
유서 깊은 산방 고을
한 폭의 수채화처럼
달콤한 꿈 만들어 간다.

〈거제중앙신문(제251호)〉 독자 수필

2006년 11월 30일 목요일 ~ 12월 6일 수요일

텅 빈 대나무

세상 사람들은 아무것도 없는 대나무 속을 보며 복을 달라고 빌고 있으나 정작 대나무는 줄 것이 없어 속이 비었다.

인간은 어리석음을 모르고 무릎을 꿇은 채 각자의 소망을 텅 빈 대나무 앞에서 목을 매며 빌고 있다.

우린 과연 무릎을 꿇어야 복을 받을 것인가? 창작의 기쁨을 미덕으로 삼고 살아가는 우리 문인들에게는 인생이란 내일을 가슴속에 묻고 살아가는 너무도 어둡고 긴 여정이다. 지금도 남아 있는 옛말들은 살아 움직여 현대 예술과 문학사에 큰 소리로 기록되고 있다.

꼬여버린 내 인생, 영암골에 둥근 달은 왜 뜰까? 안개 낀 숱한 세월, 너무 길어서 눈 감으면 떠오르는 얼굴들로 가슴속에 긴 강이 흐른다.

우리 인생은 물레가 돌듯 영원치 못한 일들의 반복으로 가득하고 비둘기처럼 다정히 살아온 그날들은 지금 세월에 날려 보낸 먼 옛날이야기가 되어 버렸다. 눈보라가 쳐도 얼지 않으며 억척스레 살아가는 내 생애, 눈물로 여울진 세상, 나 어찌 살라 할까.

사람은 지혜롭지 못하며 명철하지도 못하다며 산새들은 울음소리로 애절함을 호소한다. 이 어찌할꼬. 언제나 기로에 선 먼 여정, 차라리 청풍을 따라가 보게 높은 숲을 베어버리고 싶다.

조그만 터널 속에 쪼그리고 앉아 있는 기분, 마음도 어두워 낙담하는 세상, 연포가 흐른다.

하얀 목련화처럼 조용히 왔다가 조용히 가는 인간들의 세상, 추억이란 안개 속에 묻어버린 연기처럼 사라지는 세월뿐이다. 나의 살던 고향은 꽃 피는 산골, 아름답고 정겨운 가사였다. 수많은 사람들의 마음에 보따리는 무엇이 그리 힘든지 나 자신의 연민을 갈무리하여 고통의 바닥에서 살아남아 환한 표정을 짓고 싶다.

소나기를 머금은 먹구름 속에 내 얼굴을 파묻고 망향의 창공을 날아가고 싶다. 강촌에 살고 싶어 하는 물새들처럼 가슴에 쌓인 한은 산 넘어 지붕 밑에서 만남의 기약 없는 한 많은 삶의 강이 될지라도 나는 그 자리에 머무르고 싶다.

흙탕 속에 연꽃이 어젯밤 이슬비에 흔적 없이 흐르는 강물 위에 묻힐지라도 그 뿌리는 진흙 속에 살아 있는 새순을 보여준다. 화사한 봄날엔 다정도 병이런가.

홀로 서는 고독이 있을 때 어려운 난간에 허탈함을 감추지 못하듯 맨몸으로 서 있는 것 같은 자연도 무성한 나무들이 없으며 민둥산일 뿐이다. 꽃은 아름다울지 몰라도 텅 빈 대나무의 속은 무엇보다 강하다.

사랑스런 딸들아. 여울진 내 가슴을 저 강은 알고 있다. 고뇌의 틀에서 벗이 되어 나와 학처럼 날아보렴. 내 가슴 돌이 되어 이끼만 끼었노라. 징검다리 명작을 그려보고 고압선 같은 긴 여정, 갈 길이 먼 희망, 여정도 준비하려니 시간도 지체 없이 지나가며 꽃은 향기는 없어도 바람에 날림은 강하다.

삶의 향을 맛볼 수 있는 고향, 텅 빈 대나무는 강해도 속은 비었다. 우리 인간은 어리석음을 따라가는 본능이다.

2007년 5월 31일 목요일 ~ 6월 6일 수요일

안식처

황혼을 바라보는 나이에 보금자리를 마련하기 위해 텅 빈 대지 위에 우뚝 서 있는 분양 사무실에서 당첨을 기다리는 마음은 초조하고 불안하기만 하다.

끝이 보이지 않게 줄지어 서 있는 대기자들의 얼굴에도 두려움의 눈빛이 역력해 보금자리 마련이 힘들다는 것을 다시 한 번 느끼며 허전함이 밀려온다.

모두가 하나같이 마음을 졸이며 기다리자 분양 회사 직원들이 가벼운 농담을 걸어와도 마음은 무겁기만 하다.

조금의 시간이 지나고 당첨 발표가 다가오자 마음은 콩당콩당, 얼굴은 붉게 상기되어 불안감이 밀려와 두 손을 모아 마음속으로 기도했다.

선택의 순간 당첨의 기쁨은 하늘을 날 것만 같은 기분이다. 행운을 차지한 보답으로 하나님께 감사 기도를 했다. 소망을 이룬 당첨자들은 여기저기서 저마다 기쁨에 도취되어 건배를 외치며 준비한 음식물들을 먹고 순식간에 물밀듯이 빠져나갔다.

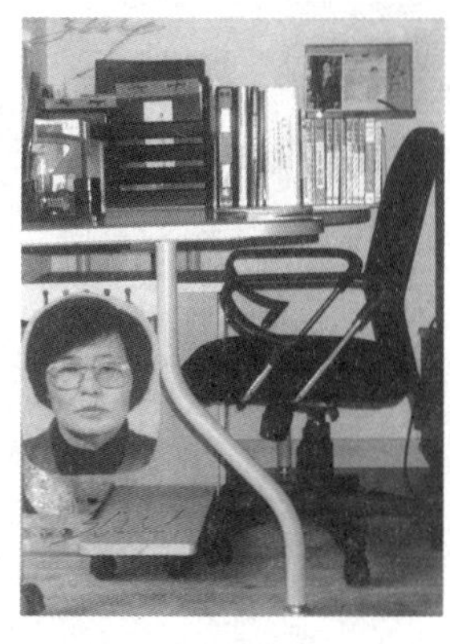

텅 빈 광장에는 대기자들이 버린 전단지와 음식물 쓰레기가 이곳저곳에 굴러 다녀 질서 있게 줄 서 있던 조금 전의 모습과는 너무나 대조적이어서 공중도덕은 뒷전이고 난장판이 되었다.

아파트에 사는 사람들은 질서와 청결, 배려의 마음이 훈훈한 정이 넘치는 시골 사람과 주택에서 사는 사람들과는 다른 것 같아 서운함을 느꼈다.

물장구치며, 가재 잡고, 보리 서리 하며 오손도손 지내던 젊은 날의 훈훈하고 따뜻한 정이 그리워지며 가슴이 찡해온다.

나의 젊은 날은 따듯한 봄날과 같은 온정이 흐르고, 산과 들에는 철 따라 예쁜 꽃들이 울긋불긋 피고, 가을에는 조각구름 수놓은 푸른 하늘 아래 풀벌레 소리 울려 퍼지는 시골집에서 성장했다.

이제 황혼에 접어든 지금 문득 친구들과 아궁이에 고구마 구워 먹던 지난 시절이 그리워져 콧등이 시큰거리는 추억의 향수에 젖어본다. 삭막한 아파트 현장에서 정겹던 지난날을 그리워하며 안식처로 발걸음을 옮긴다.

〈거제중앙신문(제286호)〉 독자 기고

2007년 8월 30일 목요일 ~ 9월 5일 수요일

인생은 돌고 도는 나침반인가

어스름한 달밤, 아파트 창문을 열고 아래를 내려다보니 도로를 오고 가는 차들이 마치 조개껍질 같은 장난감을 연상케 하고 있다.

저 수많은 차들은 어디를 가고 어디서 오는 것일까? 마주 보이는 산 아래 아련한 불빛 속에 잠긴 아담한 집들에는 누가 살고 있는 것일까?

밤이 깊어 갈수록 달과 별에서 밀려오는 차디찬 온기가 하염없이 서 있는 나의 뺨을 적신다. 인생을 돌아가는 나침반이라고 했던가. 그러나 나의 나침반은 갈피를 잡지 못하고 혼란과 방황 속에 헤매고 있다. 허무한 삶, 나는 괴로움을 참고 견디며 바보처럼 살아가고 있는 것일까. 행복은 어디쯤 있으며 어떤 모양을 하고 있을까.

세월의 길목에서 긴 한숨만 남기고 떠나는 게 우리들의 인생인데…. 문득 어디선가 소방차 달리는 굉음이 귓가를 때리면서 퍼뜩 정신을 차려본다.

이 밤이 새면 밝은 햇살이 뜨고 나는 또다시 저 많은 차량들과 사람 속에 묻혀 현실 속의 삶을 찾아 거리를 헤맬 것이다.

짧다면 짧고 길다면 긴 나침반처럼 도는 인생, 나는 잠시 동안 가졌던 허망함을 접기 위해 창문을 닫았다.

1967년 10월 1일자 역사 끝난 영도다리

서울이여 안녕

기적의 여운만 남긴 채 서글픈 가슴 안고 떠나온 서울역. 몇 번이고 돌아보며 어둠과 함께 사라져온 13 열차. 눈물을 싣고 인정 없이 달리며 떠나는 서울 종착역. 어디 왔다 어디로 가는 인생들인지 수없이 복잡한 역장. 기적을 남기고 떠나버려도 또 다음 시간을 기다리는 인파.

다시 보내는 사람들의 심정들. 보내기 싫고 떠나기 싫은 아쉬움 보내지 않고 떠나지 않으면 안 되는 그 사람들의 또한 서러운 심정들. 이렇게도 뭔가가 아쉬워하는 역장. 이별의 단장곡처럼 들리는 기적의 메아리가 밤을 서글프게 너무도 서글픈가. 아쉬움에 젖어 버렸다.

비를 맞으며 차창에 부딪는 매를 넋 없이 바라보며 어느새 잠이 들었는지 아니 유리창에 흘러내리는 빗물처럼 아니 얼굴에 흘러내리는 서러운 눈물방울인지 나는 정녕코 무엇을 하기에 이렇게 떨어졌는가. 나를 기다리고 미워하며 원망하는 눈동자들은 또한 그 얼마나 많으랴. 같은 하늘 밑에 같은 땅 위에서 이렇게도 멀어져 간 내 인정사정.

천둥은 하고 번개는 번쩍인다. 차라리 뭔가가 떨어져 왔으며 허나 왜 떨어졌을까. 이제 만날 수만 있다면 이 생명 다하도록 어디론가 서울 길도 끊어진 것 같아.

아무리 불러 봐도 대답 없는 그 이름. 가고 싶고 찾고 싶던 한 많은 서울. 아쉬운 역장 꿈에 본 서울 거리 희미한 모습 꿈으로 살아가는 원한의 현실 지난 옛일들을 연상해 보기도 한다.

내가 자란 고향 땅도 푸른 들판도 어리광 부리던 어머님의 따스한 손길. 지금은 먼 옛날 서글픈 고향땅 그래도 초가삼간 지붕 밑에 조각달이 비추는 정든 옛 터전도 지금은 쓸쓸한 풀밭 잡초만 무성하니 그의 마음과 내 마음도 똑같았다. 옛 터전도 내 마음도 잔재만 남았구나.

오늘은 달음질치려는 내 계획 가는 이 비에 휩쓸렸고 전부 말뿐이고 현재의 기약도 없는 공허에서 명일을 바라보며 몹시도 쏟아지는 빗속을 거닐며 처량하기만 했던 1시간도 까마득한 옛날처럼 땀방울을 찾던 그때가 이제는 등골에 싸늘함을 면치 못하는 쓰라린 세상이었던가.

너무도 아쉬웠던 옛 사연 이별의 단장곡처럼 기적의 메아리만 남기고 떠나버리며 우리만이 늦어버린 것 같은 쓰라린 마음. 평탄치 못했던 수많은 곡절, 서먹한 정문으로 변하고만 처절한 맘 속에서 전할 수 없는 그의 안부는 아쉬움이 젖어든다.

다시 펜을 들었다. 가고 싶고 찾고 싶은 한 많은 서울. 그 어느 때 그 얼굴 황금으로 물들인 가을를 찾았다는 소식. 못다 한 어제의 아쉬움 정녕코 화사한 설계를 잊지 말아주.

가을빛 추억

곱게 물들인 가을 하늘 아래 넓은 들녘
구수한 가을 냄새 오곡 백화 무르익어
스쳐가는 가을 바람 황혼 빛 젖어든다
화려한 단풍 잎새 산들바람 못 이겨
한 잎 두 잎 떨어져 차곡차곡 머리 위에 쌓여
소복한 한 주먹 내 뺨을 감싸주네
산뜻하게 물든 감나무 잎 가을의 의미를 장식하며
떨어진 낙엽 굴러가는 소리는 손 풍금 연주
귓전에 맴돌고 소리 찾아 산등 정상 우뚝 서
야호라고 외치며 산아 청산아 또 한 번 불러주오
소리 찾아 삼만 리 가슴을 열어
울타리를 벗어 자유를 외치며 모두가 입을 모은다
풍성한 가을 산과 들녘 농부들의 결실 빈 그릇
흐뭇하게 오곡으로 차곡차곡 담아 손짓 웃음 지으며
바삭바삭 낙엽 소리 스르릉 물소리
한 잎 두 잎 낙엽 자국을 그림 그려
한 맺힌 회신처럼 추억들만 가득 찼네
산마루 오르고 또 오르건만
세상 바람 삼키며 낙엽 주워 글을 읽고
눈물 지운다
걸음마다 사뿐사뿐 발을 딛고
묵혔던 속내를 영상에 묻어
가을빛 향내 들국화 비에 젖네
향기마저 잃은 채 늙으리
산아 청산아 눈물 어린 목메어
메아리쳐 큰 소리로 하늘로 치솟아 보렴

2008년『한국을 빛낸 문인들』선정 작품

학

오월의 풍경 그늘 아래 두 마리 학처럼
뛰어 놀던 그 시절 그리워라
하얀 종이학 눈물 지우며 곱게 보내리
청청 하늘 빛 아래 빨간 댕기 휘날리며 날아라
먼 곳 보이지 않는 저 구름 속으로
내 마음 가져가리
은빛 날개 퍼덕이며 슬피 울어도
아무도 그 눈물은 볼 수가 없대요
황혼 지는 저 언덕 위에 나 홀로 섰네
진한 그리움은 어쩔 수 없어
목마르게 꾸렁꾸렁 울어대지만
길게 늘인 모가지 오늘도 날려 보낸 학

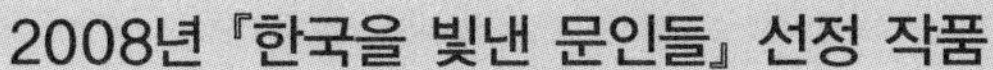

달의 그림자

별빛도 달빛도 잠든 밤에 외로이 길목가로 막혀 섰네
싸늘한 별빛 속에 숨은 그 님 가슴에 쌓인 한을
가슴에 묻은 채 순결하며 강인하게 값 있게는 무엇인지
노을의 뿌리 밑동으로 숨어 마음의 별장 문을 열고
족쇄를 채웠는지 늦으리 인생을 주도해야 하느니
답답한 고뇌 마음속에 바람은 가을 병에 걸리듯
내 몸을 돌아눕힐까
그리움이란 추억 꿈을 꾸며 서럽다고 찔찔 짠다
세상의 이방인 우울하며 살아 되씹어대니 곤하다
일기도 찬 여백 깊이 서녘 하늘 달빛 속에 실을 꿰어
긴 여정을 바라보며 뵈여 고인 발자국 눈에 액자 같은
마음 깨뜨려 나는 숨이 막혀 방울 추억으로 닮아
넋을 잃어 새벽녘 창문을 부질없이 드나드는
파도 소리 닻줄 넘어 이정표 없는 길 더듬어 걷는다
별빛을 바라보며 실을 꿰어 온 옷자락 꾸며 다듬어
떠나는 뒷모습 물레를 돌리며 세월을 보낸다
어느덧 달을 중천에 떠 밤새 무상연민 한 번 거칠어진
해는 페어질 없는 울분 그 님의 눈가에 충혈 젊음을 끙끙 눕는다.

2008년 『한국을 빛낸 문인들』 선정 작품

청풍(淸風)의 그믐달

사랑의 상처는 인간이 남기고
사랑의 치료는 세월이 남긴다
연꽃의 뿌리는 과거를 말하고
중간 넝쿨은 현재를 말한다
아무리 살기 어려워도 바라는 그대로
갈매기도 살아 있노라
거친 들판 위에 시들은 꽃잎으로 변하고 만 그대
내 가슴 따뜻한 사랑을 안고 산다는 게 그렇게 쉬운 일은 아니다
내 염원 기약 없는 이별인가
오직 한 사람 맞이하기에 이렇게 힘이 드는가
서글프게 해가 지고 피할 수 없는 운명 앞에

경적을 울리고 세상 사람들은 영화 한 페이지의 삶을
개척하려무나 구름 속에 나는 길새처럼 어두운 갈림길에
안개 속에 피어나는 꽃처럼 방울 맺힌 내 가슴 한이 서린다
밝은 달빛 아닌 초생달처럼 살아온 세월
태양 빛을 등지며 살아온 생애 눈물인 것을
지난 아픔은 내 가슴 돌이 되어 이끼만 끼었노라
밤새 내린 이슬처럼 아카시아 꽃잎에 취해
시들은 할미꽃으로 상진하며 숱한 추억만 남기고
태양에 이슬처럼 아카시에 꽃잎에 얼굴을 묻고
그 얼굴 사라질 것을 허무한 삶 메마른 단비는 그 언제
애처롭게 쓰러지는 원부(怨婦)와 같이 애절한 내 시였으며
캄캄한 밤 빛 없는 세상이런가
보름달은 여왕 같은 달이기도 하다
초생달 보름달은 보는 이도 많지만
그믐달은 보는 이가 적어 외로운 달이기도 하며 청산 같은 달이다

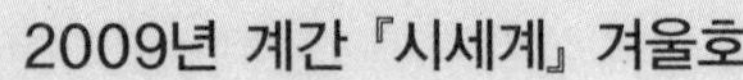
2009년 계간 『시세계』 겨울호

하얀 종이학

푸른 논밭 그늘 아래 두 마리 학처럼
뛰놀던 그 시절 그리워라
가이 없이 눈물지으며 하얀 종이학
곱게 접어 보내리
청잣빛 하늘을 머리에 이고 빨간 댕기 휘날리며 날아라
저 멀리 흰 구름 머무는 곳 내 님 계신 곳까지
은빛 날개 퍼덕이며 꾸륵꾸륵 슬피 울어도
아무도 그 눈물은 볼 수가 없대요
황혼 지는 언덕 위에 나 홀로 서서
진한 그리움은 어쩔 수 없어
하얀 모가지를 길게 늘여
오늘도 날려 보낸 하얀 종이학

사랑은 타고 있는 촛불

난로야 나에게 따뜻함과 훈훈함을 다오.
난로가 하는 말. 훈훈함을 원하거든 내 속에 장작을 넣어다오.
그러면 누구에게나 훈훈한 정을 주마.
삶의 꽃이 피듯 활짝 핀 꽃이 돼라.
우리는 수많은 사람들에게
우상이 될 모델이 되어야 한다.

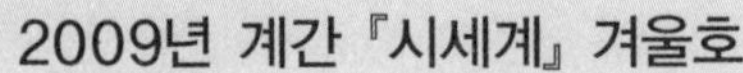
2009년 계간『시세계』겨울호

반딧불 쫓아

보랏빛 하늘 아래 눈썹 같은 조각 달빛
유리창 깨트려 마음을 차게 하네
자리에 누운 모습 누가 볼까 두려워라
귀뚜라미 울음소리 귓전에 눈물 고인다
은은히 들려오는 저 종소리
아련한 옛 꿈을 연상케 하며
달빛 사이 비춰주는 한 그루 소나무
침묵 속에 우뚝 섰네
호수에 그림자 얼굴을 묻고
인적 노을 사라질 때 살아온 한 세월
발자취 묻어보리

산방산 내력 삼짇날

거제시 둔덕면 산방산 보름달

옛 고려 시대 피난처 옥굴이 현재 폐쇄된 흔적이 있으며, 오색 토도 있으며 바위 깊숙이 맑은 물방울 웅덩이 있다.

매년 음력 3월 3일 삼짇날 젊음을 과시하며 진달래 꽃잎에 취해 꽃처럼 예쁜 청춘 남녀들의 만남의 장소 유서 깊고 명예로운 산맥. 인(人)꽃이 피는 아름다운 고장 산방산은 흐르는 애욕 뜻 높은 산방산 봉우리 만인의 웃음이 하늘을 찌르는 듯 꽃을 피우며 메아리친다. 3봉우리 위에 맴도는 어미 찾는 애 기러기 애틋한 눈물 지으며 날으리. 그의 슬픔은 빛나는 문인들과 뜻 높은 인재를 탄생기를 받아 명예로운 그 이름 더 높이 펼쳐 아름다운 산방산 내 고향을 꽃피우리라.

아기 토막

— 거제도 견내량

고려 정중부 피난 생활에 전이밀좌관께서 부르시더니 저 푸른 바다를 모시는 뱃사공이 거제도 견내량을 모시는 중, 미인 처녀께서 줄을 잡으며 연해대를 딛고 바다를 건너가는데 뱃사공 처녀가 미인이라 옆 총각 보좌관이 말을 건네본다.

옆 총각 하는 말, 이제 당신의 배에 올랐으니 당신은 오늘부터 내 사람이오.

답으로 처녀 뱃사공 하는 말 슬쩍 건네니, 당신은 내 배에서 내렸으니 오늘부터 내 아들이오.

샛별의 그믐달

조각 달빛 그늘 아래 연분홍 코스모스 고향역을 그리며 친구가 되려니
밤새 내린 이슬에 젖어 아카시아 꽃잎에 취해
시들은 할미꽃으로 상진 숱한 추억만 남기고
태양 빛 그늘 아래 얼굴을 묻고 그 얼굴 사라질 것을 허무한 삶
메마른 단비는 그 언제 애처롭게 쓰러지는 원부와 같이
애절한 내 시였으며 캄캄한 밤 빛 없는 밤이런가
보름달은 여왕 같은 달이기도 하다
초승달 보름달은 보는 이도 많지만 그믐달은 보는 이가 적어
외로운 달이기도 하며 청산 같은 달이다
그믐달은 공중에서 번듯한 날카로운 비수와 같이 푸른빛이 보이며
한이 있는 사람과 도둑도 볼 수 있고 가장 정이 있는 달이기도 하다
초승달은 애인을 잃고 눈 못 뜬 윙크를 하듯
보름달은 고요하고 편안함을 주는 달이기도 하다
객창 한등 눈부셔 정든 님 그리워 잠 못 들어 쓰러진 가슴 안고
보는 이가 별로 없으니 꿈나라 고요함을 면치 못해
어둠이 가득 차 밝은 달이 그리워라

박정희 대통령과 육영수 여사를 좋아하는 사람들의 모임

✲ 우수 회원패 ✲

직 위 홍보국장
성 명 배 순 자

귀하께서는 본회 창립 시 홍보국장으로서의 역할을 충실히 하였고 특히 회원 확장에 남다른 열정으로 많은 회원을 확보하였으므로 그 공을 높이 평가하여 이 패를 드립니다.

2011년 3월 26일
박 · 정 · 모 거제시 지부 회장 박 재 행 ㊞

산방산 보름달

산방산 정기 맥을 이어 한 면의 지방 장관 탄생 일꾼들을 면내 1924년 5월 23일자로 배창우 면장님 탄생 후, 자(子) 배삼도 7대 면장인, 현 옥기종 등 7명 배출한 산방골은 축복받은 곳이라고들 입을 모으며 부자간에 지방 장관도 퍽이나 드문 탄생이었다.

이곳 노장분들 협소한 노인정이나 불편 없이 웃음꽃을 피우는 훈훈한 정 서로를 위해주며 팔베개 양보하면서 따뜻한 정들 나누면서, 백발은 서로의 정다움에 즐거운 나날을 보내며 달을 물레로 돌려 한탄의 노랫가락 울려 퍼진다.

비록 근사한 노인정은 아니지만 그 정은 타 마을에 비할 바 없이 주름진 그 얼굴들의 숱한 세월 허리 굽어 한숨 쉬며 인생의 뒤안길로 정착을 바라보며 걷고 또 걸으며 서글픔 웃음 짓네. 우리 남은 여생 아름다운 삶으로 마감할 것이라 다짐한다.

정월 보름 둥근 달이 뜰 때 한 해 소감을, 소원 성취를 기도하는 모습. 모두가 풍요로움과 자녀들의 길을 빈다. 이것이 부모님들의 뜻이었다.

30여 명 모여 앉아 한 해를 기약하며 덕담을 빌며 서로의 갈 길 보듬어 주면서 달을 맞아 종일 노랫가락으로 웃음 짓고 달맞이하면서 모두가 한 해를 보낸다. 서로 손에 손을 잡고 후손들의 길을 빌면서 그네들이 살아온 현실을 후회 없이 말하고 있는 아름다운 산방골.

추억의 칠한량(七閑良)

— 작사, 작곡 칠한량(七閑良)

1절

둔덕면의 고요한 달밤아 산방산이 자연적된 무지터 옥굴
30여 명 피난 온 곳 자취 없이 남았구나
아— 아 뜻이 높은 오색 토에서 불러보자 거제 산방산

2절

통영항에 고요한 달밤아 남망산의 역사 깊은 충무공 동상
3백여 년 지켜온 세병관도 무너진다
아— 아 피를 흘린 노량전에서 불러보자 통영 남망산

꿈으로 살아가는 인생

현실은 먼 여정
하루의 일과 꿈에서 깨어난다
밤이면 꿈속에서 헤매다
그립던 사람들도 만나 보며 눈을 뜨면 아쉽던 꿈
세상은 인생의 전부를 지키려 하지만
힘 없는 꿈속 마음 끝 활기를 편다
현실은 밀려왔다 밀려가는 파도처럼
움직이며 살아가는 한 맺힌 세상
물결에 노을 치며
우리 삶 속에도 즐거움이 있으리
늘 꿈으로 생을 걷고
명일을 바라보며 희망을 묻어보리
현실의 꿈은 3년의 내 여망 제도에 오른다
꿈을 안고 인생은 꿈을 꾸어본다
늘 보라 저 먼 세상을 참된 길을 걷다

형제여, 백치 아다다 길

故 형제

내. 형제들의 삶을 또박또박 백지에 묻고 염원을 담아본다
세상은 여울져 품지 못한 속내 그 이름 아다다 부르며 가신 임들.
정 많이 흩어 못다한 아쉬운 한 권의 일기책 수필을 엮어보면서
흔적의 자국 대화를 하며 증표를 남겨 보리 아우가

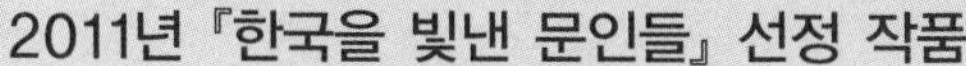
2011년 『한국을 빛낸 문인들』 선정 작품

사막길 향하여

캄캄한 동굴을 뚫고 끝없는 여명길
결피 시대를 만나듯
누구나 떠 잊지 말고 밀집 마침표를 찍는다
문학은 전쟁의 악몽과 같으며
찢어진 마음 눈물인 것을
한없는 여명길 먼 여정
잡초만 무성한 고분
형제의 살결을 녹으려니
노랗게 물든 단풍잎은
검게 타버린 숯덩이 되어
살아온 한 세월 세상인 것을
망망대 기로에서 그 이름
부르며 가리다

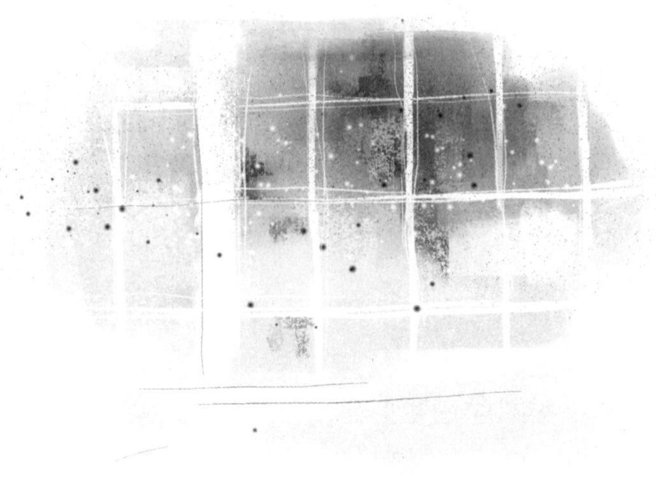

이슬 내리는 밤

이슬이 촉촉이 내리는 밤 창문을 열었다
차디찬 냉혹한 바람 갈잎 사위 달의 그림자 나를 손짓하네
지난날의 뒤안길 흔적 없는 정착일까
한숨에 여울 지어 버려라
나 앉아 머물지라도 수만 리 걷고 있다
달을 바라보며 소리 없는 얘기를 주고받을까
지난 아픔은 눈물인 것을 아무도 없는 빈방 홀로 지키려니
해맑은 눈동자 거울 속에 너울져 걸음마다 헤아리며
그 발자국 소리 그리워라

청운(淸雲) 빛 추억

아련히 생각난다. 소싯적의 꿈. 그리워라, 그리워라. 아련한 그 시절 옛 꿈이 그리워라.

사슴처럼 뛰놀던 동심 초가 대간 대문 안에 부모 형제 그늘 사랑받던 어린 시절 그리워라.

곤색 치마 연분홍 저고리 하얀 베신 신은 채 돌모 차며 제기 차던 그 시절 자치기 하던 그 시절 그리워라. 넓은 앞마당 손수레 끌던 정다운 친구들. 마치 역마를 탄 듯 끌다 흙에 넘어져도 아픔, 상처 아랑곳없이 자지러지던 웃음 바탕 그리워라.

통영상고 학생 신분으로 매주 토요일이면 고향집을 찾아오던 오빠. 곤색 교복, 은빛 배지, 학생 오바 언제나 단정한 모습 아름다웠다. 검은 구두 발자국 소리에 귀를 기울여 오기만 기다렸던 동생들. 언제나 우아하며 자랑스러운 오빠, 늘 보아도 어엿하게 보여지던 오빠.

조카 배계임, 문수자

따뜻한 정 철없는 동생들을 늘 사랑으로 감싸주었다. 우리 모두는 뛰놀던 강아지와 다름없이 치솟던 시선은 오빠의 오바 주머니 속 작은 공 나오기만 고대. 오빠가 마당에 던지는 순간 공을 서로 가지겠다고 야단법석.

웃음 바탕 하늘을 찌를 듯한 순간, 다시 큰 공을 꺼내 동생들에게 줄 때 오빠는 사랑스러운 눈으로 우리들에게 인상을 남기며 미소 지었다. 싸우지 말고 함께 가지고 놀라는 그 한마디로 서로에게 편안함을 주며, 때로는 양과자도 사서 동생을 꼭 갖다 주기도 했다. 언제나 자랑스럽던 내 오빠, 우아하며 아름다운 모습이었다.

어느 한 세월 우리 가족 행복은 물레가 돌듯 회오리바람 속으로 날려 버린 채 평온함을 찾을 길 없어 모두 방황하며 살아온 한 세월. 하나님은 고루고루 세상법(世上法)을 읽어줄 것이다.

묻고 묻힌 사연 수많은 곡절 파란에 씻고, 이것이 세상인 것을 모두가 자탄에 멈추었다.

오빠 상고 3학년 때 결혼(나이 20세) 새언니 꽃다운 청춘 한 시절. 그리고 1년 후 졸업을 했으며 군 입대 무렵, 한 면 내에 30여 명 소집하여 학교 운동장 광장 모임 앞에서 단상에 서서 자랑스러운 대한의 남아로서 군 입대 씩씩한 모습으로 우리는 적을 물리치고 다시 만날 날을 기약하면서 여정 오대양을 바라보는 큰 기둥이 될 것을 다짐하며 태극기 손에 든 채 만세 삼창 올리고 씩씩한 행진을 하며 인사 대양을 마친 오빠가 참으로 자랑스러웠다.

철없는 동생들은 밤이면 앞마당 멍석 깔아 오고가는 사람들 길에서 쉬어 가게끔 모두가 앉아 이 별은 너의 별, 저 별은 나의 별, 오대양을 꿈꾸며 늘 밤이면 둥근 모양 앉아 수건 돌리다 지정 되면 노래를 부르고 웃음 바탕으로 시간을 보내며 다정한 친구한 시절 그리워라. 늘 부모님 두 분 사람과 인간관계의 온정. 환영을 해주었다.

어린 시절 꿈 · 소망 · 바람과 함께 황색으로 변한 것이 멀리 멀리 바람과 영혼은 눈에 왜 보이지 않고 왜 만져지질 않는가. 폭포가 생명수면 향수에 젖어본다.

나 어찌 이 시대를 만나다

세계문화유산 화성 비석 앞에서 찍은 사진

거제도→부산→서울→강원도→안양→통영 정착. 세상을 향해 망망대해(茫茫大海), 캄캄한 동굴을 뚫고 끝없는 여명길 역경의 시대를 만나듯 밀집 마침표를 찍는다.

문학은 전쟁의 악몽과 찢어낸 마음. 위대한 꿈과 먼 여정을 바라보며 훈훈하고 따뜻한 난로가 되어 인생의 참뜻을 품어내자. 베풀어 온정 삶이 활짝 핀 꽃이 되리라. 주어진 사명감 세상 모든 사람들에게 우상이 될 모델이어야 한다.

서울 하늘 아래 친구들

내 마음속 하얀 솜털이 가득 차 내뿜지 못하며 검은 숯이 되어 그 얼굴도 변하노니, 석양은 산악 황색빛으로 인간의 세계는 몰락할지라. 응어리 맺힌 상처 인생을 저주하며 걷고 걸어도 발길은 멈추지 않는 뒤안길을 걷고 있다.

석양을 손짓 망향 길을 망각에 머물다 잊으리. 인생은 잠깐 스쳐가는 길목 묻고 사연 비바람에 씻었네.

원시 부족 암흑 속 세상을 백치 아다다처럼 밀며 당기며 인내하며 자리에 우뚝 서 하루를 살아가면서 비전 있는 삶을 사는 인생.

뿌리 찾아 본 토막

수필은 따듯하며 우리 인간의 필히 자기 생활 반성문 대응 같은 것.

생활의 넓이를 말해주고 수필은 글, 감동 · 진실을 표현 제목을 만들어 그 주제 한 편의 사소한 진실 글의 문단.

수필일성 문학가를 표의하는 듯 사회적인 비평 다양한 취미 문학 수필은 해적이고 사회적이다. 황무지를 녹지로 변화시키는 것이다.

연민으로 우리 한국을 찾는 자유.

쓰레기통에서 장미꽃을 찾듯이 우리는 일소일로 내향행.

외향행 종결 난무하지 말 것을 절감, 우리는 뿌리 찾는 한국인이다.

나그네 설움

주공아파트

땅 위에 하늘 아래 바람 부는 벌판에 혼자 섰네. 황혼길 접어 꿈 아닌 현실 입찰 순위 참석….

많은 입주자들의 그 얼굴들, 당황함을 역력히 보여주는 현장의 생태 업무 차질 두려움에 모두가 삭막한 눈빛. 우리들의 안식처 보금자리 이렇게 힘이 드는가.

시간이 흐르자 조용한 분위기 속에 입주자들의 유머 있는 그 말 한마디 안도감을 주기도 했다.

모두가 하나같이 여망의 순간 초조하며 마음 졸였다. 노래에 평온한 안식처 선택의 꿈 선정됨을 행운의 순간 소외 없는 외침을 하나님께 감사 기도했다. 자신의 소망 하나둘 차곡차곡 뜻을 이루기도 했으려니.

세상은 요지경 아파트 생활이란 각자 공중도덕 외면한 채 침묵 속에 외면하며 매사 노년들에게 책임 전가. 아름다움은 찾아볼 수 없는 곳이 공중에 매달린 아파트 생활인 것 같다.

젊은 그네들 청결함을 찾아볼 수 없는 곳이며 훈훈한 정 맛볼 수 없는 곳일까 하고 지난 젊음을 되새겨본다.

주택과 이웃 따뜻한 고운 마음과는 차이점이 바로 아파트 생활인 것을 터득하기로 한 세상이거니.

정이란 조그마한 지붕 아래 오순도순 살아가는 이웃 사촌. 너털웃음 증표 주는 그 얼굴들 그리며 주름살 어여쁘시다.

노랗게 물든 호박꽃도 엉클어진 넝쿨, 하얀 박꽃 허무감도 죄다 사라진 세월. 그리움과 아픔도 냉혹함도 수많은 세월 속에 사라져 흔적을 남기고.

햇빛

따뜻한 봄날 기온
그리운 사람들의 온정이 흐른다
산과 들녘 바다 틈틈이 보이는 조각 지붕
가을 하늘을 수놓아
풀벌레 울음소리 서곡을 연주하며
헤매는 향토 외길
필연으로 만남을 상징
푸릇한 새싹만 나를 반기네
아카시아 꽃잎에 취해 소외됨을 잊고
그 옛날 돌아가리라
새까만 부엌 아궁이 소나무 불 때 고구마 구워 먹던
어느 한 시절 훈훈한 정 품어 내는
지난날들이 그리워라
다복한 세월

칠한량 14 꼬리

— 망향 길 창작을 설립할 칠한량

오색찬란한 무지갯빛으로 눈부신 먼 여정을 바라보며 의미 없는 인생 세상 무대 인생의 배우로서 세찬 파도에 너울 쳐도 인내하면서 우뚝 서 물결에 시름을 할지라도, 무궁 찬란한 아름다운 물체를 보며 인간의 욕망 창공을 날 듯한 14 꼬리 칠한량.

만나면 웃음과 노래로써 열광하며 밤이 짧다. 재건의 꽃동네 꾸며 개화를 실천하는 훌륭한 친구들. 화목하고 단합 있는 모범적인 친구들이라 모두들 입을 모았다.

마치 제비 꼬리처럼 맵시 있는 머리꼬리 두 갈래 묶은 채 곱게 단장한 모습들. 그의 활기찬 젊음과 삶이 평등이 부족함이 없다.

우리 추억 꽃을 피워 그 이름 남아 지금도 시나리오 글을 쓰고 있다.

현 모두 70줄 넘기에 옛 꿈을 더듬어 어느 곳을 가더라도 자리마다 그의 재능을 보여 황혼 바람에 웃음꽃을 피우며 나날을 보내면서 생활의 길에서 현모양처라고들 말하며 그의 자녀들 모두가 사회 큰 나무 기둥이 되어 사람과 사람 사이에 사람의 냄을 향(鄕)을 주는 효심이라고들 불리고 있다는 말.

사회에 기여할 수 있는 성실한 자녀들 보람됨을 황혼 길에서 찾은 행복함을 가진 옛 친구들 못 잊으리.

칠한량 망향 길

칠한량(七閑良) 오주사 일족 친형제요, 친사촌이요, 외육촌이요, 한적한 농촌 마을 선후배 일곱 친구들 뛰어난 문명.

만나면 우리 모두 건설적인 토론 개화를 시키겠다는 일념. 낮이면 열심히 부모님 뜻을 도모, 주일이면 교회도 가서 하나님 말씀도 읽어 열심히 살아갈 것을 보여드리며 밤이면 고유의 명절을 앞두고 모두 모여 앉아 참신하게, 더더욱 참신하게 삶을 개척하고자 모두가 의견을 제시한다.

팔월 명절 달 밝은 밤 연극 단막을 각자 의견 발표를 할 때 장소 협조하면 하고 염려할 무렵 부모님께 허락 본가에서 진행할 것을 믿고 모두가 밤마다 열중하여 연습 몰두할 때, 오빠들이 뭉쳐 놀면서 동생들에게 좋은 의견을 제시하는데 우리가 도와줄 것이 있냐고 하면서 찾아와 함께 동참할 것을 이야기할 때 우리 모두는 별로 오빠들은 개입을 원하지 않는다고 하면서 거부하니까 그래 성공을 빌겠다고 하면서 자리에서 떠났다.

이 장면을 이웃 아줌마 입들이 빨래터에서 아낙네들 보고 입을 모아 이때 바로 호칭을 붙인 것이 오주사라고 했다. 그럼 칠한량 오주사 멋있다고 야지준 것이 널리 전파된 것이다. 지금까지 그 호칭은 그대로 붙여져 지울 수 없이 전설로 가고 있다.

그러나 우리는 아랑곳없이 하는 일을 열심히 진행하며 마치 예술의 전당 못지않은 연출이자 멋있는 극작가였다. 본가 약 100명 수용할 수 있는 넓은 마당 체육관 못지않은 손색 없는 장소 3칸 마루. 편리한 극단으로 연출자들의 마음과 진행자들의 행동도 순조롭게 화려

칠한량(七閑良) 모습들, 경남 거제시 둔덕면 산방리 내 고향땅

한 무대를 세워 모두가 환호성을 외치며 막을 열면 바로 박수갈채를 받았다. 이때 면민과 동민들이 우리들을 바라보는 시선 모두가 개화된 청소년 싹이 튼다고 전해오며 칭송을 받았다.

조금 아쉬움이 있다면 오빠들의 호칭이 다 외지 사람들 같으며 칠한량, 오주사 등 멋진 호칭이었으나 아무 의미 없는 호칭 칠한량 모두에게는 그 호칭이 누를 끼친 것이다.

연극 종목 대비역. (1)전우 극단 노래 (2)봄나물 캐는 처녀 (3)동서육대주 노래 희극. 약 7종목 두 시간 연출 박수 갈채 막을 내렸다.

오늘에 있어 알리고 싶은 뜻은 칠한량 오주사는 한가족이라는 것이다. 아닌 것을 해명코자 글을 올리게 됐으며 이 글을 읽으시고 오점을 전설을 남기지 마시라고들 거듭 해명드린다.

신조. 늘 재건에 개화 문명 예술 길을 훌륭한 칠한량 뜻 있게 살아가는 현모양처로 남아 다복하게 행복한 삶을 누리며 서로의 남은 세월 염원하면서 글을 올린다.

59세에 떠난 영혼

故 문선입 자택

故 문선입 상심 이질에게 이모가 슬픔을 이겨낼 수 있었던 힘. 한 통의 편지를 보내는 길.

슬픔 이후 찾아오는 한 통의 편지 희망의 기쁨을 전해주는 매개체가 될 것이며 힘겹고 고단할수록 더더욱 우리들의 마음 생생하게 와 닿는다.

애절하게 하늘에 보내는 편지. 삶이 가장 슬플 때 가슴 깊이 목 안에서 애통함을 금치 못하는 소리가 울려 퍼진다. 그 통탄하는 울음소리에 인생을 찾으며 눈물 속에서 책을 읽는 동안 살아가는 길 가장 따뜻한 언어를 주고받을 때 되새겨 보는 기회가 눈물의 가치성이 있으며 답장을 받을 수는 없지만 늘 수 통의 편지를 쓰고 마는 편지, 하늘에 보내는 편지.

세상 모든 사람들에게 사랑의 징검다리가 되어 메마른 가슴을 이

제는 꺼내어 지금 이 순간 내 곁에 있는 소중한 분들께도 사랑의 메시지라고 전하면 전할수록 세상 정을 알 것이오.

무심한 선입아, 너의 운명 59세 세상 마감하다니, 꿈에도 현실에도 애절한 문선입. 모두에게 가슴 깊이 못 박고 간 너. 그 이름, 그 얼굴, 그 음성 지울 수가 없어 녹음 촬영 그대로 생생하게 보관하고 있단다.

수많은 동료들은 그대로 굴곡 속에 시름에 부딪힐지라도 인내하며 뛰고 있으며 그 자리를 지키고 섰는데, 무엇이 급해 앞서가 모든 인이 아픔 가슴 움켜잡고 그 가슴 멍들게 하는지.

하늘에서 빠졌다는 말들, 너의 아들 문태진. 이를 두고 눈을 감을 수 없어 뜨고 간 것이 모두에게 아픔이었다. 수십억을 흩어 두고 모든 이에게 헌신한 문선입. 애달프며 이모 가슴 아리는 것이 눈물겨운 일이 아니냐고 묻고 싶다.

문선입, 눈물이 고여 강으로 흐르되 마음에 상처는 그대로 남았단다.

문선입. 2009년 12월 13일자 '조카가 중하요, 돈이 중하요' 라는 전화 통화. 갑작스러운 그 한마디가 늘 귀에 스며들어 뻐저린 말 잊을 수가 없구나. 문선입 하는 말. '병석에 누워 1순위를 줄 거요' 라고 했으나 3순위도 아니었고 얼마 남지 않은 생애 삶을 단축만 하네요. 사랑하는 너의 가족에게도 먼 거리로 보여지는 추세다.

눈 감으면 영혼은 훨훨 날아 하늘나라로 찾아가지만, 육신은 흙으로 곱게 다듬어준 묘소에 자리 잡고 누이신 곳이려니 불쌍한 문선입 1평도 아닌 수목장이 웬 말인고.

위에 은행나무 한 그루 자라며 너의

흔적 영영 사라져 비와 햇빛 쬐며 이모는 아픔 가슴 움켜잡고 멍들고 있단다.

조용히 눈감은 그 모습. 땅속 깊이 안장했더라면 매월 육신 뉘인 곳이라 가보련만 그 길을 지나가면은 발길이 무거워 꼭 차를 타며 지나가면서 머리를 돌리며 참혹해 볼 수가 없다. 검은 비석 표지판 네 이름 볼 수도 없고 읽을 수도 없어 한이 맺히고 있다.

문선입 둔덕면에서 많은 선행을 베풀며 곳마다 공위도 쌓았다. 그저 약자를 도우며 곳마다 빠짐없이 필요한 문선입 장했다.

정 때문에 봉사정신, 헌신 베푸는 참신한 문선입. 누구에게도 누를 끼치지 않는다는 신념이 생애 전부던가.

지금도 못 잊어 찾아와 통탄을 하며 일원들도 심심찮게 찾아와 몸져 누웠을 때도, 약 3개월간 5백여 명이 문병을 와 하도 삶이 기특해.

선입아, 네가 어떻게 세상 인간미에 이렇게 잘 살았는가 칭찬을 이모는 하면서 이제 남은 영혼은 죄를 씻고 하나님 곁으로 간 아름다운 얼굴 그 모습으로 고초 없이 떠나기를 바라는 것이 이모의 뜻이었단다.

그러나 큰 사업을 하다 실패, 자기 뜻을 못한 채 미완성이 이것이다. 모두가 아쉬워하나 훗날에 후유증이 더욱 두렵기만 하다.

故 외할아버지가 지어준 그 이름 쉽게 사라지는 것이냐. 수없는 재물 질서 없이 흩어 낙찰 인생들에게 헛된 삶을 증표를 남겨 두고 아들 가족들의 뜨거운 눈물 속에 길을 찾지 못하고 있다.

삶과 죽음 갈림길에 모두에게 해결을 결산토록 문선입 고인에게 편지를 쓴다.

이모는 너에게 할 말을 잃어버리고 세월에 목이 메인다. 애탄과 애한을 남긴 너. 부디 하늘나라에서 편히 쉬세요.

※2009년 5월 31일 이모가 올리는 편지.
은행나무 한 그루 동료 친구들을 기다리는 꽃잎 꽃 속에 미소 짓는 문선입 눈빛 바람에 묻어가리.

비구니, 수녀님과 첫 만남

특별한 만남 TV 가톨릭 어려운 화합과 갈림길. 비구니, 수녀님 삶의 전선 서로의 사랑이 담뿍 담긴 훈훈한 정. 긴 여정을 바라보며 걸어온 발자국 여명길을 더듬어 차가운 밤에 세월을 묻어둔다는 아름다운 마음들을 털어놓으면서 살며시 미소 지으며 눈과 마음으로 따뜻한 정이 흐른다.

때로는 왜 내가 승복을 입어야 하며 또한 왜 내가 하늘을 가리는 제복을 입은 채 긴 머리도 함께 스며들어야 하는지 하고 허무감을 가진 그대. 지금에 긴 여백으로 남긴 희망의 싹이 튼 것이다.

비록 모양새는 다르지만 세상 속세를 벗어나와 영원한 삶을 누리며 축조한 내 인생 한 발 걷고 또 걸어 자신의 마음을 몰두. 고루짐 깊어 살얼음 일대 우리들의 뜻은 탕진될 수 있으며 야심의 두 종교 문답에 그대들은 줄기찬 붉은 장미 넝쿨이었던가.

둥근 머리, 장삼 의복 그대들은 깊이 묻어두는 흙 속에 광빛으로 마음에 빛을 비추며 백합으로 풀어보면서 얼굴 색깔마저 곱게도 물들고 작은 미소에, 시간이 흐름에 아쉬움 젖어 들었다. 활짝 웃는 그 웃음 그 얼굴 아름다움이 넘쳐흘렀다.

각자 종교 식성 설명하시면서 자기네들의 귀한 음식을 홍보하며 맛있게 먹으며 평화로운 얼굴들 증표를 남기며 이별의 만남을 기약하면서 비둘기 손으로 잘 가요, 잘 있어요 하는 인사. 산천을 메아리쳤다.

천사들의 날개를 보여지던 그네들의 눈가에 밴 그 눈물. 깊은 산 계곡 졸졸 흐르는 따뜻하고 맑은 샘터 세상 모두 모두에게 심어준 흔적.

故 김수환 스테파노 추기경님

— 가톨릭의 거목, 어버이시다

세상을 순직하신 추기경님 서거에 애도하는 마음 금할 길이 없다.

2009년 2월 20일 12시 36분 선종 국민장 애도 묵념. 시편 23장 쉬지 않고 달려왔다.

숭고하신 추기경님 마지막 길 흰 옷을 입으시며 잠드신 그 모습 세상 길을 밝혀주듯 옛 소싯적 흙 내음 맡으시며 앞산 노을 질 때까지 찬 서리 맞으신 아득한 세월, 지금 성모마리아 앞에 섰다.

호미 자루 밭 언덕 일구시던 추기경님 아름다움이 미래 금손으로 맞아 어머님의 따뜻한 사랑 순종하시며 전술의 감동. 하나님의 예언을 받은 듯 아들을 탄생 주 마리아께 감사한 마음 드립니다.

세상 의인들에게 사랑을 전파, 구원의 손길 만인에게 손에 손 잡고 속세를 떠나 죄 있는 자들아 이리로 오라고 외치며 사랑의 종이 울렸다.

훌륭하신 어머님 기도 아니었다면 세상길을 걷고 또 걷고 푸른 꿈과 새 설계 한없는 여망길 선택했으려니, 오직 하나님과 주 마리아 추기경님 당신을 버리지 아니하심이 이 땅에 빛과 소금으로 천하를 구원하고 평온을 찾기 위해 선택하신 추기경님 나라 사랑. 민주 세력 지키며 격동 시대 못지않은 희망의 시대를 맞을 때 늘 국민 편에서 앉으신 추기경님 태도 모습을 상징하면서 타 종교 죄의 묵념을 올리며 늘 사랑을 베푸시던 김수환 추기경님.

이 땅에 백합을 만인에게 심어주었다. 민주 세력 쿠데타 흐름에 죄인들의 안식처 명동성당이었다.

하나님 계신 곳 주 마리아 모신 곳. 예수님 십자가 앞에 세상 의인들은 성전 앞에 몰려 피난하는 곳이라 모두가 안도감을 내쉬기도 하며 명동성당 앞에 다가선 그 얼굴들. 노랗게 병든 색깔이었어도 주

마리아 천사 같은 날개를 보면서 모두가 고개 숙여 참배 드리는 모습들. 김수환 성직자 말씀으로 평온을 가져온다.

때로는 폭탄 세례보다 예수님의 피를 뿌린 듯 붉은 혈색. 소외된 평화로운 얼굴 화평하기만 하다.

추기경님 인생을 바라보면서 흘린 눈물, 바다를 메운 듯 세상인들에게 마음의 문을 열고 양식이 되며 모두가 한마음 한뜻이었다.

추기경님의 서거에 애도심, 십자가에 못 박힌 쓰라린 못 자국. 애도의 눈물 맑은 계곡 굽이쳐 흐르는 물줄기 십자가의 보혈의 피로 이 땅에 많은 생명을 구원하셨다.

훌륭하시고 온유하신 추기경님 천하보다 귀한 생명길을 밝혀 이 땅 위에 김수환 추기경님의 선행 사랑의 증표를 온 세상 넓혀 3일 만에 부활하신 예수님의 발자취를 따르며 주 마리아의 길을 찾아 생명 구원 받으며 어린 양 천사같이 구름 타고 광빛 비춰 천성을 향해 고이 잠드신 추기경님. 세상 죄 짊어지시고 떠나신 김수환 추기경님.

멀리서 들려오는 미사의 종소리. 하나님의 영광 돌려 국민장 장례식, 따뜻하고 아늑하며 소박한 1평의 고분. 주 마리아 길을 따라 김수환 추기경님 가톨릭 교우들에게 한 어버이로 길이 빛날 것이다.

세상에는 연약하고 불쌍하며 가난하고 억울하며 분노에 치우쳐 소외된 분들이 그 얼마나 많으실까.

1941년 일본 애곡 불참 숱한 수모 인내 속에 많은 영혼을 구원하시며 오직 나라를 위해, 의인들을 위해 매사 평화로운 삶을 설계하시고 기도하신 추기경님.

보람된 이 땅 추기경님 뿌린 삶 지금도 구원받고 소생할 것이다. 하관 예절식 마칠 때 세계적인 장례식 추모식 기념일 것이다.

맑고 깨끗한 유리관 추기경님의 마음을 뜻하며 고이 잠드신 모습, 마치 예수님 살아계심을 보여주셨다. 순교한 얼굴 유리관 안에 누으신 모습을 보기 위해 세계인들 문상객 60만 명에 이르렀다.

수많은 분들이 추기경님 가신 길을 애도하며 5일간 지켜보는 만인의 버팀목. 늘 북녘 땅과 동포들에게 애척함을 쏟아 가난과 열망의 시름, 그들에게 많은 복음이 전파된 것이다.

이슬은 내 마음을 채우고 보슬비는 슬프다. 하나님도 김수환 추기경님 필요하신 선택의 종. 함께 모두가 애도 묵념을 올린다.

현 정권에 계신 분들 수많은 날 인간의 욕망 민주 세력 다툼. 앞서거니 뒤서거니 피를 흘리며 쫓고 쫓기는 광경.

그때 추기경님 하실 수 있는 말씀, '주 마리아 계신 곳 묵념 기도는 못 할지라도 성전 앞에 흉악한 그 얼굴로서 주의 집을 감히 넘나들 수 있느냐' 하시며 죄인을 체포하려거든 추기경님 자신을 밟고 태양을 등지며 인생을 살아가는 길, 백합처럼 아름다운 수녀님들을 함께 밟으며 딛고 가라는 추기경님 애원의 말씀을 외치면 악인들도 눈 녹듯 사라지고 평온한 안식처를 찾아 모두가 순종하며 회오리바람처럼 언제 하고 사라진 것이 바로 주님 계신 곳이라.

세상 빛과 소금이 되시던 김수환 추기경님 한 사람 생명을 구하려고 앞 못 보는 장님을 눈 뜨게 하시며 맑고 깨끗한 김수환 추기경님 눈동자 각막을 주시어 귀한 생명의 말씀을 보게 하신 김수환 추기경님.

이 땅에 흔적을 남겨 주시고 떠나신 추기경님 얼굴 만인들의 마음속 거울이 되시고 생전에 추한 모습 보이지 않으려고 끝내 버티다 인내도 버리고 아름답고 따뜻한 수녀님들의 간호에 보살피며 참신하셨던 모습. 섬세한 그 얼굴 그 이름 당신의 김수환 추기경님.

푸른 잔디 동산 지붕 아래 고이 잠드시고 선교와 그 이름 남기시며 떠나신 김수환 스테파노 추기경님. 길이길이 하나님 보좌간 주 마리아 곁에 영원하시기를 주의 이름으로 기도와 묵념합니다.

故 김수환 스테파노 추기경님

생전에 추기경님 노래 청산에 살리라
목련화 노래를 들려준다
추기경님 그대 앞에만 서면 나는 왜 작아지는가
그대 등 뒤에 서면 나는 왜 젖어드는가
김수환 추기경님 이 노래 대목
한 인간으로서 수많은 파란과 곡절 속에
인내하시며 만인을 구하려는 일념과
하나님의 뜻과 주 마리아 뜻을 신의 길을 물을 마시고
또 마셔 시원하지 않은 세월
성모마리아 앞에 서서
세상 돋보기를 비춰 보면서
가슴 아린 아픔을 품지 못한 채
내 맑은 눈으로 세상인(世上人) 눈망울에 서광을 비춰 주리라

2009년 2월 16일

슬픔을 이겨낼 수 있었던 힘

— 부모 형제께 보내는 한 통의 편지

희망의 기쁨을 전해 주는 매개체가 될 것이다.

우리는 더더욱 힘겹고 고단할수록 생생하게 와 닿습니다. 하늘에 보내는 편지 삶이 가장 애절한 눈물 속에서 인생을 찾으며 책을 읽는 동안 살아가면서 가장 따뜻한 언어를 주고받을 때 되새겨 보는 기회가 눈물의 가치성이 있다.

답장을 받을 수는 없지만 늘 수 통을 쓰고 마는 편지. 그래서 하늘로 가는 편지는 우리에게 소중한 편지였다.

하늘에 보내는 편지는 세상 모든 사람들에게 사랑의 징검다리가 되어 메마른 가슴을 적셔줄 것이다. 모두가 가슴속에만 묻어뒀던 사랑을 이제는 꺼내어 지금 이 순간 내 곁에 있는 소중한 분들께 사랑의 메시지라고 전하며 전할수록 세상 정을 알 것이다.

누구나 한 마음 편지 사랑하는 부모 형제 볼 수만 있다면 어디인들 못 가오리오.

부모님, 형제

통영상업고등학교 故 배인오 오빠 85세

먼 훗날 손잡고 품안에 안겨 보고 싶다. 그립던 부모 형제 못다 한 한에 늘 상심한다.

나 어릴 때 엄마는 천하를 움직일 수 있는 힘. 사랑, 따뜻한 사랑. 늘 엄마의 손은 약손. 자녀들에게 의로의 안전을 보안하신 훌륭한 엄마. 하늘은 넓고 주소를 찾아 하나님 곁으로 먼 훗날 이상 가족이 될 것이라 믿는다.

하나님 곁에 아버지 엄마 형제 조카들 모두가 구원의 손길 붙들어 주시며 보좌관 우편에 계실 것을 이 땅에서 늘 기도 드린다.

하나님 예언을 기다리며 간곡한 기도를 하며 바란다.

2009년 6월 7일 부족한 막내딸 올림

부 배숙도(裵叔度)
모 조경선(曺敬先)

1. 故 배인오
2. 故 배복연
3. 故 배복아

어버이의 마음을 읽어보렴

어버이의 가슴 깊이 묻혀 있는 내 한을 딸은 알고 있는가.

이 못난 내 딸아. 어버이의 가슴 깊이 용수처럼 치솟는 애한(哀恨) 뜨거운 눈물 소낙비에 씻어 가네.

너는 모를 것인데 지표 없는 이정표 아랑들인 어미의 마음을 읽고 있느냐.

외부 속세를 단절하며 목을 메이 멘 너. 어미의 가슴 무심코 던진 한마디가 골고다의 언덕길을 찾아 행복의 징검다리 놓아 미래 꿈을 말할 것 없이 참회하지 않는가.

늘 곁에 지켜오며 예언을 주노니 꿈을 키우는 지름길 희망이란 마음속으로 깊은 옹달샘 물 꿈나무의 3년 고비 키워 보렴.

최고의 귀인 가족 지천에서 고뇌를 검색 행복을 찾으며 꿈 너머 꿈으로 상상력을 자극하며 세상에 못할 일이 뭐 있겠는가. 무슨 일이든 맡은 바 열심히 하면 누구나 다 베테랑급으로 인정 신뢰를 받으며, 정숙한 태도 표준 꿈으로 하루의 일과를 예언으로 삼고 삶을 읽어주마.

딸의 걷고 있는 길 허공에 헤매다 뒤늦게 터득한 세상 남은 여생 믿음과 사랑 속에 길을 찾아 세계적인 성경 말씀 하나님 계명 진리 복음의 뉘우침. 지금도 늦지 않다는 것을 깨우쳐 일소일노 즐거운 하루 하나님께 감사하며, 세상인들께도 늘 감사하며 저의 두 부모님 무한한 사랑이 영원하시길 빕니다.

모두가 마음의 문을 열고 마음속 묻어둔 이 한 권의 책 소망의 꿈 이루어 주심이 일생토록 소망이며 하나님 축복 아래 대망의 길에 감

사함을 기도합니다.

운명의 만남 눈물의 글, 어버이 두 분께 늘 상심 애탄명복(哀歎冥福)을 빌며 늘 명상 정숙한 마음 사죄 올립니다.

세상 독신자들에게 알림. 부모님의 뜻을 져버리지 마실 것을 바라며, 독신자들의 아쉬움은 늦으리.

1950년 인민군 침입 전쟁은 정적이다

1969년 3선제 반대 故 박정희 대통령 유신 체제. 한을 쌓으면서 세월을 보낸다.

삶이란 부모의 한, 자녀의 한이 쌓이고 쌓인다. 노력 시대 격돌 시대 물건에 대한 사업가 되는 꿈, 여망을 바라본다. 이정표를 묻거든 친절하게 알려주는 것도 봉사였다.

하루 일과 만복 자국 육신의 건강 마음의 건강이 자리에 보존한다. 떠도는 전파 재필 중 중국 오복을 손가락에 비한다고 한다. 중국 팔자 덕이 없다고 실패.

한국은 88올림픽 때 후 세계적인 외화를 끌어 많은 덕을 쌓아 올렸다. 생명의 존엄성 깨우쳐야 한다.

오늘과 명일 꿋꿋하게 삶을 안개 속 입체처럼 신비롭고 신선한 바위 틈 뿌리 내리며 우뚝 선 소나무 잎같이 아름답고 신선한 한 그루의 소나무같이 살고 싶었던 꿈.

신선들의 노는 모습 누가 볼까 두려워 그 모습 안개 속에 입체처럼 그 바닷가 아련한 먼 길을 살아가는 우리 인간들의 길.

바닷가에 물새는 먹이 찾아 머나먼 곳을 나는 광경 갈대와 같다. 우리는 험난한 한일전쟁 어떻게 극복하며 걸어왔을까. 신록과 잘 어우러져 조각을 볼 때 마음이 움츠러들며 긴 세월 묻어본다.

샛별이 지면 꿈도 길어져 눈 내린 창가에 앉아 영롱한 약속은 사라지며 구름 하늘 한 맺힌 정 떠난 고향 부산의 거리. 따뜻한 남쪽 나라 경남 통영 내 고향 문화 도시 향수에 젖어본다.

〈거제중앙신문(제448호)〉 기고

2011년 2월 10일 목요일 ~ 2월 16일 수요일

그믐달과 향수

연분홍 코스모스 손짓하는 고향 역의 향수를 그리며 드물도록 고적한 노을이 내려앉는 서쪽 하늘에 눈시울을 적시기도 하고, 마음 한 편을 따뜻하게 데우다가 새벽까지 설렁거리는 바람을 맞게 하는 그믐달은 고향의 향수가 살아 숨 쉬고 있는 마음의 안식처다.

고향의 향수는 내가 나고 자란 물리적, 지리적인 장소, 그곳이 아니라 잊을 수 없는 수많은 추억들을 담아두고 있는 포근한 내 기억의 저장고다. 그믐달은 요염하여 감히 손을 댈 수도 없고, 말을 붙일 수도 없이 깜찍하게 예쁜 계집 같은 달인 동시에, 요부의 눈썹같이 처염한 맵시로 싸늘하게 매섭게 걸려 있는 가슴이 저리고 쓰리도록 가련한 달이다. 초승달이나 보름달은 깔끔하고 풍성하여 보는 이가 많지만은, 음력으로 매월 마지막 날에 뜨는 그믐달은 보는 이가 적어 그만큼 외로운 달이다.

보름에 뜨는 둥근 달은 모든 세상의 부귀영화를 다 누리는 여왕과 같은 달이지만, 마지막 날에 뜨는 그믐달은 사랑에 배신을 당하고 세상을 원망하며 자신의 신분을 버린 공주와 같은 달이다. 가냘프게 야윈 강물에 흐르는 그믐달을 베고 누우면 고요함과 편안함과 적막함이 가슴속에 차오르면서 억제할 수 없는 감동에 저절로 눈가에 눈물이 흐른다.

인생의 황혼기에 접어든 나는 오늘도 '더도 말고 덜도 말고 한가위만 같아라' 라는 보름달을 비유하는 즐거움을 되새기며 그믐달의 추억의 향수를 가슴에 간직하고, 여성의 풍요한 생산력과 풍요로운 삶을 상징하는 달처럼 살아가기를 소망해 본다.

어머님과 언니 신의 조화

백인 육필 문학 시와 숲길 얼룩비

부산 범일동 매축지 모 상업을 하면서 매일 바빠 시간이 없다 그러던 어느 날, 어머님과 언니가 함께 있더니 가신 부모님께서 실렸다고 날을 잡아 오라고 부산영도 대교동에서 세 번이나 연락이 왔어도 못 가고 하니 할아버님께서 너를 고개를 돌려놓는다고 한다는데도 끝내 침대에 누워 고개를 쓰지도 못하며 돌아눕지도 못한 채 있다.

할 수 없이 가서 보니 어머님을 뛰어 범일동을 왔더니 시원하다고 침대 누워 계시더니 밤 10시경 되니 항상 떠날 때 소리 지르는 소리였고 고향 무덤 묘소 파러 간다고 침대 위에서 형상을 하나 그리자 시간은 12시 내가 아무리 봐도 병원에 갈 병이 아니라 날이 새면 영도 언니 집으로 모셨더니 거짓말처럼 바로 나았는데 신의 사유는 왜 띄워 놓느냐고 하는 것이 역력히 눈에 보였다.

그래서 히다치 TV를 팔아 굿을 해주니 성한 사람이 되어 참 신기하기는 했어도 무술에 약하면 취하지 않을 수 없었다.

언니 인생을 직업으로 삼고 하다 결국 위급해 돌아가실 때 주 예수님 믿고 세례 받고 세상을 하직했던 내 언니. 하늘나라 계신 줄 믿는다.

나는 세상을 살면서 남에 의해 태어났는지 자신도 생각에 잠긴다. 고향집 일이라면 서슴지 않고 매사 맡아 일을 보며 완벽하게 한 것이 지금에 와선 내가 생각했던 것이 아니라는 걸 뒤늦게 알면서 생각하면 눈물겹게 가슴이 아린다.

아버지 어머니 두 분의 삶 아름다웠다

아버지 별세 어머니 별세 애절하며 애통함을 금할 길이 없습니다.

엄중하신 부모님 슬하에 똑똑한 자매 덕분 3년 공을 닦은 아들 외 4녀. 모두가 부모님 가슴에 멍들게 한 가족. 아버지의 생을 숨죽인 5남매 삶을 파괴했던 그 세월. 탄식과 눈물로써 원통함을 면치 못한 것을 사죄드리는 딸의 간곡한 마음. 의지할 곳 없어 가신 두 부모님의 따뜻한 사랑만을 떠올리며 살아갑니다.

부모님과 형부

애달픈 아들 하늘에서 빠졌나 땅에서 솟았나 했으려니 그 무슨 흔적이 있습니까. 89세 가신 어머님도 늘 혼자서 흥얼거리는 말씀 짖지 못할 개가 되고, 울지 못할 닭이 되어 내가 죽고 나면 해부를 해보라는 간청. 주먹 같은 돌이 파래가 끼어 나올 것이라고 하시던 엄마, 아버지. 고이 잠드신 부모님께 늘 좋은 곳에 가시라고 기도합니다.

아버님 묵묵히 살아오신

표현 향나무로 풀어보며 엄마는 큰 바위를 상징합니다. 세상을 이렇게 살아오면서 생각하니 세상에서 저의 부모님은 최고의 모범적인 부모님. 큰 언니를 국모와 경남 진주 자수중학교까지 학문을 가르치신 훌륭하신 아버지. 그러나 모두가 다 부모님 뒤를 따라갔습니다.

지금 큰언니 연세가 89세이겠지요. 돌아가신 나이는 78세로, 별세했습니다. 매일 사진을 보면서 늘 그리움에 모두 다 보고 싶습니다.

저는 한을 남기고 싶지 않기에 있는 그대로를 글을 씁니다.

아버님 하신 말씀. 거제 통영 고성 내 발자국 없는 골목길이 없을 것이니 아는 사람 보면 꼭 인사를 하며 시장에서 만나면 요기라도 시켜드리라는 말씀. 또한 너의 고모는 한 사람이니 너의 여형제 4녀 속에 형제같이 여기며 정답게 잘 살아가라는 간곡한 부탁이었습니다.

아버지 막내딸도 72세입니다. 그 옛날에 아버님 말씀 너희들은 은행 직원 하도록 공부를 시켜 만들어 준다던 말씀이 귓전에 들리며, 빈곤한 많은 분들께 선행을 베푸시던 존경하는 두 부모님.

하늘나라 영원이나마 계신 걸로 믿고 기도합니다. 아버지 엄마 불러봅니다.

손녀와 배계임 함께요.

믿을 수 없는 망상

— 형부는 19세, 언니는 21세 때 결혼

세상에서 제일 좋아했던 언니, 연하의 남편을 만나 고된 시집살이. 친정에서 자랄 때 거센 일을 해보지도 않았건만 시집살이 고추 당추 맵다 해도 시집보다 더 매우리라는 노래도 있다.

배필아

연하인 두 살 아래 형부 19세 모 중학교 3학년 때, 언니는 21세 3회 선배. 두 사람은 서로 선도 보지 않고 사돈으로 얼굴을 조금 알 듯했다. 결혼을 할 때 형부는 고등학교를 입학 시기였는데 어느덧 졸업 시기가 되었다.

졸업 무렵 군 입대(3육군병원) 위생병. 세상에 자기 혼자인 줄 아는 사람. 여기까지도 고향 있는 마누라 엄중한 부모 슬하에 고됨이 그 얼마나 따를까 하고 생각도 못한 채 혼자만 즐겁게 세상을 살아가는 사람과 사회도 가리지 않고 수많은 여자들의 치마폭에서 살아가는 인생. 그러나 일생을 두고 낭만에 삶이 세월이 갈수록 치욕 같은 세상을 맛보며 6명의 자녀 속에 냉대를 받으며 나의 의식을 느낀다.

눈물겨운 하루에 수많은 날을 보내면서 살아가는 언니 매사 인내하면서 60이면 자기 곁에 올 거라고 믿어온 언니. 70이 되어도 공방살이는 계속. 70 넘자 검은 머리 백발 되어 집 지키는 곰돌이가 되었다.

김병갑

동생 같은 3회 세 해 선배 만나 서로의 만남은 팔십 길에 서서 인연을 찾아 그 옛날의 학생의 시절 결혼 때를 그림 그리며 한 평생을 애닯게 살아가는 언니. 언니 뒤에는 동생이 있다. 그러기에 만나는 헛된 사람들. 수많은 여성들 내가 다 언니 대신 십자가를 쥔 채 해결을 하면서 언니께 위로 말.

언니 살면 애들이 앞으로 잘할 것이라고만 위안을 주면서 말없는 언니, 한을 풀며 살아가는 언니. 언제 80세가 됐네요. 언니 건강하세요.

임 그리워, 내 언니야

눈물의 발자국 3육군병원 아기를 업은 채 부산을 찾아갔다. 사랑스러운 남편과의 상봉을 실가락 같은 희망 걸며 면회를 갖던 그날부터 어느 여인숙 숙박비만 계산해주면서 자고 고향 가라는 말 한마디 던진 채 용맹 있는 군바리 돌아보지도 않고, 아기도 마누라도 다가서면 부딪힐까 거리를 두고 말하면서 인정 없이 달리며 정(情)이란 이것이 전부인지.

15일 만에 고향으로 돌아오면서 남편의 손목 한 번도 잡지 못한 채 한숨에 날리고 남은 돈, 나이롱 옷 1벌 해 입은 채 위안을 받으며 시집을 들어서니 시어머님 하는 말. 내 아들이 옷을 해 준 모양. 그 옷을 벗어달라고 하면서 온갖 언어를 던지며 냉철했다.

그럴 때 시부모님이라도 사랑을 감싸주면 일생을 효심을 할 것을, 왜 부모님은 먼 여정을 바라볼 수 없게 며느리를 온갖 수모를 당하며 때로는 폭력까지. 이 어린 병아리 같은 6남매는 눈치만 보며 엄마 치마폭에만 따른다. 다만 의지할 데는 연약한 엄마뿐이었다.

언니는 세파에 시달려 인생의 노한 길 성공을 한 것이라 누구나 다 그 모진 시집살이 참아온 며느리라 모두가 이제는 칭찬을 하며 칭송을 입을 모은다. 일편단심 한 맺힌 미아리 고개를 살아온 그날이 아련한 봄날처럼 떠오르며 80 길에 흰머리 백발 되어 오순도순 행복한 나날을 보내면서 이것이 부부, 하나님이 정하신 선물이라고 믿고 현실을 감사하며 살아가면서 친정 동생에게 고마움을 말하고 싶다.

행복을 찾고 옛말 하고 살아가는 오늘의 현실이고, 형부에게는 애꿎은 처제 원망을 했으나 이제 보람을 가져 감사하다는 뜻. 언니 한탄 눈물겨운 논설 털어 얽힌 시나리오를 읊어 보는 마음.

언니의 영상

한 많은 언니. 한 끼 밥을 먹어도 형부 곁에 살고 싶다는 언니. 빈손으로 형부가 들어오니 따라 온 식구가 애 2명과 4명이었다. 형부는 촌에 땅을 팔아 와서 하루하루 책임 없는 나날을 보내며 밤이면 외박을 집으로 생각한다.

언니는 행여 하며 들어올까 기다리다 못해 밤을 새우기엔 너무 그 밤이 길었다. 그러기에 처제가 수소문을 하니 모 다방 아가씨와 지내고 있다는 정보. 그 소식을 듣는 순간 다방을 찾아가 아가씨에게 경고를 했다. 아침 자고 나니 형부가 전화가 와서 어떠한 사람이 찾아왔다고 묻자 처제에게 하는 말. 왜 그곳을 찾아간 것이냐고 인상을 쓴다.

나는 내 언니를 위해 한사코 말리며 언니의 남편으로서 위치를 찾아 주기 위해서 인상을 받으며 늘 지켜보며 형부의 발걸음을 따라가 보기도 한다. 물론 언니는 학교 선배요, 형부는 후배다.

물론 젊어서보다 형부가 손해를 본다는 것은 정한 위치였으나 우리 인간의 인연에 부부의 끈끈한 주어진 운명. 고생 끝에 끝이 있고 먼 여정을 바라보면서 눈물의 한 세월.

군에서 1년 만에 고향 오면 시어머니가 마루에 자리를 마련해주면 그대로 한 밤 자고 말없이 떠나는 남편. 모두가 식구들이 야속하기만 했다는 세월.

형부는 처가 뒤엔 일가 친지들께 살얼음이 얼듯 냉철하기만 했다. 시누이 5명, 시남동생 1명 소문난 시누분들은 그렇게도 힘과 매사에 버릴 것이 없는데다 언니는 평생 밥 한 그릇 먹는 것을 못 봤거니 몸매가 가냘펴 힘을 못 쓰며 표현 돌담 밭에 가냘픈 파란 비단 풀잎 같다. 언니 삶은 수많은 세월 한없는 비극. 한 토막 연주 속에 연극으로 살아가면서 애창곡 〈미아리 눈물 고개〉라는 노래 속에 긴긴날을 보내며 대견스럽게 여기는 동생. 언니는 장하고 인내심이 강한 훌륭한 언니. 그래도 어쩌다 석배기 아들 하나 딸 하나 6남매 낳았으니 보람된 삶.

제2고향 부산

다시 찾아온 제2고향 허공을 면치 못해 그리움이 쌓인 부산의 거리. 추억의 1967년 10월 1일 역사의 영도다리가 멈추던 날 곁에서 사진 한 장을 남기며 어제의 일들을 푸른 파도에 날려 보내고 새로운 계획 다짐을 한다.

옛날에 있던 직장을 찾아가니 모두가 대환영했으나 마음이 내키지 않는다. 이때 30세 나는 새 신념 많은 사람들에게 맡은 일에 완수한다고 호평을 받았다. 그 후 대한여론협회에서 근무 경남일대 故 박정희 대통령 초상화 건진 행정직 일체 울산 건설 국도, 전 학교 교육청도 다니면서 전진하며 부녀방 선전부장으로 의무를 했다.

그러나 세상을 살다 보면 허무감도 때로는 찾아오기도 한다. 어쩌다 보면 한 토막 연극으로 연주를 하듯 맺을 수 없는 운명 앞에 경적을 울리기도 했던 그 어느 때 서울 하늘 아래 여행을 하면서 세월을 보내며 비 내리는 장마 달빛도 묻어 버린 채 부산 영도에 터전을 뿌리를 내린다.

열심히 하루 일과를 마치고 걸어가는 순간, 가로등 불빛 유난히도 밝아 거리에 다니는 수많은 사람들의 그 얼굴들 그림으로 그려진다. 현 삶이 부족함이 없으나 마음속 하나는 메마른 단비를 기다리는 마음이기도 하다. 계절이 가면 꽃잎이 피고 봄과 여름 가을 겨울 사계절이 지나가련만 나에게는 여름과 겨울만 찾아오는 걸까.

생활 화보에서 어느 길목에 서서 거울을 비치듯 살아가는 나침판이 너무 어지럽기에 모두가 나에게 의지하기를 기대하니 그저 약자를 도우며 필요한 사람이 된다는 점이 무척 즐겁다.

다시 부산에다 조카를 불러 직장을 구하려 했더니 일주일 만에 구해 보람을 뜻하며 직장도 대 조선업계 사무직 선출되어 마음이 흐뭇했다.

배필아, 고마운 언니. 학교 다닐 때 늘 업고 다니던 언니. 그 은혜 보답은 형부 허황된 생활 관찰하면서 물질과 마음에 의지한 것을 동생은 보답으로 끝난 것이다.

모든 일가친지 나에게 의존하는 것에 때로는 보람을 느꼈던 어느 한 시절.

중국 여행

— 원시부족

12명 일원들과 즐거운 여정을 떠난 6박 7일간이었다. 한국을 돌아오면서 많은 체험을 하고 온 것이다. 그곳은 아름다운 곳도 많지만 뒤떨어진 곳도 많았다. 그러나 그곳의 역사 정경은 어디 비할 것 없이 웅장하면서 화려한 빛깔을 내어 천연적인 색깔이 눈이 부셨다.

가장 기억 속에 묻혀 있는 그 동산. 칼 한 자루 가지고 외국 침입자

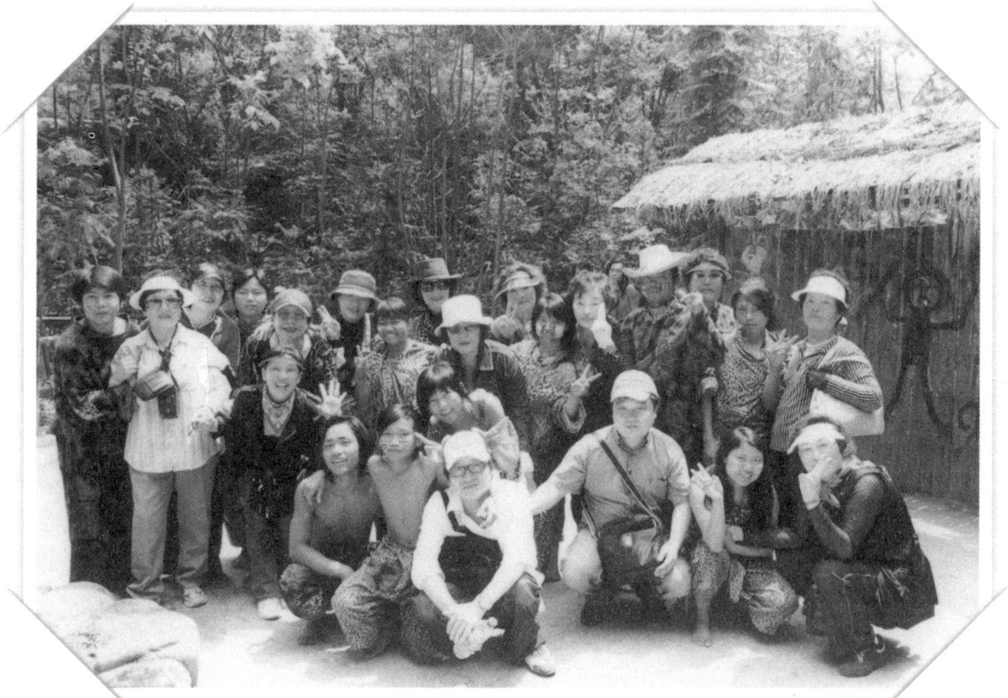

들께 총 4자루 빼앗아 중국 대국을 역사에 남겼다.

자연 천연적인 바위 세계서 찾아볼 수 없는 땅과 하늘 사이에 높이 붙어 세계인의 눈빛을 사로잡고 아우성을 칠 지경. 신비스럽고 감탄 · 감격한 설렘. 케이블카는 달맞이를 가는 듯했다. 강물 위에 약 1000m 위에 자전거를 줄을 타며 각색의 묘기를 보여주며 마치 물 위에 관광객이 탄 뱃길이 지나갈 때마다 묘기를 보였다.

또한 원시 시대를 연출케 한 곳. 신비로우면서 그들의 연기에 박수 소리는 그들의 애통함이 하늘 보고 눈물 지으며 산속 숲에 이슬을 적시며 그들의 묘기는 관중의 아픔 증표를 남기는 것이다.

북경 식당 여자분들의 미모와 재능. 우리가 보면서 그저 한민족 가슴이 아리며 모든 절하는 것 어느 곳에 가더라도 진지한 질서 대한민국을 증표를 남기며 돌아오면서 과연 하나님은 곳마다 다양한 광빛을 창조한 것이다.

우리나라도 축복 받은 나라지만 중국은 축복받은 나라였다. 각국 관광객의 마음을 현혹할 수 있는 재능적인 나라가 바로 중국이라고 말하고 싶다.

전쟁과 악몽길에서

역사 흐름을 기억 속에 쟁쟁 듣는 귀에 사랑의 열매를 맺어 한 인간의 존엄성을 탄생시켰다.

어머님 우리를 늘 병아리 품어주듯 따뜻한 정(情)으로 하루하루를 고됨을 무릅쓰고 진 자리 마른 자리를 걷어주신 부모님의 은혜 무한한 감사를 느끼면서 어느 곳에든 어미 가는 곳곳 졸졸 따라다니며 치마꼬리를 밟고 다녀도 싫은 내색 없이 훈훈하게 길러주신 부모님께 감사드립니다.

어느 세월에 국민학교를 입학하여 철없이 뛰어놀던 동심의 세계서 절망 속에 묻혀 매일 큰 나무 아래 우리 피난처 보금자리를 삼고 발악. 침구를 쓴 채 비행기 소리에 모두가 훈련 엎드려 귀를 박기도 했다. 침구는 전 식구들의 따뜻한 사랑을 감싸주듯 때로는 우리네 모습을 가려주는 적의 무기로 변한 것이기도 하다.

천진난만 우리들에게 일본 국기 카미사마 앞에 절하지 않는다고 선생님께서 어린 나에게도 큰 손으로 조그만 얼굴에 뺨을 때렸어도 쓰러지면서 나라의 설움일지라 하고 동심에도 눈물 지었다.

사람은 같은데 민족, 나라가 다를 뿐이나 압박과 설움 속에 살아남기 위해 무슨 죄인 줄도 분별도 못한 채 어린 가슴속 희망을 잃고 용수철이 끓어 치솟는 기분이었다.

악몽 같은 나날 죄목이 있다면 그들의 법칙 따르라는 규정 그중 일본 여선생님께서는 그렇게 상냥하며 지혜롭고 지금도 생생히 기억에 남았으나 적의 피로 우리 국민 혈 반드시 취해야 할 것이다.

아들 꿈

— 30세 모정

아들은 탄생하였다. 언제나 꿈은 생전에 이루어지는 법. 귀한 아들 낳은 후 우유를 먹이다 젖이 부족해 머슴 살던 집에 박 바가지 시루떡을 한껏 담아 든 채 한걸음.

아들 젖 좀 먹이겠다고 깊은 마음에서 집을 갔더니 겨우 젖을 먹여 안고 오는 도중 자기 집 아기가 우니 그 집 아저씨가 젖을 빨리 주라고 하니까 답변이 방금 이름을 부르면서 젖을 쫄딱 따라 먹고 가고 나니 없어 못 준다고 하기에 없는 가난한 집에 떡을 큰 바가지 갖다 주고 오면서 어쩌다가 젖이 없어 눈치. 젖을 먹고 오는 길에 아기는 안겨오면서 생글생글 웃는 것이 너무도 가슴 아파서 혼자 흥얼거리다 조그만 웅덩이에 아기를 안은 채 함께 빠져 아기를 보면서 한숨에 '너는 우리 가족에게는 꽃이요, 크나큰 보물이다. 건강하게만 자라다오' 하면서 옛 심봉사 노래처럼 한담처럼 '개천아, 네 그리느냐 눈 못 본 내 그리지' 라고 하는 한달음 응얼거리며 집에 와서 아래 동생의 젖을 다 먹이면서 기른 것이 우리 모두는 장대비가 내리듯 한 세월을 눈 못 뜬 삶을 가져본 것이다.

한 맺힌 아버지 사업을 하시는 것이 아니었고 가난한 자들에게 늘 정 베풀며 함께 불쌍한 사람들과 함께 살아가고픈 아버지 어머니. 그래도 그 고운 마음씨 재산은 잃었지만 세상에 보람된 일들을 수없이 하였기에 지금도 아버지 어머니 조남은 그대로 훈훈한 정으로 엮어 갑니다.

세상에 존경받으신 내 부모님께 막내딸 올림

일생의 소망, 아들 꿈

어머님 결혼 18세 아버님 19세 때 시집을 왔을 때 시아버님은 36세, 시어머님은 산후조리 못해 병든 몸 조그만 시누이를 안고 늘 방에서 세월을 보내셨고 형제간 자녀들 6남매 아들 형제 4명 막내딸들 2명 여종이 1명, 머슴이 3명.

어머님은 힘든 시집살이 극복하면서 딸을 4명 잉태했고 하니까 할아버님은 독신이신데 삼촌댁은 아들을 계속 낳으시니 눈물을 벗 삼아 하루를 고된 삶을 가지실 때 3년간 무술인께 토지 900평 3마지기 결정 공을 드린 후 아들을 낳았다. 세상에서 고됨도 없고 그렇게 행복할 수가 더 있을까 하고 살면서 3세 때 저승사자 생각을 하면 불안감에 늘 상심이었다. 그때 저승사자가 3명 참석, 어머님을 데리고 가야겠다고 할 때 꿈에도 아들 하나만 낳고 가겠다고 한사코 비니까 그럼, 40세 되면 올 테니 하고 떠난 후 잠을 깨보니 이웃 할아버지가 운명하셨다 하는 곡소리가 들려왔다.

이때 침묵 속에서 꿈이지만 일생을 살면서 88세 얘기하시고 89세 어머니는 세상을 하직했으나 생전 늘 생각 이렇게 예쁜 아들을 낳았는데 40에 오면 어쩌나 늘 하루하루가 괴로운 순간 세월 속에서 어느덧 40을 넘어 이제는 하고 그래도 초조감을 잊을 수 없지만 유수 같은 세월 어느덧 훌쩍 귀한 아들의 모습.

충무상고 1회 졸업생 이때 가족 모두가 행복한 가정과 화목한 식구 행복했으나 그 후 후유증. 우리 모두는 때로는 청천벽력 같은 식구의 모두 상처 아들의 꿈이 허물며 혼자 외아들은 성장을 못한다는 옛이야기가 있듯 우리 모두 실망과 좌절감에 허탈함을 면치를 못한 채 모든 재물도 탕진하면서 꿈은 사라지고 암흑 같은 현실이 안개처럼 묻어왔던 것이 이것이 세상인가 보다.

아들 탄생 전 어머니 30세의 꿈

— 저승사자의 재촉

어머님은 자면서 꿈을 꾸며 아들이 한이었다. 저승사자가 엄마를 데리고 가겠다고 세 사람이 찾아왔는데 생시에 먹은 마음 아들 하나만 낳고 가겠다고 한사코 사정을 하니깐 그럼 40세 되면 올 테니 하고 떠난 후 아침 자고 나니 멀쩡한 옆집 할아버님께서 숨을 거두었다.

그렇지만 꿈일지라도 꿈에 얘기를 못 해준다는 사실이었다. 아들 낳았으니 이 좋은 아들을 두고 어찌 찾아오면 갈까 너무도 걱정이었는데 천심이구심이라 상심 걱정은 태산이었다. 염려를 하다 보니 명부에 빠졌는지 오래 사시다 89세 세상을 떠나셨다.

이 아들을 두고 학생 때 결혼을 시켜 학생 신분에 뭐 알 거라고 결혼을 했으니 한 사람의 물갈이 이렇게 무서운 여파가 부딪혀 큰 파란을 겪게 되었다. 차라리 징병 검사 때 군에 복무나 할 것인데 아버님은 독신이라는 일념 아래 3번이나 구출한 것을 후회 땅을 치며 탄식했다.

그때 큰언니는 진주 자수중학교를 졸업 중 일본에서 여자들을 뽑아가기에 20세에 결혼을 시켰으나 그래도 동생 하나 구하겠다고 아버님과 합심한 것이 뒤늦게는 모두 후회. 모두가 국가의 종이며 나라의 반역자라 죄를 받아 하늘이 무너졌다. 인간은 주어진 사명 피하지 말며 살아가는 성실하며 참되게 살아가야 한다는 것. 하나님 우리에게 크나큰 저주를 주시는지요. 하늘에 달과 별에도 태양이 비친다. 우리 식구 모두는 광명을 찾았다는 소식 오순도순 행복했다.

그러던 어느 날 병명 없는 고난이 찾아와 구원의 손길 건강을 찾지

부모님

언니

오빠와 조카

언니

못하는 하루의 세월. 학업도 중단하고 부모님의 따뜻한 손길 존경스러운 부모님밖에 사랑의 따뜻한 온정 속에 살아가는 자신의 아픔 엄마의 스쳐가는 설기(雪氣)가 있기 때문에 그 사랑을 듬뿍 담았다. 늘 어리광 부리고 부리던 막내딸로서 병고를 강력 무기로 삼았다.

아버님은 거제도 일대산 판 수목 많이 사서 약 3년간 기른 다음 많은 인부들을 채용 쇠줄을 달아 높은 산에서 내릴 때 인부 쓰이는 일용 수 약 30명 정도 일을 시작하면 하루 쌀 1가마씩 소비되어 많은 소득보다 더욱 소비가 늘어난다.

도둑은 달밤에 소달구지 나무 장작 한 구루마(마차)를 실어 팔았어도 아버님은 아시면서 그렇게 야단을 하지 않고 다음에는 그렇게 하지 말라고 부탁만 하시는 분이라 사람들의 말에 거제 양반이라고들 말을 하시는 분들이었으며 별호였다.

엄마는 그 면에서 여군자라는 별명이었다. 평생 살아오시면서 남을 배려하며 살아가셔서 가정에 생활에 비전이 없이 일 년 산과 들판

약 3가지 판매 빛 잔치를 하시면서 먼 곳을 가시다 헐벗은 거지 있으면 위에 상의를 벗어주며 항상 상을 차려 밥을 주며 추운 겨울에 오면 따뜻한 물 가져가라는 말씀 늘 선행을 베풀었던 아버님.

노할아버님을 대비하신 아버님까지 문명이 뛰어나셨다. 일제 시대 큰딸은 한 고을에 2명뿐인 여자였고, 30여 명 남자 속에 국민학교를 2회 졸업을 시키며 졸업 후 경남 진주 자수중학교를 다니다 일본국 처녀들의 납치 바람 때문에 곧 20살에 결혼을 시켰다.

그리고 늘 하시는 말씀 '너희들은 은행 직원 만들어줄게' 라는 말씀이 지금 귀에 쟁쟁하며 늘 말씀이 있다가 없으면 그것같이 허무하다고 말씀하시고 막내 동생 걸려서 부탁을 하시던 아버님. 너희 형제간이 여(女) 4명이 있으니 고모 1명 형제간을 인정하고 지내라는 말씀이었고, 누구 아는 사람께 인사는 예법을 지키라는 부탁이었다.

아버님은 사업을 65세까지 하시고 두 분의 가슴에 피 맺힌 눈물 속 한 많은 가족 서러움이 비참한 생애로 끝났다.

하나의 아들 희망을 꿈꾸며 힘차게 달려가던 삶을 깨뜨렸다. 할아버님을 아시고, 아버님 · 어머님을 아시는 분들께서는 모두가 완고하신 할아버님 슬하에 가정에 애석함을 금치 못해 침묵이 흐르기까지 여론에 속했다.

이 무렵 가족 모두가 비극의 대상인지 한 토막 연극인가 여겨진 현실인 것이다. 아버님께서는 하루 아침 식사 후 30분 만에 조용히 돌아가셨다(70세). 동네 사람들이 모두가 다 정말 좋은 일을 하셔서 죽음의 길이 복이라고 하시며 여러 사람에게 역사의 흐름을 말했다. 어머님은 89세 떠나실 때 내가 죽으면 머릿속에 흰 댕기를 드리라는 말씀. 너희 집에 와서 아카시아 나무 같은 집안이라고 하시면서 흰 댕기를 꼭 드리라고 하셔서 약속을 지켰다.

7월 칠석 견우직녀에게 까치가 다리를 놓아주듯 아버님은 아들의 비관으로 세상 모든 사람에게 기쁨을 주고자 하시는 헌신적인 마음

씨라 이렇게 하시면 모든 일이 마음속 쉼터가 되어 위안을 하신다. 때로는 살아 있는 꿩도 사서 산에 꼭대기 서서 날려 보내기도 하셨다.

아버님 운명과 꿈은 사라지고 이 길이 전부였던가요. 호령하시는 부모님 모시고 병든 어머님을 16년간을 간호해 효도라는 증표가 따라다니듯 했으며, 아버님 늘 무당들 데려다 굿을 하며 새벽 날에 우물가에 물을 길어다 동쪽 하늘 보며 기도를 하시며 또한 그 정성도 모자라 5리 되는 거리 맑은 물을 길어 오셔 기도를 하신다는 아버님 정성.

때로는 호령 치는 할아버님을 출장을 보내시고 3일간씩 5명 정도 데려다두고 불경 굿을 하실 때 할아버님 돌아오시면 인정할 수 있는 친지집 보호망을 하시면서 아낌없이 대가를 드리며 누구에게도 호의를 베풀었다는 말들.

어머님은 할머님께서 아기 낳고 산후병이라 흰죽을 많이 들어야 하셨기에 하루 도랑사기(옹기 그릇) 흰죽을 갈아서 차가운데 관리를 하면 외할머님 오셔서 미안하니까 얘야 오늘도 소죽을 쑤냐고 하셨다는 말. 아버님의 정수물과 늘 사계절 흰죽을 끓여 대비하신 어머님은 마치 효녀 심청과 흥부를 상징한다는 말들이 있다.

그렇게 고우신 분들도 부모님께 효심을 다 하시는 두 분의 운명은?

한 마을에 많은 사람들이 저의 농가에 일을 도움주신 분들의 말에 의하면 제비 같은 마음이신데 왜 하며 모두가 애통하면서 한 입을 모은다. 매일 방 안에 앉아서 연불처럼 이상해 집이 왜 안되는가 반복으로 하시는 소리에 갓 시집온 며느리 누구 집인데 궁금해 하던 3번만에 발견, 알고 보니 나를 보면서 그런 말을 던졌다.

임 그리워 광명을 바라본다

이 나라 전국 독립투사 국민들은 나라를 찾았다는 희사에 환호성을 외쳐 빛나는 태극기를 휘날리며 국민들의 만세 삼창 하늘을 메아리친다. 유관순 동상.

이제 대한민국 나라를 찾아 국민들은 눈물겨우며 집념 있게 살아보려고 발을 딛고 일어서 공간에 지긋한 왜적이 물러가자 조그만 나라를 두고 세력 다툼에 회오리바람 불기 시작했다.

이제 우리는 어디를 가야 할지 이곳저곳 평탄치 못해 치욕적인 죽음의 울음소리. 서로의 심리 싸움발을 딛고 더듬어본다. 그러나 우리 국민이요, 한 형제이나 갈림길에서 총탄에 운명을 걸고 이 땅에 정(情)과 한(恨)을 남기며 피로 물들인다.

당시 보도연맹 모두가 뭔지도 모르고 입당을 하였으나 우리 집은 입당하지 않으며 국민의 정신과 판단력 지혜로움이 조상들의 훌륭하심이 역력히 보여 주셨다. 그러나 한 나라끼리 형제끼리 서로가 세력 다툼에 권력을 빼앗아 보겠다는 야심이 일기 시작한 무렵 혈기 아닌 민족과는 총탄도 할 수 있지만 한겨레 마주보며 총탄이 뭔지요.

어린 우리들은 학업을 중단하고 피난민들의 안식처가 된 곳은 교실이었다. 모두가 배움의 길에서 책가방 든 채 산과 들판 다니며 공부를 하는 건지 소풍을 다니는 건지 배움의 문턱 비극적인 세상. 눈앞에 보여지는 무리 서서히 사라지고 우리들의 터전을 잡았다. 이제 마을마다 배당을 하며 수용소를 지어 자원봉사를 받으며 살고 있다. 아군 국군 아저씨들은 우리에게 안전을 주었다.

그러나 붉은 무리 떼 구석진 곳마다 남아 높은 산 야산 굴을 파두고 씨앗의 불을 붙이며 낮에는 동리를 내려다보며 누구를 선택해 명부를 꾸며 처형을 하겠다는 역사 속의 꿈을 꾼다.

밤이면 마을마다 불을 켜 경비를 동사무소에서 계속할 때 언제 어디서 나타나 끌고 가기도 하며 운명은 순간이었다.

앞서 가신 대한의 아들들아 총칼에 육 박자에 그 얼마나 수모를 당했는지 우리들의 가슴에 새겨 그 넋을 달래리라.

— 일생을 두고 한 맺힌 형제들이여 어느 하늘 아래서 백골이 진토 되어 넋이야 없어지니 임 향한 일편단심이야 가실 줄 있으랴 38선 세 글자를 누가 지었나 휴전선 무너뜨려 길을 찾아 통일 노선 빛내자

— 부녀자들의 한 서린 노래

임께서 가신 길이기에 영광에 길이었기에
이 몸은 돌아서서 눈물을 감추어서
가신 님에게 내 갈 곳은 님의 길이여
바람 불고 비 내리는 어두운 밤하늘에
두 손 모아 비옵니다 눈을 감고 비옵니다

— 한 많은 미아리 고개

미아리 눈물 고개 울고 넘던 이별고개 동지섣달 기나긴 밤 폭풍 한 솔
몰아칠 때 당신은 철사줄에 두 손 꼭 묶인 채로 뒤돌아보고 또 돌아
보고 살아만 돌아오소 울고 넘는 이 고개에 한 많은 미아리고개

— 6 · 25

아아 잊으랴 어찌 우리 이날을 조국의 원수들이 짓밟아 오는 날을
왼 주먹 붉은 피를 원수를 막아내며 발을 굴러 땅을 치며 기분에 뜬
날은 이제야 갚으리 그날의 원수들 쫓기는 저것 무리 쫓아도 쫓아
원수의 그날까지 쳐서 물리쳐 이제야 빛내리 이 나라 이 겨레

거슬린 세상 눈

아버님은 종갓집 장손이었고 어머님은 맏딸이었다. 엄중한 할아버지 슬하에 딸을 4명이나 낳았으니 그 얼마나 말 못하는 망부석. 세월이 가자 딸 3명은 4살, 3살, 2살이 되니 홍역을 하며 모두가 떠난 후 3년 공들여 무술인께 땅 부동산 600평 기약하여 3년 만에 아들을 낳았다.

금이야 옥이야 그 옛날도 파라솔 들며 그늘을 지어줘야 칭찬을 들었다는 고모님과 큰언니의 말이었다. 그러자 오빠는 통영상고 다니고 그때는 졸업 4년인가 하면 바로 대학을 가야 했던 때였는데 아버지는 대학 꿈을 꾸며 엄마는 결혼을 재촉하자 결국 엄마 의견대로 결혼을 시켰다.

오빠 뜻은 상대는 자기 수준에 표준을 정했으나 아버지께서 가까운 곳이 좋다는 말씀에 결혼을 했으나 바라고 있는 희망은 사라지고 회오리바람이 동풍인지 서풍인지 불기 시작했는데 식구 모두가 넋을 잃어 기대가 사라진 것이다. 시집온 다음 달부터 재산을 탕진 매일 싸움으로 살아가는 하루가 되어 어떻게 비법이 없어졌다.

오빠는 학도병으로 군에 입대 아버님 사상과 큰언니 사상 돈 보따리 가져다 약 50리를 따라다니면서 3번이나 구해 오시던 부모님의 뜻 꿈. 그 길 이곳저곳 다니시다 일생을 농촌에 터전을 두고 살아온 한세월 별세하셨던 부모님. 이것이 인생인가요.

모두에게 희망과 좌절감을 먹으로 화살을 그려주시는지요. 우리에게는 세파에 역경도 수없이 부딪쳐 이제 모두가 지쳤습니다. 아들 낳기까지 어머님의 시련은 눈물로써 세월을 보내면서 모두가 가시눈으로 바라보는 눈빛. 살얼음이 굳어 있는 냉철한 삶을 살아가면서 힘들게 낳은 자식. 낙엽처럼 병들어야 합니까, 탄식하며 통곡했다.

금쪽같은 아들이었다. 아들이 뭐길래 어린 삼 공주는 천사의 날개 속에 사라졌으며 그 후로 딸 3명을 낳은 후 그래도 세상에 없는 뜻이 아버님 말씀은 늘 너희들은 은행 직원 만들어 주마고 말씀하셨다.

할아버님 그때 일제시대 지방장관으로 계실 때 손자가 좋아서 기백이 정정했다는 것. 무척이나 좋아하던 손자. 이제 누구의 운명인지 모두가 애통하며 부모 형제 뼈저리게 아픔을 어이 가시리까. 한스러운 오빠 세상을 등지고 눈물과 일생을 보내며 비극적인 삶을 지탱하면서 68세 세상 하직하셨다.

현 78세 그 시절 아버님 고치려 부산을 전국 곳곳마다 병원을 찾아 다녔어도 다시 원점으로 돌아왔으나 또다시 희망을 걸면서 마지막 어느 한약 방에 만 일 년을 치료했어도 무병으로 끝나고 집에서 그늘진 생활 속에 부부와 일생을 마쳤다.

올케는 누구에게 사랑은 못 받아도 가까운 가문이 있다면 열녀상을 먹을 듯. 허나 모든 것을 한스럽게 돌리고 자녀들의 삶에 새로운 세상을 찾아 노후에 보람된 삶을 살고 있다.

꿈 많은 한(恨) 시절

세월이 좋아선지 세상이 좋아선지 방향을 찾지 못하는 낭만의 길. 나침반이 어디 있는가. 하루는 유선자 후배 결핵으로 마산 요양소 가포동에서 요양하고 있었다. 할머니가 계란 1판을 전해주라기에 조심스럽게 거제도에서 심부름을 했다. 가서 만나고 돌아오는 길에 심부름 했으니 한결 마음이 가벼워야 하는데 마음이 아프다.

병원 내 환경 조성 지상천국으로 매우 호화찬란했으나 그녀들의 생명이 단축되는 것이 안타까웠다. 그 후 친구와 갔더니 만남이 좋았으나 헤어짐이 괴롭다. 다시 3번째 찾아가니 부산복음병원으로 이동했기에 찾아갔다. 6개월 만에 복음병원 찾아갔더니 마산 요양원 가포동으로 되돌아갔다고 하기에 시간이 있어 찾아갔더니 안정을 찾고 있다.

서로 만나다 보면 반가워도 표시를 할 수 없어 안 보느니만 못하

다. 또다시 찾아가니 서울 복음교회 이동 소식 듣고 돌아오는 발걸음이 무겁다. 자기 할머님께 돈 500원만 부치라 하여 부치니 되돌아왔다면서 받아 쓰지도 못한 채 천국으로 간 것이다.

아쉬운 나이 전교에 톱. 그 얼굴 못다 한 삶. 그때 한 친구가 내가 안양 있을 때 우리 한번 찾아가볼까 하기에 거절했다. 이제 세상은 너무 허무하고 정말 아까운 후배 중학교에서도 전교 일 등한 수제려니 미모도 그렇게 곱고 예쁘게 생겨 면내에선 아까운 인물인 것이다.

지금부터 나는 건강하니 고아원, 애강원, 양로원 다 둘러보면서 선택의 길. 하지만 쉬운 것이 아니었고 그네들에게 자신이 없다. 홍역하는 2살짜리 아기들이 6명이 누워 있을 때 문을 활짝 열어놓아도 괜찮은지 사 가지고 간 과자를 주니 그 자리에 누워 먹는 모습들. 너무 안쓰럽고 부모의 설움…. 입술이 타서 쭈글거려도 먹고살겠다는 눈망울들 가슴이 찡하며 한숨을 쉬고 정문을 나오면서 한숨과 눈물이 흐르며 나의 부모님 정말로 감사하고 행복하며 고마웠다는 그날의 기억들. 혼자 살겠다는 일념을 가져본다.

추억의 벗이여

어느 날 온유하고 겸손했던 나의 성격 순간에 돌변하면서 고향을 떠나 독립을 개척 자립 성공을 꿈꾸며 실행하였다. 동아일보 조그만 사설 숙명여대생 자전거 위에 필수품 실은 채 전국 유람을 떠나면서 파출소 검문도 당하며 일주하는 것을 보았다.

나도 이곳저곳에서 친구들이 찾아오고 하니 세상은 내 것이라는 마음 그러기에 언니의 혜택을 받아 기술을 배워 전국 유람을 꿈꾸었다. 그러던 뒤에 일곱 친구는 다시 모여 누구의 의식 없이 찬송가 곁에 끼고 교회를 몰래 다니면서 학습이 뭔지 하면서 받았으나 믿음이 어디까지인지 멋모르고 하늘을 찌를 듯한 우리들의 세계. 모든 세상 일들은 크나큰 자랑스런 직인 줄만 믿고 외치며 숨바꼭질에서 살아오는 현실. 세월 흐름에 자신의 부끄러움을 느껴 학습을 받으며 교인으로 인정하니 믿음과는 괴롭다.

하루는 어느 장로님 댁 아들 결혼 청이 들어오기에 그 길로 교회도 싫어지고 죄인 된 자가 하나님 앞에 엎드려 기도는 더 이상 시험에서 타락하면서 성경책과 멀어져 방황했다. 허나 식구 모두가 원망스러울 때도 있으나 원망하지 않고 마음을 비운다. 청혼이 3곳에 들어오지만 마음이 허락지 않고 다만 꿈을 이룬다는 신념. 하루는 사회 여성 사업에 약자를 도우며 살고 싶다는 마음에서 힘썼다. 여러 가지 여건이 허락지 못해 우선 보류하기로 했다. 어느 날 부산 다녀오는 길에 창원 39사단을 들어선 정문팔구(正門八口)에 문의한 결과 8월에 갔더니 9월에 1개월 더 있다 오면 시험이 있다고 말했다.

그러던 하루 부산 간다고 금성호를 타고 가는 중 여군인 한 사람이 참하게 앉아 나에게 오라기에 곁에 가니 여러 얘기를 걸며 주소를 달라 하였다. 서로의 주소 교환 후 편지를 하니 대전 인사과 있으니 찾아오라고 하사관이라고 인사까지 했으나 여러 가지 여건에 포기하였다.

독단 악몽의 목단꽃

삼촌이 7대 면장님으로 계실 때 많은 행정 사무에 열중하셨다. 그렇게 하시다 보면 개인의 감정에 묻고 있는 마음들. 지방 행정직을 받아야 했던 노예 시절 맡은 직무라 열심히 실행하다 보니 어쩔 수 없이 그 법대로 지킨 것이 개인의 감정 일기 직전 무슨 영문도 모르게 법이 공간에 없는 틈을 타서 불우에 예기치 못한 일에 회오리바람이 불어왔다.

1. (죄목) ○○씨 개인의 감정 면내 창고 열쇠를 책임준 것이 화근이었다. 모든 물건을 개인의 재산처럼 소비를 시키니 저걸 못 본 면장님은 열쇠를 반납하여 현명하신 외사촌 형님에게 책임을 지운 것뿐.

최초의 1회 등산
통영시 남망산에서

2. 보국대 입대하라는 명령이 떨어지니 면장님이 보내서 보국대 마친 후 집에서 병든 것을 자기 아들이 나가 사망을 했다는 자각심이 분노였다는 사실. 두 가지 죄목을 잡아 개인의 감정 사로잡고 집안의 무리들이 흑심을 품어 해방이 되자 법이 허물던 무렵 이때를 기회를 잡았다. 갑자기 몰려와 소동을 하니 모두가 죄목이 뭔지도 모른 채 피난을 다녔다. 사로잡혀서 사람과 사람 사이에 대화가 영영 불가능하며 그쪽에선 우리들은 10세 미만 살려두고 다 죽인다고 증오하면서 식구 모두가 각목으로 설치며 우리 상가만 보면 죽인다고 엄포를 놓으며

쥐 잡듯이 밤낮없이 다닌다. 큰 새집 아버님 일본에서 나와 아무것도 모른 채 집을 들어서니까 할아버님께서는 4대 면장님으로 계셨고 퇴임하신 후 군민 대의원 3성 당선하신 후 끝나시고 바다 어로 사업 생선 대구 어장을 번창시켰다. 많은 사람께 고마움을 보답하면서 한 의원도 하시고 후원을 주신 분들께 많은 선행을 베풀며 삶을 마감하셨다.

우리 후손들에게 별로 남겨준 것 없이 행정 사무에 열중했음을 증명하며 다들 말해주고 있다. 할아버님 5남매 중 셋째 아드님께만 유산을 주셨다. 물론 아버님은 형제들께 베풀고 산다는 일념 아래 만족을 하셨다. 아버님은 누구에게 베푸는 것을 우선으로 여기며 본인의 사욕이 없어 직계가족 삶 뒤로 보며 늘 형제께 베푸는 것을 최선의 길로 여기며 한 세월을 삶을 뜻한다.

그러나 할아버님은 홀로 계시니까 어머님께서 할머님 두 분을 모시고 와 함께 사시도록 하셨다고 했으나 모두 다 버리고 늙으시니 결국 큰아들으로 집 오셨다. 약 1년 동안 병석에서 누워 계시며 자신의 죄 · 잘못을 뉘우치면서 3년만 더 살려주면 너의 공을 하고 가마고 하셨으나 생명 길이 없고 서로의 눈물 속에서 간병을 하신 며느님 저희 모(母) 너무도 고생하시면서 인내하시고 효도하신 길이라고들 남들 칭송하였다.

명절 제사 상차림 음식을 만들기 시작할 때 세 딸은 계속 멍석을 펴 둔 채 나란히 누워 모두가 잠을 자지 않고 엄마의 움직임만 지켜보자 엄마는 침묵 속에 차례 부침을 부치는 중 우리 모두 조용한 침묵 속에 서로를 견주면서 있을 때 고마운 할아버지가 밤에 와서 살짝 옷을 꺼내어 주는데 모두가 긴장하며 부침개가 뭔지 우리들의 정신이 아니었다.

자고 나서 아침에 부침개니 두부니 모두 남색 잉크색이 되어서 평소 같으면 얼마나 웃어야 할 일이었는데 서로가 멍하였다. 마루 찬장

제2회 동창회원

故 배복연(裵福連)
현 91세

거제시 둔덕면 산방리 둔덕국교 경남 진주 자수중학교 졸업.
형부 문병수, 배복연(裵福連) 형제 창조 후 여성으로 면내 첫 학문.
문병수 씨는 회장. 당시 두 사람은 부부였음에 행복합니다.

에 참기름과 오빠 잉크 풀어놓은 사이다 병 있는 것을 밤새도록 잉크병으로 부침개를 해서도 잘 일어나는 솥뚜껑 대간 제사들이 많으니 늘 쓰다 보니 길이 잘 난 것이다.

엄마 약 한다고 소머리로 곰을 했는데 우리는 먹지도 못하고 집 넘기러 온 사람들이 다 먹고 이 집 제일 큰댁 형님 집을 함께 넘기자고 하니 모두가 다 이 집에는 동생을 보편해주고 형제 것 덕 못 봤다는 의견에 다양히 아뢴 채 8간 대문집을 지금까지 그대로 유지하고 있다.

삼촌은 법이 섰다고 자기 집 넘긴 것을 사진 찍으러 왔다가 갑자기 잡혀서 그네들이 각목으로 패며 소원을 물으니 큰집에 가서 죽는 것이 소원이라 했기에 사람들이 먼저 집에 도착했을 때 새벽달을 그리다 집을 찾아오면 언니가 쌀을 담가 놓고 급속 밥을 지어 된장과 함께 드리며 삼촌이 빠르게 식사를 하시고 떠나가셔도 꼭 때가 되어 찾아오시면 늘 싫다는 표정 없이 조카께서 밥을 지어 주신 세월이 약 3개월간 했어도 60년 세월이 흘러도 그의 식구 모두가 누구에게도 그동안 모든 죄를 인정하고 인사를 해야 하는 것이 인간의 도리인 줄 알고 있으나 그네들의 심사는 모른 체하는 것이 본능이라 생각한다.

온갖 수모를 당하기는 우리만이 많은 곡절에 묻혔다. 차라리 나라 전쟁은 모두가 함께 생사가 걸렸지만 독으로 당한 치욕 은혜는 간 곳 없고 돌아볼 줄 모르는 사람의 형태. 자기 일을 남에게 증가하며 벗어나는 애국자들 잡초 뿌리는 뽑아야 한다. 숱한 사연들을 안고 산다는 사람들의 못다 함을 후임과 일가천지 이웃 사람들께도 남긴다는 증표였다. 지금쯤 그네들은 각각 국내서 외국에서 흩어져 말없이 잘 살고 있으나 남은 피해자와 증인들의 악몽 같은 마음 필름으로 돌아가는 화면 눈앞에 역력히 보여주며 가슴을 뛰게 하고 있다. 떠난 그네를 살아남을 생각으로 피난을 떠났지만 형제의 가족은 밤낮 잠을 이루지 못한 채 한 세상을 엮어가다 다친 심장과 응어리가 굳어 유암으로 어머님은 돌아가셨다. 누워 계시면서 하시는 말씀 시댁 조카들 두 사람 내 자식 다름없이 길렀다고 하면서 마지막 그분들의 이름을 불러 보신 후 3일 만에 가셨다. 참으로 무심했던 삼촌의 식구 죄를 뉘우치지 못한 채 이제부터라도 참신하게 국민의 자부심 더욱 살아갈 것을 말하고 싶다. 누구든 죄를 지으며 회피하지 않을 것을 재 말하고 싶다. 끝으로 남긴 것이 뭔지요. 재능적인 머리 그 시절이 원망스럽습니다. 삼촌.

자기의 민족이라고 약 1개월간 가르침이 아쉬움일까? 그러나 강대국 나라를 견제할 수 있는 비전, 온 백성을 번창하여 훌륭한 일꾼들을 상승 일본국(日本國) 한일(韓日)전쟁 선두로 설 수 있는 백성 되길 소망하였다. 더욱 악화된 민족, 세계 쟁탈 전염 불안전한 나날이었다. 죽음으로 풀어보는 하루하루 길기만 했다.

민족의 분노에 솟아 일본국을 물리쳐 삼천만의 가슴에 꽃이 피어 우리네 가슴을 활짝 열어 환호의 함성 하늘을 외쳤다. 언제나 우리는 이날이 오리라고 연연치 못했던 1학년 2학기 8월 15일 해방된 민족 모두가 만세 삼창 힘차게 두 손 올려 소리치며 우리도 조국이 있다오 외치면서 학교 운동장 행진곡을 부르며 한 손에 참종이 싼 흰떡 봉투 넣은 채 한 손에 우리 태극기를 처음 눈으로 보며 손에 들고 바람에 휘날리며 하늘을 메아리쳤다.

— 수모 받은 그 노래

죽음의 쇠사슬 버리고 자유의 종소리 울린다
삼천만 가슴에 눈물이 솟았고 삼천만 가슴에 새봄이 왔구나

하고 외치며 백성 모두가 통탄하며 울었다. 다시 불러 본다. 압박과 설움에서 해방된 민족 싸우고 싸워서 세운 이 나라. 모래 위에 집을 짓듯 일본은 무너진 모래탑이 된 것이다. 우리는 세월에 흐름이 배움의 피해를 보았다. 우리 글 우리 말 잊고 적의 글과 말을 익혀야 했던가. 두 주먹 불끈 쥐고 나라를 찾아 건국을 이루었다, 독립 만세 삼창 산천도 메아리쳤다.

유○○씨를 불러 4개월 구로 살다 내려온 것이다. 그쪽에서 삶이 인생들 너무나 악몽을 품어 누구도 말할 사람이 없었다. 우리에게는 할아버님 삼촌 면장님으로 계셨고 하다 보니 사유 모를 죄의식 때문에 우리 가족 지은 죄 없이 피해자였다.

이 무렵 할아버님 삼촌 모두 떠난 후에도 회오리바람은 금할 길이 없어 늘 불안감 속에 떨며 죽지 못한 현실을 큰댁 우리만이 겪은 일이었다.

삼촌이 남긴 역사. 현 농촌에 많은 소득을 올리며 온갖 수곡을 다 힘들지 않고 농민들에게 큰 유촌 역사를 남겼어도 보람 없는 사심들.

지금 위치와 물의 질이 알맞은 곳이라 풍요로운 농가에 발전을 시켰어도 각자의 농가에 피해를 보면 소극적 생각에서 개인의 등을 지기도 하며 한 곳에 일어나면 곁에 주변도 춤을 춘다. 그 후부터 지금까지 농민들께 마음 놓고 풍요롭게 지어 먹는 농산물.

삼촌은 앞을 내다보는 한명회처럼 건설에 앞장설 수 있는 분. 근대화에 많은 꿈을 이루어 더욱 발전할 것을 멈춘 것이다. 그러나 뒤로 돌아볼 줄 모르는 사람이라고 늘 말하고 싶다. 삼촌은 많은 사람 멍든 것도 모르고 자기네들만 간 후 멍든 사람들은 바로 큰댁 우리뿐이었고, 어머님이 말리는 중 그쪽에서 말리지 못하게 마루에서 마당까지 던져 3시간 동안 질식 후 겨우 눈을 뜨자 병원을 달려 왔으니 삼촌도 한 호실에 들어왔을 때 엄마가 하시는 말씀. 합의를 보았느냐 물으니 그의 당당한 답변, 나는 너그들의 창자와 바꾸지 않는다. 그 집 마당에 집을 짓고 살라고 했으나 그의 악몽은 표현할 수 없다. 당시 다친 것이 병을 얻어 후등정 그리고 응어리가 뭉쳐 유암으로 증표 계실 때 떠난 시누는 아예 고향을 등졌다.

이때 삼촌의 소원 엄마는 농에 가고 삼촌의 행정직 변장으로 적의 매를 막기 위해 아버지 옷을 입힌다는 것이 아래위가 없이 가지고 나와 어깨를 칠 때 엄마 손을 막으면 되레 맞고 독불장군이 없다고 엄마 혼자 말리니 그쪽 힘 센 여자가 엄마를 띄워서 마당에다 던지자 엄마는 질식하였다. 이때 숙모와 우리들이 들어가서 있으니 쌀무리를 갈아 조금씩 언니가 먹이니 3시간 만에 숨이 터져 살아났으나 밤새 잠도 못 자고 일찍 신구가마처럼 한데 실어 통영 명제병원에 도착. 오후 되니 삼촌이 엄마 있는 방에 들어와 있을 때 서로가 돌아누워 엄마가 하는 말. 너는 ㅇㅇ집 마당에다 집을 지어놓고 살아라 하는 말이 왜 빨리 합의를 봐주고 왔느냐 하는 뜻.

그날 밤 아버님 사업 다녀오시다 너무 배가 아파 아랫마을 작은댁에 가서 마루에 엎드리니 숙모가 지금 큰집에 시숙이 잡혔다 하니 아버지가 배 아픈 것은 간 곳이 없고 10리 되는 지서를 달려가 망대 올라가서 사이렌을 불어주니까 순경들이 나와 보니 느닷없이 모두가 주춤. 아버지가 어디를 빨리 가라 내가 계속 돌릴 테니 하고 올라오니 집에 엄마가 절명하는 순간 아랫마을로 메고 내려와서 각목으로 패다가 경찰들 오는 바람에 도망 다 가고 혼자 남아 있을 때, 지서를 다하고 가서 아침부터 해결을 본 후 병원을 온 것이 엄마는 너무 분했다.

그때 자기 자녀들도 부산 마산 경찰을 하니까 와서 모든 일을 다 보며 마산을 데리고 갔다. 평생 살다 보니 아들은 형사 합 3명 밤에 와서 사진 찍어 가 동정을 남겼다. 배씨들은 계속 시작하면서 다가서자 배씨 자녀와 식구들을 계속 이때 동생을 찾아내라는 명령을 하더니 뺨을 때리고 강제로 끌고 다니면서 법은 자기네들 법이라고 외치면서 아무도 말릴 사람이 없다.

그러던 중 동리에 아주 힘 센 청년이 순간 모면을 시켰다. 그래도 동리 사람들이 찾아와 위로를 해줄 때 많은 성심이 넘쳤다는 것. 세상을 살아온 것이 그것이 인심이라는 어린 마음에도 잊을 수가 없다. 삼촌 식구들은 영문도 모르고 각각으로 헤어져 있으나 우리에게는 소식 불명이었다. 옆집 삼촌 집 동리 사람 사서 힘을 몰아 집 두 채를 넘겼다. 무도한 인종들이라고 부른다. 집을 불태우지 말라고 했다.

이 무렵 아버님은 물론 통영상고 다니던 오빠 토요일 오면 아버지와 함께 들판 논에 베를 지붕을 삼아 밤을 지새우며 온갖 고생을 하시면서 그래도 명절이 다가오니 동생 식구들하고 걱정하셨다. 집에 아버님은 사업을 가시고 오빠는 통영학교로 떠났으나 남은 식구 딸 3명 엄마 뒤에만 따라다니면서 불안감에 떨고 있는 차 많은 자기 상가들을 데리고 와서 삼촌 집을 넘기기 시작했다. 이때 언니 추석 친구 집 등마당에서 내려다보니 평소 때 삼촌 집 가장 가까운 사람들이 더 춤을 추며 소리를 외치며 힘을 합하며 약 3시간 만에 집을 넘겼다 한다.

집을 넘기기 전. 아들 혼자 공부하고 있는 중 그쪽에서 찾아와서 두 사람이 마당에서 뭉쳐 있을 때 엄마가 가운데서 함께 구불자 사촌 오빠는 그 길 도망을 간 후 소식이 없더니 어느 날 경찰이 되었다는 소식. 그리고 큰아들 두 사람 다 경찰 부산 범일동 북부서 근무했다. 그래도 우리는 소식을 알려고도 하지도 않고 그저 모두가 병만 남아 있을 때 8월 14일 밤 유난히도 그때는 달이 밝기도 했으나 마음은 암흑 속에 묻어 피 얽힌 한이 서려 눈물 속에 세월을 보내온 가족.

첫사랑은 영원할까

세상에서 공이 없이 영원한 복락을 누릴 수 없다는 현실. 이제 모든 것을 포기하며 조용히 살고 싶다. 부산의 밤거리 우연히 만난 사람 그는 병기학교 근무하면서 동아대 야간 학생으로 배움의 길과 나라에 충성하며 열심히 살아가고 있다.

그러던 어느 날 주인댁 언니 지붕 밑에 비를 피해 친구 와 서 있기에 바라본 그 얼굴 인연을 맺어 토요일이 찾아왔으나 난 외모에서 마음이 끌렸고 관찰 뒤에는 신분도 서로가 밝히면서 마음을 주고받았다.

언제 1개월 지날 무렵. 부산 거절이 들판 손목만이 잡아본 순간 마음에 정이 오고간 것이 어언 3년. 세월이 흐르자 전해오는 편지도 거부하면서 살고 있는 내 고향에서 오지도 말라고 전하는 편지에 운명이었다. 멀어진 사람 하루는 모든 것을 청산하고 서로의 길을 찾아가야겠다는 마음의 결정시 경북 포항을 찾아 옛날의 이승만 시절 주소 찾아가니 그의 어머님을 보는 순간 우리의 인연은 더욱 자신이 없어졌다.

다짐한 그대로 많은 편지를 돌려주면서 포항 바닷가에서 이별의 시간을 묻고 넓은 바닷속에 미련을 던져 버린 채 모래사장 위에서 백지부터 시작할 것을 다짐하며 경주 열차를 기다리는 순간 어느 소녀의 '잘 있거라 나는 간다' 라는 노래를 듣자 보슬비가 내리는 비를 맞고 힘없이 서서 선뜻 그 노래가 와닿기에 자리에서 배웠다. 마치 현실을 말해주듯 비극적인 토막 자신의 감동에서 넋을 잃었다. 달리는 열차에 몸을 실어 노래를 익히며 언니 집으로 향했다.

언니가 묻는 답 서면 동보극장 저 언덕을 넘어서라고 답했다. 영화

를 말이다. 그 후 친구와 안양 과일밭에 놀러가 복숭아, 포도, 참외 모두 맛보고 내려오다 연세대 산 금지산 밑에 초가지붕 아래 방을 얻어 약 3개월 있다가 시내로 이동.

나에게는 자연 속이 그렇게 좋을 수가 없다. 산새 울음소리 뒤뜰에는 밤꽃이 활짝 피었고 앞뜰에는 붉은 고추가 주렁주렁 무성한 잡초. 시냇가에는 은빛 물들인 맑은 물소리, 개구리 울음소리, 창공에 날아다니는 까치 울음소리, 방문 위에 제비들이 짹짹 지저귀며 겨울에 시냇물 빨래터에 발을 굴리며 살아온 그날들 그립다.

누구든 정(情)이 따르는 법. 친구 언니가 강원도 홍천에 살고 있을 때 나는 부산에 거주하다가 서울 강원도로 떠났다. 친구는 편물을 계속하며 자리를 잡고 일을 하고 있는 중 내가 도착했다. 나는 무기라니 흰 가운과 도구. 나의 소망대로 전국으로 누빈다. 세탁소에선 어느 병원이냐고 묻기도. 부산에서 서울 강원도 상경하며 검은 바바리 검은 선글라스를 쓴 채 강원도 홍천 비포장도로에 지나는 길. 차가 얼마나 뛰었는지 선글라스를 깨트리고 가면서 기약 없는 길에 차분히 생각해 보기도 한다.

처음 동생을 만나 주소 한 장 손에 든 채 신설동 종점을 홍천까지 도착하니 50원이 남았으나 걱정은 없지만 목적이 궁금했다. 그러나 그 영업소 들어서 사람 찾아왔으니 나중에 결정하겠다며 가방을 보관해두고 큰집 문패만 찾으니 큰 정원 있는 집이었다.

나는 직장에 3일 만에 시작했어도 누구에게 구애 받을 것이 없으니 자유롭게 있기 위해 방을 한 칸 준비해두고 수도원에 갈 친구와 함께 밤마다 웃으며 시간을 보내고 어느덧 겨울이 다가와 밤이면 설경이 천지가 휘황찬란하며 하늘인지 땅인지 구별 없이 아름답고 신비스럽기도 했다. 낭만적인 환상지인지 친구와 토끼처럼 뛰어다니다 눈 속에 빠지며 아름다운 추억들만 내 가슴 소복소복.

옛 추억 달빛 낚싯바늘

그 옛날 우리들이 안양에서 즐거운 나날들은 실어보며 아름다운 추억들을 새겨 보며 하얗게 눈 내릴 때 그 짜릿한 살얼음 위에 다니며 싸락눈 맞은 때가 생각난다.

강원도 홍천에서 눈 내린 밤 천지가 백지 속에 아름다운 설경 하염없이 걷던 그때가 생각나며 부산에서 홍천까지 비포장도로에 버스 길이 얼마나 험난한지 검은 바바리 검은 선글라스 쓴 채 종착역에 도착하니 얼마나 버스가 흔들렸는지 선글라스도 깨트리고 옷도 버렸다.

그래 그 험한 꼬불길도 나에게는 목표를 이룩하기 위해서 고뇌 없이 하루를 살면서 정착 시 50원 남았으나 아무런 염려 없이 포근하기만 했다. 50원 가지고 그곳 아담 다방 가서 차 한 잔 드니까 50원 끝났다. 바로 배운 기술 전국 무전 여행 목표를 세우고 배웠으니 여기서 삶의 현장 직장을 구해 조금 벌어서 서울을 내려올 때 자신만만하게 도착. 월방을 구해 대방동 친구와 동생 3명 거주하고 있었다.

하루는 홍천 친구 언니 집에 가서 친구가 옷과 신발 소지품을 챙겨오는 중 언니가 보고 박카스를 사주면서 미소를 띠우며 오히려 환영을 해주었다. 오면서 두 사람이 몸이 아파 춘천을 들러 병원에서 약 10분 정도 진료 받고 섣달그믐달 서울 도착.

이제 모든 것을 다 잊고 살겠다는 일념이 부산 아버지가 몸이 위독하시다기에 나는 너무 괴로웠다. 그리기에 바로 부산으로 하부할까 생각 중 아버님 완쾌해서 안양까지 오셨다. 안양 이사 온 지도 얼마 되지 않는데 주소를 가지시고 찾아오셨기에 무척 놀라면서 완쾌한 몸으로 이곳까지 오실 수 있다는 것에 한결 마음을 놓았다. 부모님 착한 막내딸이라고 자기 마을 아기라고 하더니 뒤에는 천리애기라고 부르시고 할 때 자신이 언제 다시 모든 형제와 부모님께 새롭게 신망을 얻어 꼭, 보람 있는 삶을 보여 줄 것을 다짐하면서 옛 추억과 꿈의 현실로 다가선다.

친목 속에

그러나 목표 없는 여행과시 서울 봉천동을 도착. 친구는 역시 경상도 하동을 떠난 뒤 다시 서울 시내 다른 고향 친구들과 만나 10일 경과 부산으로 내려왔다. 제 삶을 꿈꾸며 열심히 살아 다시 만날 것을 기약하면서 그래도 뭔가 아쉬움. 찾겠다는 꿈은 연기처럼 사라지고 맑은 하늘 단비만이 기다리듯 망상에 젖어본다.

하지만 나는 새로운 인생관을 설계를 하며 인생 전쟁길을 헤쳐 나갈 삶의 길에서 이때 여론협회도 나가고 다른 상업 겹쳐 삶의 활력 불어 이것이 세상인 것이라고 하면서 원한도 분노도 허공에 띄우고 사람과 사람 사이에 인생을 맛볼 수 있는 길을 창출하며 살아가는 나.

눈물겨운 날들이 많을지라도 웃으며 살자는 것이다. 지난날의 젊음이 좋다는 의식 한 시절 꿈속에서 헤매듯 숱한 시련도 사서 고생도 했던 일. 지난날의 아픔은 젊음을 과시하며 아름다웠던 추억들, 야망에 꿈꾸었던 한 세월. 얄팟이 그리워 그 세월이 그리워라.

어느 때 진주를 도착 15년 만에 상면 서로가 표정 없이 바라보면서 할 말을 잃은 채 망부석이 된 기분. 조금 자리에 앉아 지난날의 아픔을 침묵 속에 던진 채 연락처만 서로 밝힌 후 나는 충무로 내려왔던 것이다.

그 후 마산에도 경기도 군포도 시흥에도 부천시에도 연락하면서 뜻있는 세월 젊음이 뭐냐고 떨어지는 낙엽처럼 인생은 다 이것이 낙엽이다. 각자의 마음속 오색찬란한 보석은 가진 자의 본능이다. 사람은 누구나 가까이 있으면 그 표준이 보인다. 멀리 그리는 마음이 더욱 값진 보석이라고 일그러진다. 진정한 친구는 나이에 비할 바 없이 뜻이 맞으면 친구였고 사랑도 모든 사람이 포용력에 사랑이다. 친구도 사랑도 낚싯바늘.

옛 꿈 사라지다

푸른 꿈은 어디론가 사라져 흰 싸락눈만 내 머리 소복이 이고 있네요. 세상을 날 듯 하였거늘 꼬부랑 지팡이만 나의 친구. 청운(靑雲) 꿈도 만났던 한 세월. 원한에 묻어 긴 세월 잊으리. 나 언제나 부풀었던 여망. 이 나라에 기여할 수 있는 보람된 일꾼으로 남는다면 여경도 여군도 정치가도 행정계 부푼 꿈.

구절구절 많은 일들을 머리에 잠재 모든 것을 잃어버린 채 서울 하늘 아래서 소싯적 위문 편지 접어보면 그 한 시절 젊음에 패기 절정 추억들이 스며들어 하루는 동대문 우체국 들어서 나 하나의 우표 100장 7만 원에구입. 그날 국장님께 칭송을 받았다. 여국장님께서 하시는 말씀. '60세에 누가 이렇게 편지를 씁니까?' 라고 하면서 '대단하십니다' 라고 하는 칭찬하면서 남은 여생에 힘을 불어주기도 했다.

그 옛날에 위문 편지와 동료들께 되새겨본 곳곳 편지를 보낸 것이다. 한 동리에 자기 집만 편지가 왔나 했더니 동리 거의 전체를 다 했다는 말에 모두가 입을 모아 그 우표는 자기 얼굴이었는데 위법이 아니냐고들 수선들. 모두가 고맙다는 답변이 전해왔을 때 보람을 가져 인생의 참맛을 느끼며 그의 답이 없는 분들은 통신으로 연결 미안하다는 음정으로 답변 보람을 가져 흐뭇하기만 했다.

조그만 일이지만 우표 사랑을 돕기 위해 우체국에서 발행. 그리고 통신은 곳곳에서 요금으로 덕으로 주는 것도 사회 일원으로서 보탬이 될까 일을 구상하기도 하는 나는 흐뭇한 자부심을 가져 보기도 한다. 1988년 88올림픽 우표 한 권의 수집 책 스크랩 앨범 우체국 첫

충무 친구들

순위 참석 40,000원 지불. 1개월 보류한 뒤에 찾아와서 저에게 크나큰 보물 유관순 30주년 기념 동전 1개도 보관 중. 흐뭇하며 보람 있는 일. 늘 보기만 해도 지난 세월에 흔적을 남겨둔다는 자부심 늘 깊었다는 것이다.

그 후 국보될 수 있는 역사의 스크랩 사설 한 권의 앨범 책도 약 30년 보관 중이던 국보 두 분의 사진첩과 역사 흐름이 모두 기록 원고 1권. 시나리오 훼손된 것이 늘 가슴에 남아 지워지지 않고 상심뿐이었으나 언제 별관 차리며 나올 것이라고 말하기에 잠들지 않는 한 상심일 뿐이다. 지난날의 꿈 사라지고 적은 것부터 시작하기 된 동기 신문 퀴즈 문제 당선부터 힘을 얻어 부산에 다시 거주 할 때 한밤에 음악 편지를 보내는 것이 당첨되기도 했다. 어느 날 보내온 편지 라디오에 동래고 남(男) 밤 0시 책상에 앉아 글을 읽고 있는 순간 〈한밤의 음악편지〉 라디오에 사연들을 듣는 순간 넋을 잃었다는 내용을 보내왔다. 구구절절 자기 얘기 같다는 뜻. 상면을 구했으나 거절. 이때 답장을 보내면서 신분과 나이를 밝혀 주면서 이 편지 사연에 목을 매지 말고 학생은 공부에 열중하여 훌륭한 사람 되길 바란다고 하면서 소신 있게 꿈을 이루기 위해 힘차게 세상길에 우뚝 서 이 한마디 기억하며 훌륭하게 살아가라는 것을 당부하였다.

자신은 〈한밤의 음악편지〉에 마음을 열어 그 사연을 실어 보낸 것 뿐이라고 답을 보낸 것이 지금 남은 것이 추억만 뿐인 것 같구나. 그 후 곳곳에서 많은 사연을 담아 보내오기에 숱한 사람들의 파란 곡절현 심판에 깊은 계곡을 파듯 팬들의 가슴에도 냉철한 마음. 함께 아리는 가슴이라고 답했다. 내 자신도 눈물 지으며 지난날의 아픔이 생각났다.

때로는 고아원 보모도 되고 애강원 보모도 되고 싶고 해서 어느 날 한적한 고아원 애강원을 방문. 한 호실 6명 줄을 지어 눕혔으나 모두가 홍역하는 중 문을 열어도 무관하며 의술 없이 지내는 광경을 보면서 손에 든 과자를 주니까 입술이 터져 마르고 있는데도 먹을 거라고 시선을 내게 주면서 애원하는 눈빛이 안타까움을 뭣으로 설명할 수 없는 눈물의 씨앗. 능력 없는 부모들의 죄 참 피할 수 없는 운명들. 나는 여기서 모든 것을 잊고 독신으로 살 것을 다짐하면서 새로운 설계를 구상할 뿐이었다. 그러나 아직은 말 표준이 잃었다고 생각 중. 세월 갈수록 허무감이 오네요.

어느 날 〈동아일보〉에 숙명여대생 자전거 뒤에 필수품을 싣고 전국 유람 예정을 떠나면서 가는 곳 중 파출소 조회도 받으며 많은 시련을 겪으면서 우린 여행 길을 떠난다는 의지. 내 자신도 무전여행이 하고 싶어 기술을 배워 무전여행 길에 꿈을 실어봤다.

하염없이 가다 경비 마련 1개월간 월급. 또다시 떠나고 싶다는 소망. 차를 타면 창문을 열어보며 금수강산이 한눈에 들어오며 골골이 연기 피우며 초가지붕 밑 곳곳마다 아늑한 마을 다복하게만 보였다.

정말 우리나라가 이렇게 아름답다는 것을 알리는 여행길. 가다 보면 정착지 쉼터 앉아 보니 볼 것도 많고 먹을 것도 많았다.

생애 낙으로 삼고 젊음을 보낸 오늘의 현실. 칠십 줄에 앉아 이 한 권의 책 목을 매어 옛글은 어디 가고 떨리는 손, 어두운 눈빛. 힘든 글을 소망으로 삼고 3년이면 뜻을 가지며 모두에게 꿈은 반드시 이루어지며 하나님께 기도하면서 시각들을 넓혀 더욱 활기찬 삶의 길을 찾아 보여지는 꿈을 키우세요.

그 옛날 대(大)선거라면 내 보석을 내놓았어도 총책의 의무에 수많은 사람들. 100인에게 일당 처리해주면서 내 전부 쏟아보기도 했다. 뒤에 많은 사람들이 너 돈이 아깝지 않냐고 할 때 자신은 늘 말하기를 지체 높으신 분들께 한자리에서 서로를 위한 길 낙선할지라도 보람 있는 길이라고 믿어보면서 후회 없는 일생 삶을 살아 73세 한 권의 일기 책 출판을 기약하며 세상 사람에게 나눠주고 후회 없이 떠나도 보람 있는 이름 석자 그 이름 빛내고 싶어라. 꿈은 살아 있고 3년 후면 반드시 이루어지는 현실의 꿈 펼쳐라. 수필 문단의 길을 바라보면서 등단의 소망을 기로에 서다.

태호 전화 통화

일요일 혼자 있겠다고 전화를 넣으니 태호가 받아 나는 황당했다. 이것이 꿈 아닌 현실. 태호가 할머니 전화를 받으니 너무도 황당했다. 정말 태호가 이렇게 건강 쾌유 하나님 사랑 듬뿍 받았으니 더 바랄 길이 없는 순간에 감탄할 정도의 목소리였다. 이 순간 기도 하나님 하나님 아들 태호 하루하루 시간 재촉 빠른 속도에 치유되게 하나님 귀한 아들 쾌유를 바랍니다. 하나님, 태호 세상 햇빛 보게 해주시고 세상 사람들에게 싸여서 남은 세상 건강한 모습으로 하나님 구해주시기를 간곡히 바라는 간청 기도합니다.

태호로 인해서 하나님 고쳐주심이 세상 인들의 전도가 될 것입니다. 많은 생명을 구원할 수 있는 태호 건강을 주시기를 기도합니다. 모두가 하나님 가족입니다. 하나님 아들입니다.

꼭 기도의 삶 기도가 되게 하나님 받아주시고 응답해 주십시오. 세상에 빛과 소금이 되게 밝은 불빛을 내려 주시고 뜨거운 성령의 손길이 태호 머리맡에 늘 계시옵기를 할머니가 기도 드립니다. 많은 사람을 구원할 수 있는 태호 원점 본분을 돌아가게 건강한 생명과 육신을 새롭게 주시며 이 땅에서 우뚝 서 하나님 사랑 품안에서 살아가면서 하나님 계시록을 응답받으며 새로운 탄생을 새 생명을 보여주십시오. 하나님 계심을 만천하에 전도할 수 있는 태호 기도 응답받으시고 불쌍하게 여기시고 기적된 모습으로 하나님 보여주시기를 감사 기도 드리며 거룩하신 예수님의 이름으로 기도 드립니다. 배순자 할머니가 기도합니다. 온가족 축복과 화합과 건강주시기 하나님 기도 드립니다.

고모할머니가

죽림 예식장 문일조 조카 칠순 잔치

오전 11시 10분 문수자 전화. 식 시간 12시였다. 하는 말 엄마 형제 간이니까 알려 준다는 것이었다. 수화기를 놓으면서 조카 칠순에 가겠냐고 생각 끝에 언니에게 전화를 하니 못 간다는 거부 답이어서 혼자서 최미화를 만나보려고 참석은 해야 하고 너무도 마음이 무거웠다.

우황청심환을 먹고 용기를 내니까 심장에서 떨려 술을 마신 것처럼 이상하게 빨개진 얼굴로 도착. 1층 엘리베이터 두 곳을 아무리 지켜봐도 그는 나타나지 않고 조카들과 손자들과 기타 곳곳 사람들만 수없이 오고가는 것이다. 사연도 모르고 그 얼마나 나를 엿보며 지나가면서 생각하는 모습들이다. 조카 손자 모두가 행사 자리 가자고 권유했으나 거부했다.

결국 문일조 처가 내려와 나를 밀고 간 것이 최미화, 태진이를 만나게 되자 앞자리 앉아 두 모자가 묵비권 행사를 하기에 더 화가 난 것이나 뒤에 최미화 말. 사진 찍고 녹음한다고 해서 내가 녹음과 사진을 겁내는 사람이 아니라고 답하자 문일조가 보이지 않는 데서 내가 마음은 아리지만 한숨에 취해 있을 때 눈물을 보이기에 앞서 내가 마음을 주면서 축하 자리 서로 손잡고 우리 자리에서 일어서라고 하면서 악수를 하고 두 사람은 화합을 한 것이다. 칠만석 칠순 후 어구에 도착. 김○○ 형부집 도착. 보는 순간 두 사람이 제일 크게 분노했다. 당시는 너의 얼굴 안녕하고 나온 것이며 모두가 야속하게만 여겨졌다. 결국 문일조 칠순에 웃으면서 기분 좋게 해 주고 모두가 환영한 것이다. 와서 혼자 병이 나 1개월 누웠어도 나는 아무도 없이 외롭기만 했다.

✻감 사 문✻

부산 거제 향인의 정

— 황옥자(黃玉子) 친구

친구 황옥자

만인의 생명 걸머진 의사 선생님들의 자녀분들 높이 평가한다. 옛정 고향 변하지 않는 향수. 우리는 늘 지켜보며 아름다웠다. 지난 세월 아름다운 추억들 흙속에 묻혔던 정. 서광이 비춰 오듯 우리들의 인생길 아직도 늦지 않으리. 늘 기도 안에서 건강과 행운과 축복이 함께 따른 법.

세상에 머물며 사회봉사와 약자들께 많은 선행을 베풀어 남은 여생에 좋은 일도 뜻이 있는 곳에 길이 있는 것이다. 황옥자 우리들의 우정 늙음에도 황혼이 비칠 때까지 아름다운 그 얼굴 미소 지으며 그대로 서로 돕고 먼 여정을 바라보며 건강하게 살아가면서 부산의 밤거리 찬란한 불빛 고향 친구 만남의 얼굴들.

앞 택시 뒤 택시 차 한잔 마시며 바다를 내려다보던 달맞이. 늘 본 8명 친구 못 잊으리. 아름다웠던 옛날 그 추억 새기며 현모양처로 모범된 친구들. 가정과 사회와 꿋꿋하게 살아가는 친구 모두 아름다운 얼굴들 못 잊어 생각난다. 옥자야, 고마웠다. 친구가 어려울 때 큰 봉투 하나를 전해올 때 자신의 감정이 주체할 수 없이 자랑스럽고 고마웠다.

네가 걸어온 선행의 발자국. 너의 소망대로 아들 딸 모두가 남을 위해 많은 병자들을 고쳐주며 생명이 위독한 자들도 다 완쾌해 주는 것이 세상에서 제일 보람된 일이 아니겠는가. 의젓한 친구 보람된 삶이라 높이 평가하면서 더불어 역시 좋은 선행을 베푸니 곧 좋은 결과. 바로 네가 도와 준 것이 보람된 일. 모르는 타인께도 상부상조라 우리들이 삶이 바로 인생의 길이라고 세월이 흐를수록 느껴본 선행. 옥자야, 부디 건강을 지키며 살아다오.

✻ 크리스천 세상 ✻

정이 흐르는 조카 배계임

— 전도 받은 배순자 고모

그 어린 시절 태어난 증표. 그 웃음소리 마치 나를 부르는 듯. 학업에서 공부가 머릿속에 입력이 돼야 하지만 이 고모에게는 어린 조카 빵긋이 웃음 짓는 얼굴만 그려본다. 언제 발걸음 할 때 상하 불문 고모가 동창회 참석 좌석에도 합동 사진 기념을 남길 때도 그림자처럼 따르며 돌까지는 고모 등에서 따뜻하고 훈훈한 사랑의 정이 서로가 어느덧 머리 위에 싸락눈이 스쳐간 듯 바라보는 눈빛은 세상 돋보기 입체로 보여지는 허무감. 언제 우리가 한숨에 여울지며 황혼 접어든 조카 세월이 한스럽다. 어린 시절 너무도 예쁘게 생겨 영화배우의 꿈까지 고모의 뜻이었다.

자랄 때 할아버지 할머님 말씀도 순종하며 학업에서도 똑똑한 아이로 선택됐으며 젊은 부부들은 앞으로 아이를 낳으면 예쁜 배계임 같은 아이를 낳으리라는 동리에 젊은 부부들의 눈부신 여망 진실을 표한 때도 한때 어느 곳과 좌석마다 늘 조카는 필요한 여성으로서 60줄까지 활약했으며 이제는 세상일 다 버리고 교회를 나간 후 하나님의 딸로서 한 치 부끄럼 없는 권사님으로 전도와 몸과 성실한 하나님의 일꾼 선택된 백성. 만인을 구원하고자 하며 이웃과 빈곤 사람과 또한 시댁 고부들과 친가에도 빛과 소금 되라는 하나님의 말씀대로 살아가는 현실이기도 하다.

젊음에는 동리 부녀회장 30대 1로 선정. 그 후 시청 생활 개선 회장과 경기도 생활 개선 총무와 선거 감사 열 가지나 맡은 직무를 감당하며 모범을 보인 일꾼 사장님 외 여성 구명 일원들 행정상 프랑스와 외국 8개국 순례. 그 나라 역사와 문화를 체험. 이곳에 도착 많은 여성분들에게 개화와 문화 · 문명을 하나씩 심어 시청 내 숱한 분들께 칭송을 받았다는 것.

때로는 외국을 세 번째 순방 일본을 선택. 꼭 가야 한대도 능히 갈 수는 있겠으나 여감사님을 대신 순방하면서 많은 체험을 부탁하는 회장의 의무로서 회원과 간부들께 배려하는 선행 감사한 마음. 이제는 세상일에도 선도길. 교회에서도 목사님 성상에서 늘 말씀 끝에 배계임 성도는 우리 교회 대들보라는 말씀을 자꾸 선포할 때 있으며 자기 집에는 비록 생활방식 잘 먹고 잘 자는 것은 아예 비운 마음이었으며 이것이 조상의 본 마음에서였고 또한 합경과 하나님의 사랑이 넘쳐흘러 비록 그렇게 부유하지는 않지만 현찰 없는 부동산이었으나 자기는 어려울 때 장애자들께서 회장님 조금 협조를 바란다 고 할 때 두말없이 전달하며 노숙자와 교회인들도 어려우면 힘 있는 대로 선행을 베풀며 1년 농사 지으면 100가마 쌀은 곳곳이 택배를 전달하는 것이 쉬운 일은 아니다.

조카 배계임(우로부터 첫 번째)와 함께

교회를 가면 이혼을 한다고 하는 남편 나종길 세상에서 도련님으로 자랐으며 동리와 외부에도 부유와 빈곤 상관 없이 천도 억도 술 한잔에 증표 없이 사인 해주던 분이 지금에 와선 하고 싶은 일 다 하자 할 것이 없으니까 70줄에 몸도 건강이 별로 부부라고 하는 행동은 너무도 도리가 아니지만 남편과 아들의 신발을 갈 때마다 차에 넣어 다니면서 기도한 바 이제는 다 교회를 나가는 식구들 은혜. 남편과 식구를 위해서 갈 때마다 헌금 식구대로 하나님께 올리며 3년 동안 하루도 빠짐없이 30분을 차를 타며 새벽기도와 교회일 완벽히 하다 보니 남편 나종길 씨와 동부인 교회를 열심히 나가면 남편이 죄를 알고 내가 진작 예수님을 알 것인데 라고 하면서 새벽기도와 충실히 성경도 세 번째 재필하면서 자녀들도 하나님 능력으로 다 교회를 알게 되면서 가사가 평화를 찾은 듯하며 그의 동리 사람들은 나종길 농터에서 그저 해먹고 없는 분들은 그네 집 후원을 받아 이동도 하지 않고 모두가 희망을 걸고 살아가는 그네들을 볼 때 배계임 부부 복받은 것을 이 고모는 늘 칭찬과 감사하단다. 빠짐없는 십일조 2,000만 원 미리 한 때도 있으며 교회 많은 헌금을 하니까 물질의 은혜도 복도 오는 것이다.

배계임 권사님 조카 하나님께 면류관을 받기 위해 전도 받은 고모는 열심히 많은 것을 하나님께 기도한다. 21세 결혼 대 종갓집 외아들 카투사 출신. 그네 별호는 도련님. 연세 많은 시할아버님 계시며 시아버님, 대 시어머님, 아래 남매, 장애 누이, 다른 어머니의 아우 주위에 대대로 식구마다 자고 나면 모두가 일터에 나갈 때 어린 배계임은 가사 일에 치우쳐 해 보지도 못한 들판 일과 노 할아버지의 법지시 아래 삶이 퍽이나 힘들자, 동리에서 아낙네들이 입을 모아 저렇게 고운 색시가 큰댁에서 살아갈까, 아마 못 살 거라고들 말하며 했어도 삶에 인내로써 살아온 한 세상. 눈물로써 버리지도 못하고 길을 걷고 또 걸은 길이 이제는 고모가 볼 때 현모양처로 만인에게도 사랑을 베풀면서 즐거운 걸음.

교회를 구역장에다 새벽기도 빠짐없이 그랜저 차를 몰며 남편은 에쿠스 차를 몰며 하나님의 은혜로서 더욱 눈이 와도 바람과 비와 상관없이 이 허물들 면키 위해서 복을 받은 두 부부 늘 감사하다.

흰돌산 기도원에서 첫 방언이 터졌다는 은혜. 기도문 다 마친 후 목사님께 모든 성도들께 먼 나라 선교인과 어려운 이웃을 도울 분들 손들어 보라고 하시면서 1억부터 10만 원까지라고 하실 때 2천 명 이상 앉은 교인 분들이 아무도 손을 들지 않기에 자기가 손을 번쩍 들어 50만 원을 내겠다고 답. 하나님 앞에 물질에도 기도요, 진실의 눈물의 기도도 하나님은 불쌍한 자와 하나님 일을 하고 있는 선지자들께 많은 도움을 주는 자에게 더욱 큰 은혜를 받은 것 주신 것을.

먼 곳에 있는 고모는 너의 발자취도 못 따라가다 보니까 늘 너를 고맙게 생각하고 감사하며 모두가 건강을 주시고 능력을 주셔서 고모도 열심히 남은 생애 하나님 사랑과 성령님의 힘으로 너의 발자취를 따르리라. 어린 시절 동생을 등에 업고 한손에 동생을 걸리고 고모가 가면 하늘만큼 높듯이 달려오면서 고모 하는 소리는 지금도 귀에 쟁쟁. 모습만 생각나 애절하게 고모는 애틋함이 살아 있다.

색동 원앙 두 마리의 삶

— 동창생 유덕혜(柳德惠) 현모양처

색동 원앙 중앙에 두고 맞절하던 그 시절 그리워라. 조그만 한 칸 자리 안식처 좁아도 넓은 듯 온기 품어주던 그 시절 아름다워. 다시 찾아본 그 님 훌쩍 떠나가던 뒷모습 황금빛에 젖어든다. 삶의 터전 흐뭇하지 못했던 빈전 다시 찾아 보고 싶은 세월 흐려만 지네. 어린 눈동자들 무럭무럭 자랄 때 순간 행복 아련한 그 시절 망상에 젖어보며 짚단 축여 한 납 두 납 반을 때 찌를 때 가마니 짜던 그 시절 너털 웃음 하늘을 치솟던 그 어느 날 바람 따라 구름 따라 비에 휘몰아치는 순간마다 그때가 다시 오렴.

밤이면 경계선을 그리며 썰물 밀물 다정했던 그 순간 인생의 본능일까. 곳곳마다 삶의 터전을 찾아 힘겹게 다니던 한 가닥 추억으로 잊으리. 황혼의 꿈을 실어 로한을 담뿍 안은 채 서로의 자유 이때가 나에게도 다가왔으니 각자의 취미 생활에 만족하고 전국에 곳곳 거제도 게이트볼 여왕처럼 승리하는 그 순간 천하에 더할 바가 있으며 멋진 노후를 장식 남은 여생 못다 한 한. 두 사람의 행복을 찾으며 살던 그 어느 순간 나에게 늘 주어지는 운명은 아닌 것 같아 이제 자녀들의 성공. 부부의 행복 장식했으련만 이때 모두가 너는 무슨 괴로움이 있느냐고 물으며 세상 지고 갈 걱정은 다 있는 법 답을 한 후 돌아서 얼마 못 가 故 남편 본 신선들의 바둑 취미를 노후에 정신 건강을 바라보며 매일 시간을 보낸 것이 오히려 역전으로 자리에서 쓰러져 두 사람 인생 간을 순간에 묻힌 채 말았다.

고목나무 꽃이 피듯 순간마다 실가닥으로 걸어보는 희망. 눈물지게 살아온 생애 상처다 씻어버리고 여유 있던 순간 한순간에 허탈 이

좌로부터 배순자, 유순덕, 이소방, 유덕혜

것이 우리 인생이다. 현실과 시련 걷고 있는 길. 낙엽 지고 수확의 계절 눈앞에 닿아서 발버둥 치며 소리 외쳐 사라진 꿈처럼 추억 인생으로 남아 행복이란 무엇인지 알 수는 없다는 가냘픈 얼굴들 웃어나 보자. 한순간 그믐달 같은 청천 날벼락 우리에게만 다가서는지 발버둥 치며 소리 외쳐 하늘과 땅을 쳐 봐도 허공에 날리며 순간순간 뭉크러진 아픔. 못다 한 정, 미움과 사랑 풀며 세월의 역경 씻어버려 그 시절 그리며 애절한 자신의 미움 싹트기도 할 때 인생은 굴곡 없는 삶은 죽음의 길, 세상은 이것이다 노래 부르며 현모양처 인내 일편단심 웃으면서 건강도 열심히 뛰어가라. 완쾌 되는 그날까지.

끝내 별세. 그녀를 열녀로 푸러본다. 훌륭한 아들딸 현직 박사로서 많은 창작 꿈을 펼쳐 보람된 삶을 열매 꽃을 피운 성공길.

인생은 왜?

인생은 무지개 안개 짙은 먼 산을 보라. 내 그림자 안갯속으로 묻어 온 안개 내 그림자를 묻고 나는 왜 묻고 싶다. 인생은 시계 초점. 꿈은 3년 후 꿈꾸다.

산기슭에 저 달은 숨을 죽인 달빛 0시 바라보는 달빛. 황혼 무덤가에 물방울 맺힌 솔잎. 이슬 맺힌 찔레꽃. 인생은 물거품 초목 같은 인생. 인생은 줄다리기 흔적 없는 발자국 안개 속 길은 멀다.

연꽃 줄기를 보라. 한 세월을 그리며 접동새 이별은 말이 없다. 단풍잎 인생의 줄기 낙엽을 밟아 보라.

내 인생 토막 꿈. 봄날의 햇살 인생은 낙원이다. 고향길 코스모스 밝은 태양의 얼굴.

인생은 사계절 초점 아카시아 꽃잎. 짚신 신고 황금벌판 광야를 채찍질하며 저 먼 산기슭에 보이지 않는 곳으로 흔적 없는 그림자.

동창생

뜻 높은 터전 사라지다

— 산방산 전설의 고향

산방리 고향 칠한량

거제시 둔덕면 산방리 산(山). 옛 고려시대 피난처 자리 잡고 있다. 높은 바위에 비름 틈 옥굴이라는 굴 속. 약 5m에 들어서면 부처 몇 그루가 앉아 형태는 거의 망가진 것이며 폐쇄된 흔적이 남아 있다. 산방산 비름 틈 굴 속. 약 10m 다 맑은 물방울 차량차량 소리 내며 귀전에 노랫소리가 들려오는 듯 마치 바가지로 퍼서 먹으면 천의 약물이라고들 입을 모으며 얕은 웅덩이가 마치 역사를 말하는 것이며 색다른 오색토 전설에 의하면 누구나 간을 12간을 묻으면 농사와 하는 일이 소원을 이룬다는 것. 많은 사람들은 농사 폐농하고, 가물면 비가 내리지 않는다는 전설.

이때 행정직에서 간을 발견키 위해 쇠막대기를 관물 하면 열두 칸 제일 끝에 원 고분이 있다는 전설. 간을 드러낸 후에는 풍년이 온다는 것이었다. 비가 오려면 흐린 날씨 개며 맑은 웅덩이 아래서 가끔 무지개 뿌리 있듯이 오색찬란한 무지개 서는 것을 자주 보기도 했지요.

산방산 봉우리 매년 음력 3월 3일 삼월 삼짇날 오전 열 시만 되면 진달래꽃이 피며 거제도 청춘 남녀가 낯선 얼굴도 여의치 않고 서로가 정답고 웃음꽃을 하늘에 메아리치며 매년 만남의 쉼터가 되며 꽃처럼 예쁜 얼굴들.

후년을 기약하면 추억 만드는 유서 깊고 명예로운 산맥. 뜻 높은 산맥 3봉우리 위에 맴도는 외기러기 애틋한 눈물 지으며 그의 슬픔은 애절함을 표현. 빛나는 문인들과 뜻 높은 인재 탄생과 상승하며 명예로운 그 이름 더 높이 펼쳐 아름다운 고장 꽃 피우면서 일곱 친구 칠한량 별호 현모양처로 칠십 줄에 앉아 현명한 삶을 걷고 인재와 문인들의 탄생한 곧이었다.

명예로운 산방산 대한의 명산으로 역사에 그 이름 높이 펼쳐지리라.

배순자 눈물의 글

문선부 이질에게

보슬비가 내리는 부산의 거리. 길 끝을 헤매고 있었다. 하늘 높이 솟아 있는 지붕 아래 왜 그렇게도 멀어 보이는지 할 수 없어 전화를 했더니 두 부부가 정문으로 후문으로 찾아 반갑게 맞이. 두 사람의 배려 따뜻한 온정이 흘렀다.

차를 탄 채 최고의 식당을 찾아 구경을 시킨 후 식사를 하는 순간 그 내부 자리가 무척 따뜻한 분위기를 주기에 자신은 흐뭇했다. 자상한 설명 차를 돌려 대양마트에 들어서 그저 이모의 입맛에 맞게 찾아 그릇에 담아 올 때 마음에 정을 느껴 보았다.

어언 일흔 살이 훌쩍 가버린 내 자신은 어느 곳을 가더라도 체면에 고달프다. 집을 도착 살랑대는 조롱이도 함께 행복해 보였다. 두 사람 따뜻함을 주니 순간 뒤안길을 걷고 싶은 마음뿐이었다.

이 높은 하늘채 지붕 아래 무엇을 바라며 무엇을 기대하며 찾아갔는지 자신은 갈망의 열풍 누구에게도 순간의 심금이 애절함과 수많은 곡절을 안고 침묵하면서 목이 아리며 하소연하고 있다. 가슴 응어리를 뉘에게 표현을 해야 결례가 될지 황당한 자신은 고심뿐 여러 조카들의 실망을 여기 와서 풀게 될 때 어떻게 해소를 시킬 것인가. 갈망에 취해 빈방 누워 소리 없이 흘러내리는 뜨거운 눈물 주체할 수 없었다.

어느 곳을 찾아가도 마음에 목표물이 열리지 않고 가슴만 답답했다. 누구나 친절히 대해 주는 곳으로 발길이 가는 것이 본능이다. 아늑한 방 1칸 마치 자신의 안방 같기도 하며 감사함을 가져 본다. 언제나 일금(一金) 봉투 감사하며 며느리에게 고맙고 미안할 뿐이다.

아침 햇살 수영 앞바다 해돋이 아름다운 전경. 다정한 세 식구 건강하며 행복하기 바라다. 코가 맺힌 화소엔 대화를 하고 나니 문밖에 발걸음이 가벼워 보람 있던 날인 것 같구나. 생애 너희들이나 믿어 보면서. 이모가.

보고픈 내 언니

보고픈 내 언니. 언니 찾아 4개월 만에 1번씩 일 년 4번씩 찾아가건만 소리마저 흔적 없네. 아무도 없는 빈 허공 육신은 푸른 잔디 지붕 아래 누워 침묵 속 동생의 발길을 기다리고 있는지요. 그리운 언니 찾아 굴곡이 많은 굽이친 길도 가벼운 발길 마치 반갑게나 맞이하듯. 혼자서만 엎드려 보는 순간 뜨거운 눈물 뚝뚝 떨어져 흙 속을 파고들 때 신호를 보낸 듯합니다.

언니 지붕 잡초 하나 하나 뽑으면서 모든 속죄를 언니께 뜨거운 눈물방울에 씻고 싶습니다. 언니는 언제나 온유하고 참신하며 따뜻한 마음씨. 그 어디서 찾아볼 수 있겠습니까? 지금쯤 언니는 동생의 못다 한 죄 용서를 해 주실 줄 믿고 이렇게 동생이 구합니다. 언니의 무

덤가 접동새가 울며 저 멀리 아련히 언니의 음성 소리 귀에 맴돌고 있는 듯 돌아오는 발길. 걸음마다 눈물 지며 흥얼거린 목소리 언니 불러 보며 소리친다. 찢어진 가슴 안고 돌아선 동생 뒤돌아보며 흉스러운 검은 까마귀 떼만 나를 반기는 듯. 어쩌다 까치 한 마리 보이면 '까치야, 동생의 소식 전해줄 수 없겠느냐' 하면서 한 걸음 뛰지만 이 순간도 언니의 살결은 녹아 흙으로 변신해가고 동생의 가슴에 노랗게 물든 단풍잎으로 검게 썩고 있네요.

언니 어느덧 십 년이란 긴 세월 일 년에 4번씩 규칙적으로 찾아보건만 10번도 1번도 아닌 것 같고 늘 언니 곁에 스며들며 잠들지 않는 시 언니 생각 상심뿐입니다. 언니….

故 배복아(裵腹兒) 사망일 8월 10일 제사 8월 9일
故 배복아(裵腹兒) 언니 기념일자 1999년 9월 12일
경남 거제시 송정공원 안장된 묘소

부모님의 선행

세상에 태어나신 아버님의 선천적으로 고운 마음씨. 구조 사업 사회적인 사업과 어려운 선택을 찾으시며 하시던 분. 사업하시면서 가난하고 어려운 분들이 있다면 찾아가면서 식사 한 끼라도 따뜻하게 베풀며 동절에 옷이 없어 헐벗으며 불쌍한 자들에게 당신의 웃옷을 벗어 입히시고 속 내의로써 캄캄한 밤에 집을 찾아오신 때도 있으시며 남들이 볼까 눈을 피하며 집까지 오신 것을 식구들이 본 순간 모두가 감탄하면서 칭찬과 모두가 환호를 해드렸으나 아버님은 식사가 전부가 아니고 가난에 아기와 떨고 있는 모습에 식사를 조금 드시고 수저를 놓은 것을 우리 모두는 함께 마음이 아프며 아버지의 자녀들 수문 봉사에 환호할 것을 다짐했다.

누구나 차비 없고 의복이 없으면 열심히 챙겨주시고 겨울이면 아래 마루에 상 차려 뜨거운 숭늉 차려 가지고 늘 간구하시며 너희들이 밥이 적으면 내 밥을 주마고 하시며 마을에 누구가 몸이 아프다 하면 밤중이라도 가셔서 임시 조치를 해 주시고 길 가는 사람 노자 걱정하면 대신 조용히 충분을 채워주시고 누구든 아버님 말씀하시며 자기네 집과 제일 친절했다는 따뜻한 인사말.

하루는 옛 풍속 냇가에 1,000명 정도 인원 수 모여 일류 기생 요청하여 나무를 매달아 놓은 채 돌팔매를 맞히며 기생들의 그 노랫가락 지화자 이렇게 큰 잔치에 개울이 약 50m 넓혔는데도 그곳에 버선 신발을 빼고야 갈 수 있는 길인데도 혼자서 돌다리를 놓아 물에 적시지 않고 건너간다는 말들이 전해 왔을 때 마음 한구석 아버지의 한을 읽어보면서 단 아들 공을 3년 들여 낳았으니 좋은 일을 하면 모두가

좋을 것이고 자신의 마음도 편안함을 가져온다는 것이었기에 식구 모두는 뒷전에 맴돌고 있으며 언제나 아버님 복 받을 것이라는 모두가 내려오는 전설에 입을 모았다. 아버님은 허리에 전대 지폐를 둘러 집에 오시면 자리에서 헤아려 보시면 늘 장수가 비어도 아무 말 없으시고 표정이 밝아 식구들께 편안한 마음.

늘 가족도 조용히 챙겨 누구에게도 변함없이 대해주신 아버님. 우리는 자랑스럽고 존경스러운 모습 보여주신 내 아버님. 감사함을 간직하였다. 동리에 무슨 일이 일어나면 먼 곳에 사업에 열중하시다가 한 번도 빠짐없이 오셔서 참석하시면서 어머님께 집에서 떡을 하여 애들 먹이라는 부탁.

뜻은 촌 잔치라든지 흉사라든지 길사라든지 늘 떡이 따르니 우리가 부러워 할 것을 대비하면서 그럴 때마다 우리는 대비한 떡을 먹기도 했다. 늘 면내 학교 동리 무슨 협조라든지 하시며 살아오시던 아버지 환갑 일자는 사업도 안 가시고 조용히 자라져 밭 언덕 아카시아 나무를 베기 시작. 평소에 일은 손대지 않는 분이 점심식사는 하시지 않고 해 질 무렵 두 딸이 음력 5월 19일 떡을 하며 나물을 이고 십리 길을 달려왔기에 아버지를 찾아보니 평소 하시지 않던 일에 흥얼거린 한이 서린 음정이 들려올 때 발을 멈추고 생각하니 딸 7명 중 3명은 하늘나라 딸 4명 후 아들 낳았건만 공부도 하였거늘 병중 누웠으니 무슨 환갑이냐고 혼자서 자탄하시는 광경에 함께 눈물짓고 재산 목록도 병고에 허산바산 날리다 탕진. 아버지 엄마의 심정 눈 못 뜬 장님이요, 말 못하는 아다다요.

부유하게 사실 때 지나가면 모두가 고개를 숙여 인사를 받았으나 아들도 재산도 허탈하니 늘 아픈 뜻을 하시는 말씀이 '애들아, 있다가 없으면 그것같이 서러운 것 없다' 라고 하시면서 너희들은 누구에게도 아는 사람에게 인사를 꼭 해야 한다고 훈육을 하시고 평생 사시면서 두 분의 부모님이 말다툼 마음 상한 모습 본 것이 없으며 참 아름다운 부모님들 유언이라고 늘 고모 한 분 형제간에 넣어 잘 지내라는 것. 어머님 부산에 손자들 거의 다 있으니 1년간 헤어져 고생 65세 사업도 두시고 70세 어머님 3일이면 올 것인데 생면치 못하시고 아침 조밥 잡수실 때 며느님이 뭐라고 하니 한숨을 쉬다 주신 밥상 김치 쪽도 남김없이 잡수시고 일하지 않는다고 다툼.

평소 하지 않던 지게를 지고 가시다 받쳐 놓은 채 정신을 잃고 집에 모셔오자 운명. 너무 일손이 부족해 서로의 의견이 부딪치다 보니 아버님은 급체에 취해 괴이 가신 후 동리 모든 분들이 좋은 일을 해서라고 말들 모았다. 한 많은 아버지 머슴 3명 두신 어머님 오시니 하인까지 거느리다 자녀 병든 몸 한이 서렸다는 것.

자연 섭리 야생화 살아 숨 쉬는 꽃동산 물보라 하늘에서 품어 주듯 많은 관광객을 맞아 치솟는 물보라가 환영하고 있다. 산방리에서 태어난 배대오 동아대 졸업 대학원 수련 범일동 대포부대 5개국 통변가로서 많은 경력을 쌓은 후 경기도 내 미군부대 한국인으로서 최고 책임자 도의원도 출마 준비 중 정치 흐름이 도의원 폐지된 바 외국 5개국 통변가로 몸을 던져 한국을 넘나들어 현 스위스에서 고국 한국을 빛내기 위해 많은 노력을 하면서 고국을 잊지 않고 76세 훌륭한 인재 배출되었다.

산방산 특별히 유래가 깊은 곳이라고 널리 역사에 묻혀 있다. 산방산 높이 700m였고 산 정산 봉우리 오색터가 있으며 곱게 다져 평토가 됐으나 아래 내려서면 7m 굴에 무지터가 자리 잡고 있다. 위에 바위에서 물방울이 떨어져 웅덩이 되어 바가지를 퍼내어 마시면 최고의 물맛을 느낄 수가 있다.

물이 흘러 낙동강 큰 강물까지 흘러간다는 전설이 전해오고 있다.

또한 옛 무신들의 피난처 동굴 높이 약 400m 된 곳 그곳은 아무나 왕래하지 못하며 젊은 분들이 드나드는 곳인데 말에 의하면 내부에 불신처가 자리 잡고 있다는 것이며 굴 길이 약 10m 된다고 입들을 모으고 있으며 산방산 유래 깊은 곳이라고 널리 알려지고 있다.

패왕성 고려 18대 의종이 정중부의 '무신의 난(경인난 또는 무신난이라고 불려온 이 사건은 우리 역사에 있어 숱한 군사 쿠데타의 원조라 불러 봄)' 직후 중앙 집권적 봉건 체제가 붕괴되면서 시작한 경과 묘청의 난 이후 서경 세력은 축출 당하고 재경 중심의 문벌 귀족들이 왕실장 장으로 들어오자 비판 세력은 사라져 왕과 무신 세력들이 타락과 향락 정치가 극에 달해 있다. 이에 따라 무신들의 지휘 격하여 원인이 됐던 이 사건은 정치의 부재와 사회 모순 극대화가 낳은 결과이기도 하다. 무신 정권과 무려 3년간 머물며 동민과 함께 천만들어 전국적인 반항을 이를 선명한 대변을 해준 것이다.

패왕성에 이르는 한 시간 정도 패왕성 둘레는 무려 50m에 이르고 높이는 5m로 천지 못이 있으며 북단에는 이우제를 지냈다는 제단이 증표를 남기며 내 고장에는 기록돼 있으나 그 제단 지금 확인할 수 없고 성의 동쪽과 몇몇 지점을 제외하고는 외벽이 거의 허물어져 있는 상태이다. 현 지금 대토 재건 중. 1173년 8월까지 머물다 간 곳. 유서 깊은 향수를 달래는 고향. 산방산 유래와 인연이 크게 있는 곳이다. 역사는 살아 숨 쉬고 있다.

2010년에 국보로 결의가 된 걸로 인정.

역사의 사설

경남 거제시 둔덕면 산방산의 맥을 이어서 지방 장관 배출. 산방산리 지명인사 속출 많은 인재를 배출한 것이다. 1924년 5월 23일 4대 면장님 역임 배창우 할아버지였고 배삼도 씨는 삼촌 부자간에 지방장관 둔덕면에서 2명 역임. 할아버지는 3선 대의원 당선 많은 두 분이 업적을 남긴 것이다.

면민을 위해서 농민을 위해서 근대화에 많은 공위를 창설하신 것을 면민과 동민들의 모두가 인정하고 있는 추세다. 산방리에서는 1.처음 배창우 씨 2.배삼도 씨 3.신옥원 씨 4.신태금 씨 5.손정수 씨 6.김천수 씨 7.옥기종 씨. 1924년부터 2005년까지 7명 인사 탄생. 둔덕면 부락 20여 부락 중 지방장관이 탄생된 것이다.

면 내 60년 전 생물학 박사도 탄생, 미국 출국. 현 경기도 미군부대 한국인들 총책임자 배대오,

스위스 출국. 산방 비원 김덕훈 사장님, 현 유승화 대한건설협회 상근부회장, 기타 많은 인사를 배출 산방산 내력 비치는 석상 바위에 정기맥을 위해서 많은 인재를 배출한 역사 내력을 즐겨 알고 있다.

아랫마을 방하 유치환 씨 본가가 있고 앞산에 능이 있으며 앞마당에 내 유치환 씨 박물관을 지어 유품도 볼 수 있다. 극작가 유치진 씨와 형제간 시인(詩人)이시고 그러니 이 마을은 문화마을이라고 불리고 있으며 앞산 기슭에 고려 무덤이라고 불리고 있는 고분이 있다.

지금은 빈 터전만 남아 유기 그릇 등이 출토되었다는 구전만 남기고 있다. 그리고 〈거제중앙신문〉 회장 김덕훈, 유치환 씨 떠난 가옥 탄생한 바 현 거제 둔덕면 산방리 수목농원 자리 잡고 거기서 3위 가는 공원이 웅장하고 아름다운 비원을 개통. 거제민은 물론 둔덕 산방리에는 큰 공위를 이룬 것을 모두가 칭송하며 근대화에 꽃을 피웠다. 수목 클럽 회장 문선입 공위 필요한 도구와 특히 많은 석(石)을 배제한 것이다.

온 누리 석양빛 늙으리

이른 아침 햇살은 밝은 희망. 하루의 설계를 구상하면서 십리 길 걷다 보면 예기치 않는 먹구름 우리 발자취를 재촉하고 오색찬란한 무지갯빛 서산 노을에 인간들의 마음은 낭만에 취해본다. 밤하늘 샛별 끝없이 흘러가는 의미 없는 여망. 이것이 인간들의 본능이라 할까? 색깔처럼 변화돼 가는 것일까.

우리들의 아름다운 세월 흐르는 정. 순간 뜻 없이 하루의 여정 돌의 탑이 무너질 수 있을 것일까 생각. 이 하늘 아래 진정 친구는 여념 없이 서로를 감싸주는 것이 진심으로 보람된 삶이 아닌가 생각해 본다. 마치 연꽃의 뿌리는 과거를 말하고 중간 넝쿨은 현재를 말하듯 우리 인간들의 인생 삶이 맺어진 세월 인연 이런저런 이것이 세상이다. 때로는 할 말을 잃은 채 미소 지으며 만남의 정 이것이 끈끈한 세월이다.

좌로부터 배순자, 장영희, 유정자

그물에 맺힌 코는 고기를 잡듯이 우리들의 코는 맥박을 멈추며 무심코 던진 조약돌 고기 눈을 맞추듯이 우리 인간은 천태만상 그 자리에 머물고 또 그 길을 걷고 가는 것이 길이 보이며 이것이 길이며 인생이다. 명절이 바쁘다 취했다 외롭다 적적하다 섭섭하다 누구를 그린다. 안식처가 최고라는 우리의 사명감이 너무도 자극적인 부딪쳐 흐려 의미 없는 세상 나에게는 지표가 없다. 나 어찌 세상에 이름 석 자 남겨 곳마다 친구들의 추억 정으로써 삶의 세월이다.

어디서 전화벨. 힘을 얻어 누웠다 벌떡 수화기를 든 채 그 사람의 목소리에 과연 그렇다. 내가 도움을 못 주어서 미안하게 생각하면서 우리들의 남은 여생 진품명품 인간극장 무비 아닌 현실 속에 있는 그대로를 더도 말고 팔월 한가위처럼 넉넉한 이웃으로 살며 남은 세월 풍성하면서 값있게 삶을 개척 설계를 구상하며 세상에는 요룡을 흔드는 홍곡을 보여지는 것이 우리 인간이 아닐까?

30년의 정 늘 거기서 거기로 잃어버린 지난날을 잊고 할 말을 잃은 채 숱한 나날들 미소 짓고 웃으며 살아갈 것을 말하고 싶다.

광승 모자 그립다

이금순(李今順), 오캄포 광승(Okampo 光承)에게

담아둔 여한을 허공에 날리며 저 멀리 산울림 크게 작게 사라져간 무지갯빛 떨리는 바위 틈 울음소리 깊은 소식을 전해올 듯 까치의 울음소리 눈 감으며 짙은 안갯속에 보여지다 사라져가는 그 얼굴들. 내 곁에 앉아 도란도란 얘기하며 웃음 짓던 환상의 화백 잡힐 듯, 보일 듯 처량한 매미 울음소리 순간마다 들려오며 낡은 문풍지 전해오는 메시지.

온갖 산새들의 안식처 찾아드는 신호 소리 봄이 온다는 제비들의 안식처 극진한 인사 나란히 앉아 구호와 애환을 호소. 잠깐이나마 나를 찾아오는 식구라고 싶어서 생애 흰 바람을 싫어 흥얼대던 순간 생각나는 이국땅 이금순, 오캄포 광승이 한국을 떠난 지 어느새 40년. 하루 수십 번 생각. 그 이름 석 자를 부르고 또 불러본다. 아들 손 잡고 머나먼 이국땅 남편의 그림자를 밟아 떠나간 김포공항 한 발자국 떼며 뒤돌아보는 미국 비행기 몸을 실어 무거운 발길 돌아보며 또 돌아보면서 어린 아들 손잡고 정든 고국 못 잊어 흘러내리는 뜨거운 눈물. 마지막 승이가 이모 손잡고 함께 가자고 하는 순간 4세 된 승이 4년의 정 가슴에 뜨거운 화산같이 끓어오르며 '잘 가라, 잘 있어요' 그 한마디 인사 뜨거운 눈물 사라진 모자 불러보는 그 이름. 공항에 바람만 불어오네.

이국땅에 발을 딛고 그 님을 맞아 행복의 길을 찾아 안식처를 스며들어 안정을 찾았다는 소식 이곳 자신도 안도감에 묻혀 있단다. 세월이 흐르면 모든 것이 해결될 것이며 승이도 유치원에 1등을 한다니 무척이나 기쁜 소식이며 말이 익숙지 못해 백화점에 모델 합격하여 열심히 근무한다니 더 이상 바람이 없으며 하루하루 깊은 마음으로 초원의 꿈도 파초의 꿈도 한 폭의 그림으로 펼쳐 지난 세월에 묻힌 채 죄의 의식 받으며 살아간단다. 낯선 이국땅 뿌리 내려 삶이 많은 굴곡이 순간마다 부딪쳐도 힘이 들지만 인내하며 만날 날을 기약하면서 기다리며 살고 싶어라.

언니라고 30번도 더 많은 글자, 너무 가슴 아파 늘 상심하고 있단다. 애타게 기다리는 3년 세월 예고 없이 찾아온 충무 땅. 언니라고 부를 때 꿈 아닌 현실. 모자간에 얼굴들 상봉 길에 자신은 감각이 없어 바라보다가 손에 손 잡고 서로를 껴안은 채 뜨거운 눈물방울 맺혀 다시는 이 손 놓지 않으려 했으나 한순간이었고 1개월이면 다시 떠나야 했던 모자간. 짧은 세월에 천국 여행길 예전에 친분이 있던 많은 분들에게 옛정 나누며 지난 일들 새기며 마냥 즐거운 시간은 흐르고 작별 아쉬움 눈앞에 다가왔다.

1984년 6월 23일 출국 동료와 가족 작별의 흔드는 손길 바람과 함께 날렸다. 그곳 탑승 새벽 1시였다는 순간 사랑하는 남편 없이 어둠 속에 허전함을 얼마나 느끼며 그 슬픔은 주어진 운명을 받아들이고 휘파람 불며 새 설계 정원을 꾸미며 초원의 꿈도 행복을 찾고 백화점 장물도 잊어버린 것 잊고 승이 줄 패물 도난당했어도 사람 병고에 비하며 도난 3,000만 원 힘든 일이지만 잊어다오.

그 후 모든 것을 잊고 절망 세월에서 보낸다는 편지 가슴 아프다. 3명 가족 만 3년간 의지하다 갑자기 모자간 남았을 때 절망적인 세상이 아니던가. 그러니 너의 눈물은 마를 날이 있을 것인가 한숨에 취해 늘 상심하고 있단다. 숙(淑)이가 한국공항 착승할 때 꽃 한송이 가슴에 안겨주는 그 한 사람이 있다면 하는 아쉬움. 자신은 찢어진 가슴 아리기만 하단다.

이때 승이는 벌써 고등학생 신분. 모자와 3명 함께 다니면서 못다 한 형제들과 한 폭의 그림 가슴에 담고 1개월 정착. 다시 혼자 떠나야 했을 때 이모 한 사람 믿고 숙(淑)이가 이국땅을 떠나는 뒷모습 붙잡고만 싶어져도 추억을 남기고 보내야 했다. 부산의 거리를 3명이서 해운대 동백섬을 발자취 묻어 본다. 언니들의 환영식 많은 추억만 남기고 숙(淑)이를 보내야 했다.

승이는 한국에서 3개월간 이모와 함께 다니면서 친구들의 자녀들과 함께 놀이하면서 한글도 배우고 취미 생활에 즐거운 나날을 보내왔다. 승이가 늘 하는 말 앞으로 한국을 넘나드는 대한의 항공기 기장으로 꿈을 실어 엄마의 고국 땅 한국을 도울 수 있는 실천이 필요하며 소망이라고 했다.

이모는 엄마 다음으로 사랑한다는 말과 이모가 최고라고 하였다. 이곳 부산에서 4년간 기른 보람. 흐뭇했던 마음. 생애 보람 최후였다. 벌써 3개월 다가서자 자신도 마음이 조급해진다. 승이를 데리고 충무로 왔다가 3개월 동안 무척 정이 들었다. 새삼 아픈 마음 눈물만 흐르고 이곳저곳 황옥자 친구 병원에서 약 1개월 감사했다. 식구들이 보살펴 주며 부산 유구연 언니 식당 내에서 약 15일간 있어 감사했고 여러 친구들이 정말 고마웠고 서로가 흠이 없는 사위라 흐뭇했다.

공항에 송별 승이와 외갓집 외할머님 이모 가족분들이 전송 시 황옥자 친구가 도착. 정말 반가웠고 공항에 이별은 뼈를 깎는 눈물이었다. 광승이 처음 나왔을 때 어머님이 하시는 말 승아 나는 현재 86세 앞으로 너를 더는 보겠는가 하시면서 일금 1만 원을 주머니에서 내어 손에 쥐어줄 때 무척이나 보람 있는 성의 표시를 하시는 것을 보면서 항상 훌륭하심이 눈에 역력히 보여진다.

부산에서 할머니와 승이 심부름 길에 신호등 건너 갈라니 승이가 멈추라고 파란불 켜야 간다고 하며 골목 굽이마다 술래잡기를 하더니 목적지에 여기다 하면서 가 버리고 없어 놀란 할머님은 다른 길을 가니 앞으로 달려와 침묵 속에 길잡이 하여 건널목에서 기다려 손잡고 건넌 후 계속 달려가 서로가 심부름 목적은 허탈하고 달음박질만 치며 두 사람 앞뒤 나이가 맞아 차원이 승이가 3세 지능이 진보된 것이다.

할머니 시를 읊어 중얼거리면서 나 어찌 밥그릇이 많아 지쳐 낙엽되었다. 새싹 움틈이 낙엽에 비할손가. 이 할머니도 손자가 있다네. 어린 소녀에게 괄시를 받은 분노라는 에피소드 같은 하루의 얘기를 풀어 웃음과 눈물의 길 마지막 인사 작별의 아쉬움.

*미국 이금순 전화 734-3826, 직장에서 '궁금이'라 부름

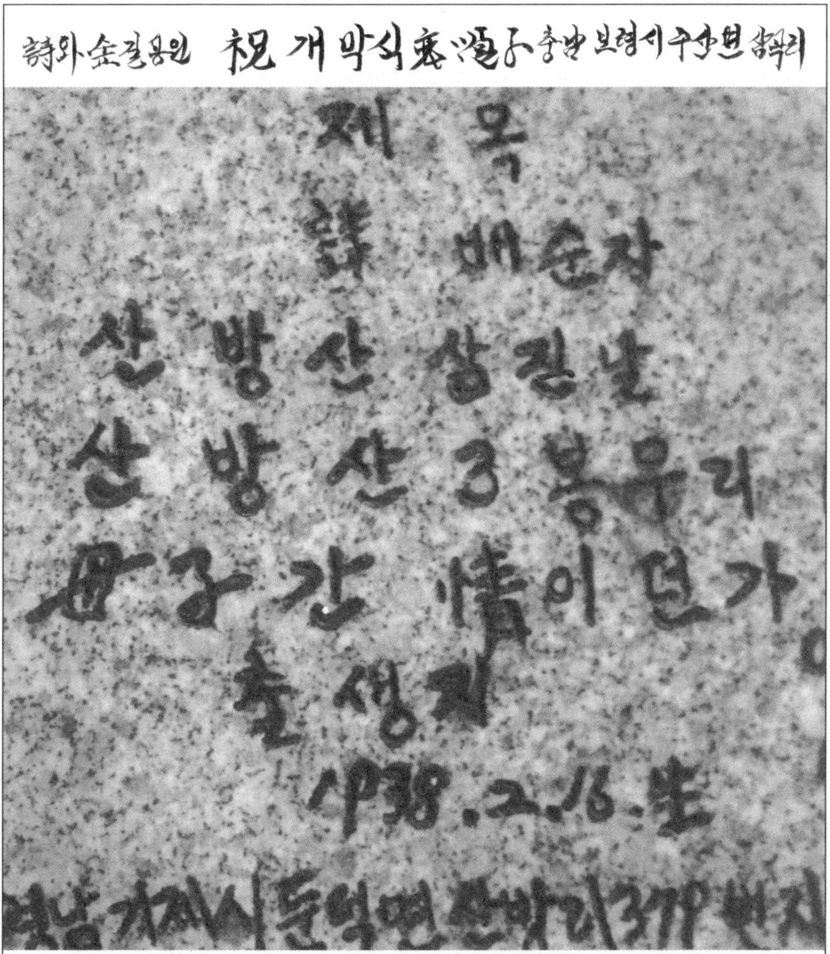

詩와 숲길 공원 祝 개막식 裵 [illegible] 충남 보령시 주산면 삼곡리

제목

詩 배순자

산방산 삼짇날

산방산 3봉우리

母子간 情이던가

출생지

1938. 2. 16. 生

경남 거제시 둔덕면 산방리 379번지

사단법인 한국 육필 문학비(등재) 진필

(작가) 詩와 숲길 백인 문예 보존회

충남 보령시 100인 시비

제주도 여행길

우리나라 제주도로 떠나 산 정산 오르니까 폭발 장소 그곳도 외국 못잖게 많은 것이 신비스럽고 우리들의 감정이 부풀게 했다. 조롱 말 · 돼지 기르는 방법도 원시시대로 돌아가며, 99개 뗀석기 우뚝 서 있는 화서 그림으로 변했다. 그리고 육지에 한성굴 속에 들어서니 신비로움이 수없이 많았다.

제주에서 떠나 비행기 탑승 때 아래를 내려다보니 환상의 그림 하늘 밑 바다 위에 두둥실 떠다니는 흰 구름 속에서 아무 물체도 없는 우리만이 있는 기분이었고 달리는 비행기 속도는 왜 그렇게 빠른지 우리들의 아쉬운 여행길에 접어들어 길이 보이기도 했다.

참으로 아름다운 여행길은 우리들의 추억 소외됨이 없는 관광. 즐거움이 넘치는 젊은 시절. 지금은 70으로 한 번 더 어느 곳이든 외국나라 가서 체험을 하며 황혼의 길에서 즐기고 싶다. 세상을 살면서 젊음을 과시하며 세상은 이것이 최고와 인생의 길이 전부인 줄 알고

교사 친구들 2011년 10월 제주도 여행

살았다. 70줄 들어서니 그것이 아니라고 자신을 비관하게 되는 것이다. 사람은 60이 되면 세상을 터득하고 뒤안길을 돌아보며 걸어온 길의 잘하고 못한 것을 뉘우치는 것이다. 그럼에 이미 때는 늦은 것이며 짧은 세월 여생에 무엇을 해야 못다 함을 채울 것인가. 영국 신사가 뭔지 마냥 즐겁고 하면 뭐든지 할 수 있고 아름다운 세상인 줄 알았더니 지금에 와서 지난날의 일들이 허공에 한 세월 보낸 것이 돌아오지 않을 후회가 느껴진다.

독신으로만 인생을 살면 다된 줄 알았으나 후임 없는 서러움이 찢어진 가슴에 가득 찬다. 독신자들은 뒤를 돌아보며 어둠이 가려 보이지 않는 것이 젊었을 때의 시절이다. 자기 부모님은 능력대로 다 하였으나 우리들의 갈림길은 세월이 가면 길이 보이기도 한다. 누구든지 독신자들은 자기를 위해 살아가면서 노후에 베푸는 것이 가장 보람 있는 일. 젊어서 내 전부를 다해 인척들께 베풀었어도 세월이 바람에 다 사라지고 남은 것은 우리에게 무엇을 했는가 하고 책망만 돌아오는 분노라는 사실에 나 자신이 원망스럽다. 누구든 가까운 사람들에게 해주고 싶은 정(情). 부족한 걸 채워주던 때는 까마득 잊고 지금에 와선 혼자 있을지라도 그네들이 찾아보는 정. 전화 한 통이면 그 마음 다 해소하며 순간마다 깊은 정을 가지지만 찾아보는 이 없는 내 늙음이 후회하리.

그래도 세상이 좁은 줄만 알았어도 넓은 세상 아래 국가의 도움을 받으며 그리고 지방 시장님 덕분 매일 찾아보면서 인사와 함께 요구르트 1개 300원짜리를 배포하기에 감사함을 드리고 따뜻한 주변 경관님들도 때로는 일가친지보다 나은 때도 가져 봅니다. 보다 저의 조카들도 다 잘하고 있으나 힘들더라도 가끔 전화 오는 것이 제일 반가울 뿐입니다. 정에 사는 우리들의 주변이 되어 주기를 부탁드리며 모두가 감사한 마음에서 드리는 글.

동남아 여행을 가다

1996년 3월 19일 출발, 3월 25일 도착. 6박 7일 김포공항에 착륙했을 때 마치 우리 안방에 온 듯했다. 떠날 때 8시간 비행기 탑승 가도 가도 끝이 없던 하늘 밑에서 우리만이 사는 세상인 것…. 아무리 보아도 별빛도 달빛도 없던 곳이 고개를 돌려 보니 조그만 불빛이 얼핏 보이며 조금 더 가니 호화찬란한 불빛과 건물의 모습들이 보였다. 순간 생각 '야, 이런 곳도 인간 거주하는 곳일까' 라고 하면서 바로 인류는 끝이 없다고. 새로운 기분이 느껴져 참 세계는 아름답다더니 간 곳마다 곳에 따른 역사를 익히며 나라마다 문화가 다른 것을 검토하면서 지리적으로 우리 마음에 새겨 보았다.

싱가포르에 우리 현대건설이 들어 그곳에 근대화의 꿈을 심어 열심히 노력하에 발전을 시킨다는 말을 들을 때 모두가 반가워서 박수를 치며 설레며 짜릿한 기분이기도. 우리가 본 싱가포르 나라에는 느낀 점. 세계적으로 문화에 앞장 조화롭게 이끌어 갈 수 있는 나라며 조그마하며 아담한 나라지만 강대국도 규칙과 법칙대로 실행하는 곳이라는 것이 눈앞에 보이며 수많은 난꽃 약 천 평 이상 화분으로 모아 꽃이 만발하게 피어 있어도 누구 하나 꽃을 만져 보지도 못한 채 눈으로만 아름다움을 표했다.

싱가포르

뿐만 아니라 길에 껌을

싱가포르 호텔 내 멤버 / 말레이시아의 풍속

뱉는다고 공장부터 해산시키며, 침 한 번 길에 뱉으면 벌금 아주 강력하고 다른 강대국 사람이 죄를 지어도 그곳에 판정하는 담대한 나라. 한 가지 우리나라 기온과는 다르기에 비가 내리다 또 햇빛이 보이다 하니 땅 자체가 완전 태양빛에 일광이 못 되다 보니까 향기로운 꽃 냄새와 복합 습기로 코가 괴로웠다.

또 다른 곳 조호바루. 바다에는 악어 같은 야산 분재같이도 보였지만 높은 산이 없어 물이 너무 귀하다는 것. 그리고 방콕도 높은 사람들의 벼슬의 무덤은 색다르게 되었고 파타야 가니까 매우 푸른 바다 수영도 하며 물 스키장도 하늘 수놓아 그곳 아름다움에 우리는 많은 것을 배우며 생애 보람을 듬뿍 실어 왔던 여행 즐거웠다.

마치 공항에 맞아 주는 문 8개 김포공항 문 경비원들은 우리를 말없이 침묵으로 환영을 해주기도. 나는 그곳에 가니 한국이라는 부자나라에서 왔다고 바라보는 시선이기에 실망주지 않으려고 개인적으로 팁은 50,000원이 나갔으며 베개 밑에도 꼭 한국 돈 1,000원씩 또 100원, 500원 팁도 포함해서 주기도 하며 새 버선도 달라 해서 주기도 했지만 더 있으면 주고 싶었다. 그러나 우리나라가 최고였다.

유럽 뉴질랜드 여행길

동료들의 설렘에 유럽 여행길에 올라 지루한 것 없는 시간 호주공항에 도착했다. 이 머나먼 곳에서 한국 사람 가이드가 우리를 맞이하는 순간 무척 반가웠다. 2시간 차를 탄 채 우리는 고됨도 모른 채 달려가면서 석양이 질 무렵. 모두가 정신없이 바라보는 곳이 저 넓은 자연의 푸른 광장 자연의 농원과 야산 소 떼 약 100마리 정도 멍에도 없이 한 길 줄을 지어 가는 것이 신기하며 영화를 보는 듯.

이튿날 호주 이곳저곳을 돌아보며 자연의 바다 그곳이 바로 청정해역 싱싱 살아 있는 물. 모래알이 마치 이곳 찰싸라기 같아서 모두가 천진난만한 태도. 모래집도 지어보았다. 어쩌면 바닷물 색깔이 그렇게 푸를까. '대서양을 건너 인도양을 건너' 하는 노래도 있는데 우리는 어려운 생활일지라도 각국 나라 조금이라도 다녀 모든 것을 문화의 체험을 하는 것도.

다음날에 2시간 비행기 탑승 뉴질랜드 북섬에 도착하니 그곳은 국외 관광객 손님께 하는 인사법도 크게 다를 뿐 마냥 가다 보니 이곳저곳에서 물보라 치듯 연기가 솟아오른 듯하더니 알고 보니 솜 같은 흰 화산이 온천이었

뉴질랜드 북섬 여행

다. 땅속에서 살아 숨 쉬는데 그 물체가 때로는 아슬아슬하기만 했으며 그곳 문화 신비하며 고귀했다.

다시 북섬을 떠나 남섬. 그곳과 반대 방향 도착 후 차를 탄 채 마냥 달리다 보니까 마냥 가도 집 한 채가 보이지 않으며 언뜻 보니 광장에 우뚝 솟은 집 한 채가 보이자 그 푸른 광장 위에 조그만 헬기 앉아 인형 같은 공항을 연출하며 보았더니 바로 시장 보려 다니는 것이니 그렇게 알고 보라는데 참 우리는 마냥 신비스럽기만 했다.

종일 다니다 마음은 즐겁고 눈은 바쁘게 움직여 곳곳마다 한 장의 사진을 담아보면서 산등성이 같은 빙하 바다의 섬이 되어 떠다니는 걸 볼 때 자연의 신비는 무한하다는 체험. 이때 우리 마음속에 모든 죄악된 찌꺼기는 다 씻긴 듯 모두가 인간이 아닌 천사 같은 기분이다. 고장마다 다른 문화를 살아가라는 방식 다 하나님께서 택한 것을 느껴 보았다. 그곳은 지상 낙원 푸름이 넘치는 자연의 현상. 광장 한복판에 우뚝 서 있는 추억.

순한 양들 세계 그네들도 대장이 있고 졸병이 있어 먹이도 각자의 그릇 앞에 줄을 지어 서서 대장이 앞서 입을 대면 함께 식사하는 모습들. 다 먹고 나니 졸병들은 앉아 쉬고 대장은 꼭대기에서 그들을 지켜보며 관광객을 행동으로 환영식을 베풀어 주는 듯 동물이지만 대견스럽고 신기했다. 그곳에 풍습 특징이나 인간들의 살아남기 위해서 말 못 하는 순한 양들에게 고된 훈련을 시켜 보람과 자부심을 가지고 많은 소득을 올려 역사 흐름을 살아가는지 생각을 하면서 느꼈다.

세계화 시대라 각국 문화 체험이 다양하며 모든 것이 삶 교훈이라고 생각한다. 마지막 날 다시 돌아와 12층, 밤 12시경 들려오는 박수 소리 한국 축구 4강에 드느냐에 따라 소리쳤다. 모두 한국적인 분위기였다.

광복절 역사의 실록

해방된 우리 민족, 다시 찾은 우리 한글. 빼앗긴 우리말 묻었던 우리 얼굴 조선 민족의 승리 종이 울리며 다시 찾은 광명을 빛낸다. 세월은 가고 물은 흘러도 역사는 지워지지 않는다.

우리도 대한의 딸 훌륭하신 유관순(柳寬順) 애끓는 피를 받아 온 백성들 동참. 태극기를 만들어 앞장선 유관순의 하늘을 치솟는 만세 삼창. 삼천 리 강산도 함께 메아리 쳤다.

적의 잔인한 행동에 수많은 백성들은 죽어만 갔다. 나라를 찾으며 가려낸 인종 깊은 함성 꽃피우는 성화의 불길. 삼천만의 가슴에 새봄이 찾아 강산도 토목도 초목도 우리 것이다.

다시 찾은 금수강산 백두산 올라서 굶주리며 매를 맞던 백성들이

일본군의 통영 해저 터널

여. 한 맺힌 우리 조국을 찾았다는 못다 한 소식 천지 강산을 내려다 보며 삼천만의 동포여. '우리도 이제 조국이 있다오' 산울림 메아리 친다.

이제 우리는 백두산 산봉에 유유히 흘러내리는 맑은 물 이어 받아 몸을 가시며 영원토록 3 · 1절의 정신이 길이길이 숨 쉬는 숭고한 역사로 길이 남을 것을 염원하며 영원하리라.

나의 조국, 나의 민족, 우리 땅, 우리 피, 우리의 태극기 하늘을 펄럭이며 성화의 불길 속에 수염 난 그 얼굴들 압박과 설움을 모두 불태우리다.

지긋한 비행기 소리에 피난처 큰 나무 밑만 찾아다니던 비참했던 그때. 꿈엔들 잊을 수가. 조국이여 우리도 광명을 찾았다는 깊은 소식 전 세계에 알리리. 압박 속에 한 가정의 일 년 곡식과 옛 조상들의 빛나는 놋그릇 빼앗아 비행기 구입하기 위해 강제 철거.

우리는 두 눈 뜨면서 다시 눈을 감으며 가슴 아린 뜨거운 눈물 압박 속에서 살아온 몸서리 친 그 악몽 이제 나라를 찾았다오. 만세 삼창 부르며 몸도 마음도 자유의 종이 울리며 '이제 우리도 해방이다' 라고 외쳤다.

故 이승만 대통령

故 이승만 前 대통령 취임식이 1948년 4월이었다.

우리는 나라 잃은 서러움에 묻혀 있을 때 나라를 되찾아 보겠다는 독립투사, 그분들의 피땀 흘린 수많은 곡절 속에 잃어버린 나라를 찾기 위해 어떠한 수모도 인내하며 전선의 독립투사 이승만 대통령, 김구 선생님, 조병호 선생님, 신익희 선생님 등등 뼈아픈 독립을 위해 꿋꿋한 정신으로 광명을 되찾았다. 이순신 장군의 피 어린 한(恨). 꿈을 이룩하신 정기를 이어 후손들에게 민족의 얼을 심어 일으켜 세우신 훌륭하신 전투 일선에서 승리하셔서 우리 역사 흐름이 더욱 빛나는 내력 기억 속에 환호하며 충성됨을 금치 못하며 태극기 휘날리며 꽃 중에 꽃, 무궁화 꽃 삼천 리 가슴에 꽃이 피며 맥박도 함께 뛰며 안전을 찾은 백성들은 감사함을 올렸다.

이승만 前 대통령께서 나라의 기둥 되어 한 번도 권력을 좌지우지를 못한 채 수많은 수모 병렬 투병 신하들의 야심 굴레를 벗어나지 못한 채 간신 오른팔 이기봉 역적 모략에 휘말려 우리 국민 모두가 애국자를 바로 세우며 나라의 기둥 참된 일꾼을 세워 전국의 깃발을 휘날리며 국민들의 함성은 하늘을 치솟았다.

초대 대통령 이승만 박사 취임식 온 겨레가 기뻤다. 취임식 기념으로 이승만 박사 동갑 되신 분들 온 국민께 흰 수건으로 기쁨의 경례를 하셨고 그동안 압박의 응어리를 불태우며 신의 능력 천하의 권력 훌륭하신 초대 대통령 철칙이 한이 맺혀 이 나라를 꿋꿋하게 세워 보겠다는 꿈은 서리 친 하루아침 풀잎처럼 시들며 꿋꿋한 꿈과 미래 여망 단칼에 부수어졌을 때 하나님도 무심하며 국민들도 아우성치며 탄식의 소리는 분노의 눈물과 맥박의 큰 소리마저 끊어버린 채 고이 가신 영령께 국민의 한 사람으로 명복을 빌며 이 나라 선진 국가를 이룩하도록 도와주시기를 빌면서 부디 편히 쉬소서.

윤보선 前 대통령

임시 정부 윤보선 2대 대통령 취임식 일자 빠른 속도로 진행된 것이다. 이 나라가 혼란 부패된 시점에 누군가 선뜻 자리를 지킬 분이 없고 마치 허공에 도달한 수상 자리 때마침 윤보선 씨를 내세웠다. 그러나 인내치 못한 채 자리를 떠나 무너지고 말았다. 온 백성들은 주인 없는 집과 같이 나라 잃은 설움이 올까 봐 불안하기만 했다.

갑자기 6 · 25 전쟁이 터져 우리는 또 비극적인 아픔을 눈앞에 두고 나라 찾은 기쁨보다 겨우 찾은 한 나라 두 임금을 물망에 얹어 X표냐 O표냐 선택을 한다는 우리 모두 일념과 난관에 빠져 헤매는 중 총탄 속에서 암흑세계를 헤매다 고귀한 목숨마저 잃고 땅덩어리를 두고 수상 자리에 욕망의 다짐을 굳게 하면서 비참하고 도덕 없는 나라가 되었을 때 일본에서 그 얼마나 비판하였을까.

몇 년의 세월도 가지 않고 압박을 받은 때는 잊어가는지 일본에게 수모를 겪던 때를 생각해서 우리 모두 손에 손잡고 평화로움을 외칠 것인데 붉은 무

리 아닌들 해방된 자유 국민의 힘으로 살아갈 것을 참으로 애틋했다.

1949년 6월 25일, 해방된 민족 찾았다는 어제의 아쉬움 가시기 전에 암흑 속에 헤어나지 못하는 쓰라림에 광명을 찾았다는 아우성 연기처럼 사라지듯, 국민의 다가오는 비전은 사라지듯 대한민국 촌단에 오늘의 운명, 또 내일의 운명 침묵 세월에 인명을 의지하면서 살아가는 쓰라린 세상. 오늘도 내일도 또 누구를 민족끼리 서로 잡고 피를 흘려야 했던가. 날이 새면 한 사람, 열 사람 쇠사슬에 묶여 구름처럼 밀려와 모두가 사시나무 떨듯 의지할 곳이 없어 오직 광명만이 고대하며 살아가야 했던 오늘의 현실인가.

삼팔선 세 글자, 휴전선의 달밤

배짱 없는 윤보선 자리에 안절부절 수많은 국군장병 피로 물들어 낙엽처럼 떨어지며 백골이 진토 되어 한적한 산골짝마다 기슭마다 영혼들의 무덤 피땀 흘려 충성하며 방울방울 맺힌 눈물 휴전선을 그려 내 조국과 내 부모, 형제, 이 나라 장병 모두 여기서 지켜줄 것이다.

— 아아 산이 막혀 못 오시나요 아아 물이 막혀 못 오시나요
다 같은 고향땅을 오고가건만 남북이 가로막혀 원한 천 리 길
꿈마다 너를 찾는 꿈마다 너를 찾는 삼팔선을 헤맨다

아직도 우리는 어느 곳을 가더라도 안도감을 찾지 못한다. 4 · 19

경남 마산시 김주일 학생 데모에 앞장서서 이 나라를 바로 잡기 위해 용감한 학생으로 단독 잡힌 실마리. 경찰서 연못에 빠져 눈에 대못이 박혀 떠 있는 모습이 시민들의 눈에 발견된 것이다.

이때 어디 먼 곳을 함부로 왕래를 하지 못할 때였다. 그러다 부산에서 열차를 탄 채 마산역 내리니 팔에 도장을 찍어 주기에 어느 할머님 따라가서 밤을 샌 후 아침 목적지를 갔으나 마음이 늘 모두가 안절부절 밤 9시 통행 금지기에 개찰구에서 빨리 가라는 재촉. 아침 가는 길에는 경찰서도 파출소도 돌 세례를 받아 시민들도 안도감이 없이 모두가 피난 가는 기분이었다. 마산 뒷산 꼭지는 남녀 학생들 돌을 탑을 싸서 우박 떨어지는 기분이었다. 거리마다 유리 조각은 마치 모래알 같았다.

수모와 고난, 역경. 우리는 이렇게 살아가야 하는가. 험난하고 또 험난했다. 이제 우리는 분단을 허물어야 하며 꿈에 소원과 통일이 오라는 여망.

박정희 前 대통령

— 실천하려는 노력, 삶의 터전을

故 박정희 전 대통령 1963년 땅도 무한한 부유한 나라 사람들은 남보다 앞서 잘살고파 한다. 재벌의 꿈, 그 길은 험난한 가시밭 길 산을 수없이 넘어 그 흘린 땀으로 모아 근면과 성실, 긍지, 야망 속에서 빛을 보게 되는 것이다.

묵힌 땅은 부지런한 사람이 자기 소유로 해도 사유가 없다고 담화를 했다. 비록 생선 장수를 할지라도 남에게 의지 없이 열심히 살아가는 모습은 아름답다. 어느 시인(詩人)이 내가 본 한강이라 말하듯 꿈에서 꿈으로 여러 사원들의 성실함과 진실성이 보여야 세상을 헤쳐 간다.

비전 없는 남산 약장수 비해 보며 각박한 순간 재주가 보이지 않을 때 포용이 용기를 잃는 것이다. 금덩이가 우리의 건강 지켜주는 것이 아니요, 다이아몬드도 건강을 지켜주지 않는다. 그러나 나쁜 일이 닥칠 때 부딪치면 모든 병마를 이길 수 있다. 하나님은 우리를 시험대 올려놓았다.

주변 모든 분들께서 많은 협조해주신 덕분에 열심히 살며 노력 쉬지 않고 했더니 눈앞에 성공길이 보였다. 앞날의 계획 비전을 다짐하며 나는 궤도에 자리를 다듬고 언제까지 노력 더 하면 일 년에 목표를 계획을 했던 것이다.

주변의 정(情) 때문에 조금씩 사람들에게 봐준 것이 모두가 은혜는 갈 곳이 없고 도리어 금만 가 버린 사이가 되고 보니 참 세상은 이것이 아니다 하면서 실망 끝에 용기를 잃고 그저 주어진 하나님의 뜻만 믿고 살아가지만, 그래도 선행을 베풀면서 터전은 마련했던 날 성공의 비결, 실천해서 노력.

故 박정희 대통령 월미도에서 시를 읊는 모습

갈무리

좌로부터 교사, 경찰청장, 육군 중령, 해병 주임 상사

외로워 말며 격동 역사 부딪혀 헤매듯 냉철한 몸과 마음 얼고 있는 슬픔이야 지평선 인생 허무감이 맴돌다 나를 엮네.

밤은 깊어 가는데 베란다 켜진 전등 불빛을 바라보며 두메산골 돌담길 귀뚜라미 울음소리 별빛을 바라보고 걸어가는 뒷모습 그립다. 물에 젖은 환상의 그림으로 눈에 희미하게 얼룩진다. 찬 이슬 맞은 꽃잎 꿈으로 아닌 내 얼굴 살며시 고개 들어 피리라.

배짱 없는 윤보선 마치 월남 차후 대통령으로 풀어본다. 월남 정권은 1주 이내 3일 이내 정권을 교체하면서 결국 차후 대통령 망명하였다. 우리도 해방 직후 법도 없는 세상 힘만 있으면 살아가는 한 세상이었건만 눈앞에 생명이 피를 물들이며 세력과 권력을 가져 보겠다는 야심과 야망 속에 국민들의 환호성 죽어만 갔다.

이제 강토도 강물도 금강산, 백두산, 두만강도 모두가 뺏겨야 하는지 잔인했던 민족. 흐르는 물은 쉬지 않고 유유히 민족의 마음을 담아 막을 수 없는 강물, 끊을 수 없는 민족의 피 역사 속에 담아야 했다.

죽어가는 국군들은 환호성의 울음 한이 서린 그분들의 영령들. 대한의 남아로서 총탄과 창칼에 쓰러져 가면서도 용감한 장부들. 고향 하늘 바라보며 부르다 순직하면서 눈물 속에 핀 꽃은 이름 모를 꽃으로 물이 고인 언덕 아래 하늘하늘 춤추며 내 넋을 달래 가는 길에 님이여 고이 쓰다듬어 사회 지휘자요, 충성된 육군 적군 박탈의 앞장선 해병 주임상사 훌륭하며, 빛나는 동창생 자랑스러운 대한의 아들들 영원토록 빛나리. 국군 용사들이여, 나라의 운명으로 충성을 바치며 가신 용사님들이여. 민족의 태양으로 역사 내내 길이 영원하소서.

이산가족 뜻

어느덧 세월의 문턱에는 계절. 나에게는 변함없는 한구석 마음이었다. 새파랗게 싹트는 버들잎 생각에 한 통의 전화가 왔기에 웃으면서 시간이 조금도 여의치 못하다는 그 말 한마디 했던 말 생각난다.

이제 세월은 흐르고 별로 한 것이 없이 또 상업에 머물다 끝내고 말았다. 그 후 큰 금액으로 방 13칸짜리 전세 얻어 1년 상업 본전으로 돌아선 끝에 살아가면서 후유증이 파란만장했던 날들.

이산가족 찾기 운동을 시작한 TV. 비밀 커튼 때문인지 한 가족들 만남의 밤 상면하는 순간 천지도 산천도 울며 다시 본 가족들 전 세계에서도 중동, 일본, 각국 나라에서도 특별한 남북 간에 흩어진 피어린 꿈에 본 수많은 부모, 형제 KBS 광장에서 울음바다. 서울 하늘 아래 환호성이 메아리치며 잃어버린 30년 세월. 6 · 25 다시는 떠올리기 싫었던 그날을 잊으리. 뼈저린 눈물, 우리는 모두가 울고 또 울며 가신 영웅도 함께 울었다오. 겉에 한민족끼리 왜 이렇게 살아가야 했던가요. 붉은 무리, 북괴 만행 다시 잊고 잊을 것이다.

북쪽 하늘 아래 그립던 내 형제여. 눈물이 모여 대동강이 되어 우리들의 만남을 주는 것인지 소리 내어 대한민국 만세 삼창 천지 우주가 함께 울었다. 우리 대한민국 국민들 매사 일에 자포자기를 버리고 광명의 그날처럼 길을 찾아 가기를 두 손 모아 빌겠습니다. 이 비극이 다시 오지 않기를 온 겨레가 다짐하면서 우리 모두 한마음 한뜻을 모아 뭉치며 나갑시다.

버마 사건 애도

전두환 대통령과 버마 외교 회담 오늘은 한글날 10월 9일. 모 외교관은 다행히 한국에 머물렀다. 이 나라 장관님들과 이 나라 인재 동반하여 떠난다고 나라를 흔들듯 세계에 알리듯 한 그날이 원망스러웠다. 뜻하지 않는 만행의 일들이 벌어지는 순간 하늘이 도와주신건지 도착 순간 오전 12시 55분. 버마 시간 10시 15분에 북괴 만행의 갑작스러운 난장판 하늘이 무너지듯 그네들의 본능을 발휘한 것이다.

북괴군들의 잔인한 행위에 우리는 참담함을 금치 못했다. 전두환 대통령 암살의 목표는 물거품. 계산에 착오된 그들의 만행 실패를 한 것은 죽음에 처해야 한다. 우리 대한민국은 분노에 취해 모두가 함께 억울하면서 국민의 소리들 크나큰 기둥 모두를 한숨에 없애버리고 뒤돌아 대한민국 헬기서 내리는 순간 국민들의 얼굴만 바라볼 때 그 얼마나 비참했으리오.

가신 임들 대한민국 샛별 우리 모두 원망스러웠다. 그러나 그분들의 가시는 길 명복을 온 국민이 함께 머리 숙여 빕니다. 이범석 장관 오른팔 왼팔 모두 잃은, 대한민국 대통령께서는 오직 그 아끼던 분들 억울함을 그 어찌 잊을 것인지요. 부디 그분들의 후손들에게 사죄하시는 것이 보답일 것입니다.

그러나 하나님이 도우신 대통령 내외분 순간에 천둥을 치고 번개가 번쩍이듯 슬픈 악몽을 져버리고 뜻을 합해 다시 한뜻 아래 광명의 빛이 되어 만세 삼창 부르면서 돌아가신 영령들에게 명복을 우리 모두 함께 빌며 도와주소서. 참담한 비극. 하늘도 울고 땅도 오늘은 이별의 이슬비가 내리며 눈물을 뿌립니다.

KAL 사할린 앞바다

사할린 앞바다 KAL 사건. 북괴 만행 우리들의 망원경 앞에서 빛 되지 못한 공산국가 애통했던 자유 민주 민족인들, 모두가 아픔을 금치 못하던 동포들이여. 비굴한 공산 국가 원수들에 이 어찌 분노하지 않으리까. 269명 비통하고 애통했던 그날. 우리 모두 잊어야 하고 명복을 빌어야 했다. 선량했던 국민들 죄 없이 가버린 분들 사할린 앞바다에 피로 물든 강물이 웬 말이던가요. 죽음 한 몸도 분노하련만 뼈마저 숨겨버린 이 억울함을 면치 못해 세계가 분노하며 우리 모두는 참아야 했다.

이제 회오리치던 거센 피바람은 모두가 잔잔해졌으나 그래도 이럴 수가. 다시 국적을 찾아 한자리 모여서 자기네들 가족 형태라도 보았으면 하고 간곡한 마음. 아무것도 없는 물결 망망한 대서양을 허무한 곳에 가족의 죽음을 애도하는 마음에 노랗게 핀 국화 송이를 한 아름씩 안고 빈 허공 그 자리를 잊지 못해 파도치는 푸른 물결 위에 날리면서 '고이 잠드소서', '우리 가족 곁에 돌아와 주소서' 하면서 명복을 빌었다.

이 장면을 본 국민 모두는 함께 하나 된 마음으로 슬피 울었다. 다시는 이런 비극이 없도록 공산국가 국민들이여, 우리 모두 아니 전 세계가 간곡히 바랍니다. 꿈 많던 영혼들이여, 애통함을 잊으소서.

✲ 우리 겨레 노래 ✲

해방된 민족의 노래

압박과 설움에서 해방된 민족 싸우고 싸워서 세운 이 나라
공상의 오랑캐 침략을 받아 공상의 오랑캐 침략을 받아
자유의 인민들 피를 흘린다
동포여 이 나라에 나라를 위해 손잡고 백두산에 태극기 날리자

＊어린 시절 힘차게 부르던 노래 머릿속에 피로 물들어 한 맺힌 염원.

어머님 은혜

나실 제 괴로움 다 잊으시고
기를 제 밤낮으로 애쓰는 마음
진자리 마른 자리 갈아 누으며
손발이 다 닳도록 고생하시네
하늘 아래 그 무엇이 넓다 하리오
어머님의 희생은 가없어라

울 밑에 봉선화

— 한 맺힌 얼

울밑에선 봉선화야 네 모양이 처량하다
길고 긴 날 여름철에 아름답게 꽃 필 적에
어여쁘신 아가씨들 너를 반겨 놀았도다

어언간에 여름 가고 가을바람 솔솔 불어
아름다운 꽃송이를 모질게도 침노하니
낙화로다 늙어졌다 네 모양이 처량하다

오동나무 비바람*

오동나무 비바람에 스치는 이 밤
그리웁던 내 동무가 모였습니다
이 비가 개이고 날이 밝으며
그리웁던 내 동무들 모였습니다

* 민족의 활기를 찾았다는 뜻입니다.

초여름

푸르름이 온 누리를 뒤집는 초여름
잔디의 전쟁과 민족의 얼 긴 세월
전쟁과 6 · 25 숱한 인간의 피 얼룩지리

망망대해

망망한 앞길을 바라보면서
아득히 보이는 희망봉으로
한 조각 인생 전 떠나갑니다

부산의 밤하늘

숱한 나날들 애틋함이 서린
망각에 흔적 무덤으로 쌓여진 잔디
푸르름으로 소리를 내듯
물길 700리 산길 900리 희망을 버리지 않고
걸어서 하늘까지 이 세상 끝까지

논개 동상 앞에서

거제시 구천 계곡

재물 탕진

옛 속담 3대 부자 없고 3대 가난이 없다고 했다. 1991년 할아버님 삶은 배창우 씨 집에는 황소가 굴러도 꺼지지 않는다는 별호. 배○○ 씨에게는 동거지 남부자라는 별호가 붙었다. 우리 인생이 걷고 있는 철칙인 것이다. 어머님은 소싯적에 하얀 박꽃이라는 별호가 따른 것이며 동리에서도 저분은 여군자(女君子)라는 주목을 받으며 살아온 길이다.

일생을 두고 가풍에서 살아온 그날 아들 탄생 칠거지악을 모면한 것이다. 하늘에 별처럼 달처럼 현실의 기쁨에서 두 부모님 세상에서 그 뭣이 더 할 바가 있으랴 하셨던 아버지 어머님.

어느 날 기쁨도 간 곳 없고 날벼락을 맞은 듯 세상은 암흑세계 말 못 하는 아다다가 된 기분이었다. 삶을 여의고 탄식과 통곡 속에서 자선사업을 뛰어 많은 사람에게 선행을 베풀며 보시는 분들에게 눈시울을 적셨다는 말을 입을 모았다.

50m마다 거리 시냇물이 넘치니 그날에 옛날 풍속 한량 기생들 데려다 돌팔매 던질 때 나무를 세워둔 채 맞히면 그의 대한 상금도 받으며 기생들의 처량한 소리 가락 '지화자 지화허 그자 지화자' 라는 노래 풍속. 많은 사람 그 한 골이 움직일 때 양말 벗은 발 적시지 말고 건너가게끔 물에 들어서시고 한 돌 두 돌 줄을 지어 놔 벗은 신발 주신다는 칭찬과 훈훈한 정으로 호평을 받았으나, 벗지 말라는 일념에서 정녕 아버님은 죄가 있다면 모든 속죄를 하신다는 마음으로 아들의 아픔을 물에 씻고 돌에 마음을 새겼다.

아버님의 영면 3년 후, 서울의 지붕 밑

함께 자취를 하던 친구를 찾겠다고 다짐한 바, 마음을 먹고 고향 아버님 제사를 지낼 거라고 하며 거제도로 내려갔다. 모든 제사 준비를 다해 집에 가서 밤새 말없이 딸의 죄를 고했다. 영전에서 한 맺힌 묵도하면서 아버님의 길 명복을 빌면서 어머님께 못다 한 효성을 할 것을 심적으로 다짐한다. 세상에 아무리 둘러봐도 내 어머님 같은 분은 별로 보이지 않는다. 아직까지 부모님 두 분 원망해 본 일은 한 번도 없으며 그 정이 그립다. 누구나 다 똑같은 생각일 것이다.

이튿날 친구 친척 집 가서 주소를 찾아 든 채 부산에 도착. 7일간 맡은 일 다 마친 후 서울 봉천동 영신중학교 앞에서 조그만 점포를 운영. 오랜만에 만나니 할 말이 없어 10년의 세월이 묶은 하루 같다.

그 후 부산에 온 3개월 만에 다시 가 보니 그는 경상도 하동을 떠났다. 서울에서 10일간 머뭇거리다 부산을 내려왔어도 가슴이 벅찼다. 서울 하늘 아래가 뭔지도 모르고 가고 싶기에 허공만이 남은 세월 간 곳마다 반갑게 대해주련만 항시 누군가를 그리고 있다. 이제 그에게 할 말이 있으나 전할 길이 없어 찾아온 것이 그는 누구를 따라 먼 곳을 떠났으나 후에는 만날 길이 없었다.

다시 15년 만의 만남을 진주에서 상면. 서로가 변함이 없이 강이 흐르듯 냉철한 인삿말과 뜻 없는 얼굴. 다시 나는 집으로 돌아와 연락. 마산도 서울도 만남의 길이 열렸다. 전화도 서로 하며 하나님의 형제로서 보람을 느끼며 살아가는 삶.

언니는 이동

부산에 살던 언니가 충무시에 자리를 잡고 거주하게 된 것이다. 나는 얼마 후 충무로 내려가 보았더니 벌써 자리 잡고 유지하며 살아간다. 3일째 되는 날에 답 없이 집을 내놓았다기에 싸게 계약을 했으나 너무 생각 없이 하는 것 아닌가 부산을 가면서 심히 걱정이 앞섰다. 잔액을 가져와서 전세 주려면 주라고 했더니 1년을 계약하며 충무로 내려오게 된 순간의 생각이 일생을 좌우하는 듯했다.

경험 없는 영업 시작하면서 주변 인사와 협회 인사와 가입도 해야 하며 미신의 굿도 또 많은 사람을 구해야 했고 정말 뭔지도 모르겠고 그저 무법으로 시작한 것이 많은 화근이 온 것이다. 3일째 되니까 불량배들과 경찰서 문을 드나드니 아우는 그만 두자고 할 때 난 한 번 계약을 하면 끝까지 인내심이 있어야 한다는 결심 아래 많은 손해도 보면서 아우는 미국을 1년만 있으면 갈 것인데 왜 사서 고생을 하니 내 자신도 뒤늦게야 후회했으나 어언 1년이 다가왔다.

3명 식구는 자고 이른 아침이 되면 서로의 얼굴을 마주보면서 침묵 속에서 행동만이 하루를 기약하는 태도뿐이나 지겹기만 하다. 우리 인간은 울음도 증오도 길지는 않다고 했듯이 한 번 죽음의 문을 지나며 그것은 우리와 관계없는 것일까. 그래서 우리는 역사 속에 뒤돌아보며 지워지질 않는다. 이래서 자신의 몇 가지 고독과 장애 처하여 반심에 놓여 사는 인간의 자체 못난 자신의 마음이 아닌가 하고.

달빛 속에 인생

인간의 생계는 바뀌어 멀고 먼 훗날 현실을 채찍질하는 것일까. 누구나 그 이름 황홀한 꿈속같이 하늘에 그 모습 나타내며 번쩍 눈을 뜬다. 세월 속에 묻혀 바보같이 살아가는 인생 수많은 곡절 뒤안길로 밀려 책임 의식하는 현 사회 날개를 펼치리.

세상이 싫고 화날지언정 겉으로는 웃고 살아가는 것이 현명한 것이다. 우리들의 늙음은 흔적마저 사라져 탓할 것이 뭐 있으랴. 길 없는 암흑세계 아무도 없는 허공 다시 찾는 그 사람. 눈물로써 잊어야 하는 석별의 인사. 인종도 다르며 언어도 다른 곳에서 파란을 겪으며 하루하루 그 외로움을 많은 세월 속에 인내할 수 있을까 염려된다오.

사랑하는 승(承)이 미국과 한국 하늘의 비행 조종사 되어 올 거라는 그의 말은 잊지 말고 약속 기억하길 바라고 약속 지키기를 바란다. 이곳 식구들에게 정만 남겨두고 6년간의 꿈은 창공에 날리고 떠나가는 너에게 고마운 보답은 언제 다할 것인고. 무거운 마음 죄를 짓네요. 부모 형제 다 버리고 이국땅으로 떠나는 너. 할 말을 잃어버린 듯. 사랑하는 광승(光承)이 지어진 그 이름 길이 빛날 것이다.

광승이, 해숙(海淑)이, 유구년, 4명이서 마지막 밤을 호텔 내부에서 밤새 눈물 속에 울어 나온 노랫가락. 석별의 노래 부르다 밤새 울다 아침이 되어 유 언니와 4명은 하루에 그 얼굴 익히며 울면서 웃어보는 순간 어느덧 달리는 택시는 공항을 직진 달리며 보내는 마음 시름을 달래주는 그 눈빛들. 우리는 모두가 부둥켜 울었다. 오캄포 광승이는 로스앤젤레스대학 사립학교 간다는 말이 끝이다.

세찬 바람

30세 때(음력 1월 15일)

세찬 바람에 노크하는 창문 조용히 내려다보는 커튼. 눈부시게 비쳐진 가로등 불빛 속에 환상의 그 얼굴 그리면서 산다. 울면서 산다. 잠수의 휘파람 내 마음 고동 소리 잔잔한 은빛 노을 내 마음을 잠재운다.

보름날

남해대교 보름달 창밖의 거울 한적한 여인숙 달빛은 환하게 비춰온다. 들려오는 노랫가락 소리 살며시 열어본 창문 우뚝 선 소나무 사이로 보이던 여인네들 춤추며 노는 모습 옛날을 말해주듯 옛 풍습의 장단 한스러운 뻐꾹 울음소리에 초인종이 울린다. 들려오는 소리마저 원앙새 울음 소리 두 마리 비둘기는 행복도 하노라. 까치야, 울어다오. 그 임의 소식. 거울아, 비춰다오. 그 임의 얼굴. 녹음에 실은 테이프 그 임의 음성 꿈 아닌 현실은 허공을 맴돌았다. 말 없는 석상은 한 봉오리를 꽃 피우듯 술래잡기 바위는 방향을 타며 한 인간의 존엄성은 발자취를 따라 세상에서 제일가는 밑받침 되리라. 그 임들의 목마름을 구조하며 사랑하고 아름다움을 간직하여 대자연의 날개 아래 나의 한(恨). 내 몸에 흐르는 땀은 샘터가 되노라.

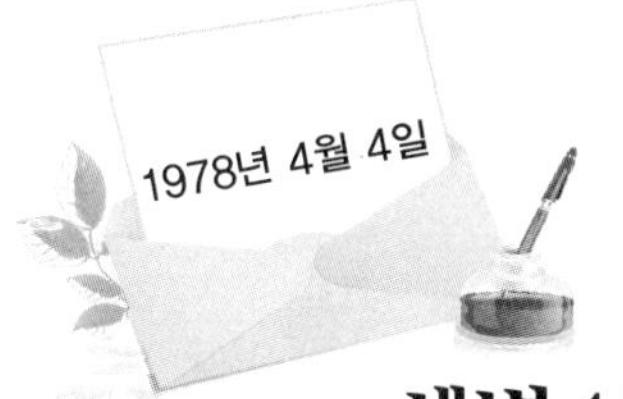

새벽 4시 20분, 간디스토마를 앓던 23세 배철환 자진

배철환

내가 이사를 한 후 3일째 들던 날 어머님께서 병원에 데려다 두고 정신없이 가버리기에 택시를 탄 채 어머님을 모시고 가다 이 병원인지 몰라 세 곳을 찾아가니 벌써 그는 목에 구멍 뚫어 산소 호흡기를 사용했다.

이때 마침 언니도 있고 환수가 데리고 와서 할머니와 함께 앉아 보는 순간 눈을 뜨고 볼 수 없는 조카의 운명. 이름을 부르면서 담요를 깔아주니 엉덩이를 움직여 줄 때 그 아픈 마음 억지로 참고 언니는 임시 입을 옷과 마지막 옷을 가져와서 입힌다.

이름을 부르면 눈을 조금 떠 보는 그 아픔. 할머니가 그렇게 보겠다는 것을 못 보게 한 것이 후회됐다. 마침 이사한다고 언니도 오고 환수도 왔고 한데 언니 말이 엄마 조카 손자가 정신없이 휘젓고 나갈 것이라고 하니 자고 나니 가고 없던 그.

3일째 그는 약을 먹고 국민병원에서 자진. 사유는 간디스토마 병을 두고 투쟁 끝에 비관으로 약을 먹은 것이다. 영영 세상을 하직한 후 49재를 올려 두고두고 지내줄 것을 다짐하며 충무에서 아무도 없는 골목만을 찾아가면서 3년 동안 이름을 부르며 울고 다녔던 고모. 무척이나 착하고 제일 좋아했던 조카 인생살이 느낀 점. 자기보다 나이가 아래 된 사람의 비극은 너무도 참담하고 자기의 죽음과 다름없는 아픔이라고 말한다.

시간이 갈수록 숨소리는 더욱 늘어져 아픔을 주는 신음 소리 볼 수가 없고 새벽 4시 20분 그는 숨을 거두었다고 할머니 모르게 신호를 한다. 이때 모두 울먹이는 울음을 터트려 큰 소리로 이름을 부르며 어쩌다 한을 남기고 모두에게 못을 박고 가는 거냐고 통곡과 탄식을 하였다. 고모와 병원에 가겠다고 약속하였으나 그 시기에 못 간 것이 이렇게 엄청난 환난에 부딪히고 말았나. 고모가 방심했을 때 너마저 운명에 처했나.

애통한 철환아, 너 고치기 위해 고모는 논을 1마지기 주었어도 못난 부모 때문에 너의 병을 못 고치고 애원하다 갔느냐. 나는 너 잃고 검찰청, 파출소 다니다 보니 애틋한 네 얼굴도 못 본 채 장례식 모든 절차는 내가 다 맡아야 했다.

너를 해부하지 않기 위해 고모는 뛰어다니다 어느덧 3일장을 시작. 그래도 고모가 뛰어다닌 보람이 있어 덜 애통했다. 고모가 자식같이 믿었던 너. 고치려고 병원에 왔건만 싸늘한 주검이 되었으니 이 애통함을 무엇으로 어떻게 말하리까.

평소에 과자도 사탕도 좋아했으련만 마음이 아프다. 미리 갈 것을 예비하느라고 백합 사진관에서 사진도 일곱 장이나 남겨두고 패스포트에 5,000원 사진과 함께 생활 기록도 모든 증표를 형님께 보라고 쉽게 두고 갔느냐.

가기 싫은 화장 30분 동안 머무니 담당자가 도착. 철환이 마지막 불꽃 활활 타서 좋은 곳에 가라고 고숙이 불탔다고 소리쳤다. 자식을 잃어 너를 못 보는 그 슬픈 마음, 부모의 심정은 오죽하냐마는 고모가 논을 앞을 주어도 고칠 생각이 적으니 비관해서 운명한 것이다.

못다 한 원한을 다 씻고 남은 부모 형제 함께 다 원한을 풀며 고모에게도 미처 병원 인도 못함이 죄스럽구나. 사죄한다, 우리 배철환.

오빠의 설상가상 맹장 수술

누구든 근심이 떠나면 죽은 목숨이다. 아들 사망 4일 만에 절에 올렸던 오빠는 급성 맹장을 앓아 팔십 노모와 함께 병원을 가자고 재촉하니 하늘에 비는 폭포같이 내리는데 바보 같은 마누라는 집에 있고 팔십 된 엄마가 충무병원에 인도를 했다.

우리 모두 아들의 죽음이 가시기 전에 병원에서 보호자를 찾는 것이 내 이름뿐이니 태풍 때문에 갈 수가 없어 형제간 4명이서 비를 맞고 이곳저곳 회사 차 한 시간 동안 감기 든 언니까지 동원하여 알아보니 배 한 척이 간다고 하기에 오빠 사위까지 5명 충무 내려 병원을 들렀더니 급하니까 팔십 노모와 수술한 채 병실에 누워 앓기에 너무 안쓰럽고 노부모와 누워 있는 아들에게 손자의 원망을 하며 서로의 마음을 상하고 있으면서 엄마는 손자 때문에 속이 답답하니 방에서 울면서 뛰기 시작하였다.

사위는 너는 아프니까 병원을 와야 하고 아들은 무관심하지 않았냐고 철천지원수 원망 후 내 자신도 오빠에게 하고 싶지만 아픈 사람 보고 더 이상 말할 수도 없고 이튿날부터 친구와 양식 갖다가 식사를 해먹고 나의 언니는 부식 값 대며 내가 밥 사 먹여서 경기도 가버리고 형제간 묵시. 큰언니는 의사들께 선물 담당, 작은 언니는 일주일 만에 음식을 2번씩 해다 주며 우애. 언니는 점을 쳐 부식 값을 대고, 나는 의사의 면담과 그의 간호원 모두에게 항시 잘 봐 달라고 역시 선물도 여러 가지 일을 보면서 25일 만에 퇴원을 했다.

엄마, 90세까지 오래 사세요

자녀들의 힘으로 세상을 의지하고 살아오시던 엄마. 70세에 아버님이 가신 길이 조금 슬펐는지 엄마가 하루가 멀게 주름이 늘고 더더욱 늙고 상한 마음을 면치 못하는 듯. 손자 뒷바라지 하느라고 아버님 보호 못함이 너무 가슴 아프다. 하루아침 조밥 잡수시고 곧 돌아가신 아버님 애통하기만 한 자녀들 말 못 하는 아다다가 되어 삶을 마감하신 아버지. 한이 많으신 아버님 자녀들은 고개 숙여 명복을 빈다.

이제 "엄마는 80세까지 사세요" 하니 한참 있더니 "내가 팔십이 넘게 되면 져다 버릴래" 하시는 유머가 능숙한 엄마. 그러기에 "아니, 엄마 90세까지 사세요" 하고 서로가 웃었다. 89세까지 사시다 운명하셨다. 딸의 욕심에 90세까지 사셨으면 했던 마음이었다.

생전에 내가 죽거든 주먹 같은 돌에 파래가 끼어 있을 것이라고 말씀하시고 할 말을 잃고서 먼 산만 바라보는 어머니였다. 어디론지 훨훨 날아가고파 건너편 길에 달리는 차들만이 바라보면서 80줄에도 제사상 차림에 시장 보러 오셔도 조용히 봐 가시고 아예 누굴 의지하시지 않았다. 며느님의 처세에도 미루지 않고 조용히 일하셨던 엄마. 숨은 눈물 흘리시면서 세상을 하직하신 길, 명복을 빈다. 못다 한 막내딸이다.

떠나는 순간까지 눈을 감지 못한 엄마. 딸들을 의지하며 세상을 의지하며 사신 엄마. 아버님께서 70세에 별세. 어머님은 69세 두 분이 일생을 두고 말없이 조용히 살아오시던 두 부모님. 누구에게 마음에 한(恨)을 표시도 못한 채 하루하루 주름살이 가고 있다.

손자들 뒷바라지 하느라고 아버님 보호를 못 하시고 비보 받고 가실 때 아침 말 없는 엄마 3일 후면 고향을 가실 건데 외손자의 결혼

제주도 산방산

이 앞당겨져 모두가 모여 갈 준비 중. 아버님은 손녀를 업고 너의 조모님이 3일 있으면 올 것이라고 하면서 기다리는 마음. 며느리 짜증에 못 이겨 식사 중 급체를 하셨다. 조용히 운명하시고 엄마와 아버지는 약 3개월 이상 떨어져 아버지 시중도 못 든 채 가셨다. 그 쓰라린 여한을 풀지 못해 흥얼거려 노래를 부르며 세월을 보내면서 부산을 통영을 다니는 것이 한숨을 덜어주는 지름길이었다.

3개월간 간호를 했어도 육신의 고됨이 없고, 잠을 자도 피로치 않았다. 다만 하루라도 앓지 않으면 하고 바라보며 가슴이 아팠다. 고등교육 받은 딸의 친구들이 어머님께 말씀 듣게 간다기에 물으니까 어머님 말씀이 대학 교수보다 더 낫다는 말이 고마우며 늘 그 생각이 떠오른다. 어느 누구라도 귀한 음식과 물건을 주어도 얼른 받지 않고 조용히 사양하며 모든 예법을 지키는 상식 있었다.

지금도 동네에서 그전의 함께 보신 분들은 모두가 다 세상에서 아버지 어머니처럼 이웃을 알고 사회를 알고 가족 친지들께 빠짐없이 모든 인사와 배려를 한 분은 하늘 아래 없었다고 입을 모은다. 엄마는 늘 아카시아 나무처럼 보일진대 할아버지가 면장님으로 계실 때와 힘들게 살아온 한 세월 내가 죽거든 머릿속에 흰 댕기를 너희들이 꽂으라 하였다. 머슴이 3명인 대(大) 종갓집 아래위 팔간 대문 집채 힘겹던 아버지, 어머니 함께 만나시기를 빕니다.

부모님의 인생길

— 상심

이제 세월 속에 무엇을 해야 할지 모르겠다. 젊음도 인생의 길도 현실에 아무 계획이 없다. 일본 작은 아버님 오신다기에 기다려지며 1년 전에 숙모님께서 저에게 매사에 잘해 주셔서 장례식에도 참석했으나 그때는 아버님 참석 못 하시고 일 년 후 오셨을 때 아버님께서 매사 일을 나에게 인정하시고 자기가 만약 일본 가셨다가 그곳에서 별세하시게 되면 한국에 묻힐 것이라고 하시면서 공항에서 영접하여 모든 일에 책임을 말씀하실 때 거부했던 것이 마음 아팠다.

아버님은 친형님 곁에 누을 거라고 말씀하시며 자랄 때 서로의 투쟁 한 번 없이 모범 형제간이라 꼭 같이 묻히고 싶다고 산판 1정보를 사서 두시고 했으나 돌아오지도 못하시고 타국에서 숨을 거두신 걸 생각하면 내가 거절한 죄목이 아닌가 생각이 든다. 내가 한 말씀 드린 것은 아버지 곁에 엄마가 가야 하고 아버님 누울 자리는 그곳에는 없으며 아버님 산판 1정보 다른 곳에 있다고 말씀드린 것이 현재 할아버님 아버님 산소는 제가 산판에 대해서 일을 봐 줬더니 동리에서 수고비 대신 받은 500평이라고 말씀 드렸더니 별로 인상이 좋지 않은 순간 끝으로 제가 아버님 요즘은 화장을

해서 저 좋은 곳에서 뿌려 버리지 묘소를 따로 쓰지 않는다고 하니 아버님께서 하시는 말씀. 그럼 밖에 나가다 사립문에 흩어버리지 뭐라고 멀리 가자고 하느냐고 답을 하신 후 일본으로 가셔서 소식도 끊어졌던 지금 알아 자기 친아들은 일본에 있고 친딸 3명 있어도 보호도 싫다고 하시던 아버님.

인생은 자기 주어진 운명대로 살아가는 것이 인생이라고 합니다. 아버지는 친구 아버님 부탁을 받아와 꼭 찾아 보신다기에 제가 앞장서서 인도했으나 그의 주소는 찾지 못하고 형제간들 주소 찾아 만나본 후 자기네들이 서울 와서 찾아뵙고 그 길 우리는 모두 이별을 재촉한 것이었다. 늘 잊을 수 없는 상심.

괴로운 행복

— 형제간의 여행길

큰언니 형부와 서울길 여행을 가자고 하는 의견이 있다. 그러면 다 갈 수도 없는데 다만 나를 데리고 가려는 뜻. 함께 데리고 가고 싶은 언니는 못 가겠다 하고, 멀미 때문에 아무 데도 못 간다는 올케 언니는 갈 듯 말 듯 애를 태웠다. 그러더니 겨우 충무까지 와서 미장원 머리 손질해서 보냈는데 큰언니 부부와 언니 한 사람, 조카 둘, 나 6명이 데리고 상경하는 도중 어지러워하여 할 수 없이 서울을 들러 경기도 오산까지 다녀왔다. 그 길이 일주일이었다. 나에게는 6개월보다 더 힘이 들었다.

경제도 내가 해야 하고 가이드도 내가 해야 하니 마음도 여러 가지 아픔이 가시기 전에 나에게는 크나큰 고통이었다. 집에 오빠라는 분이 하는 말, 막내 동생은 차로 치면 차 브레이크라고 말하면서 소득 없는 일에 앞장 서는 사람이라고 늘 남들도 그렇게들 말한다. 여조카는 시중을 들기 위해 함께 가고 남자 조카는 마음 바람 쐬게 해서 함께 가서도 그는 마음조차 괴롭히며 자신은 주어진 일들이 피할 길이 없다. 모든 것이 부족하나 누구나 인정하고 믿어주니 감사한 마음뿐이다. 괴로웠던 추억도 지금에 와선 감회 깊은 여행 그립기만 한 여행일 뿐.

수술이 잘못 되어서 재수술을 하면서 고생하는 것을 보니 너무 마음이 아프며 어쩌다 나에게만 무거운 일 여건만 생기는지. 섬에 언니는 그 길 들어가지도 못하고 계속 퇴원 시까지 함께 있었다.

공들여 낳은 아들 누구에게 환영을 받을 것인지 형제 아니면 누가 딸 칠 공주 어린 3명은 하늘나라 보내고 아들 하나 기대어 세상에서 천대를 받아야 하나 너무도 애통하고 병든 오빠 불쌍하기만 하다.

아들마저 잃고 못다 해 준 잘못이 그 얼마나 아프리까. 논 부동산 200평 준 것. 아들을 병 고쳐주지 않고 자기 맹장 수술 2번이나 해 25일 만에 퇴원비 큰언니가 대신 주어서 40만 원 계산했는데 논 한 마지기 팔아 자기 병원비 했던 것이며 자녀들은 한 것이 아무것도 없어도 낫고 나서 자기 자식밖에 없으며 그 후 부동산 천 평 중 800평 팔아 100만 원 나에게 주고 배보다 배꼽이 크다더니 300만 원 돈 저에게 묻지도 않고 팔아 챙겼어도 오빠가 알아서 하겠지 했더니 형제간에 못할 일을 했다는 걸 알고 갔는지 참 한탄스럽습니다.

70줄에 서고 보니 오빠의 자녀들이 너무 나에게 인색한 것이 섭섭하며 지난날의 일들이 애통하게도 눈물지게 분노하며 마음속 문을 닫고 뭉쳐 있는 응어리 죽음에서도 풀지 못하리다. 세상 독신으로 혼자 사는 분들께 알리는 말씀. 친정이 어찌 되었든 자기 부모 아니면 돌아보지 말고 자기를 위해 살아야 한다는 일념. 후회는 뒤늦게 보람 없는 일이라오. 호소문은 누구에게.

부산 복음병원, 형부의 유언

부산 복음병원 일 년 될 때 단 1번밖에 못 간 것에 처제로서 죄송함을 금치 못한다. 마지막 막내 처제에게 유언이 있다는 말 한마디 전해주기 위해 빠른 시일 내 상면을 요청하셨으나 너무 바빠 3일 만에 가려니 앰뷸런스에 몸을 담아 말문도 막힌 채 아픔에 못 이겨 괴로움을 당하는 그 얼굴만 바라보면서 나는 울면서 유언의 제목이 궁금한 차 언니가 하시는 말. 85세 장모님이 주어진 운명대로 살아가게 자식 된 도리로 살아 있는 동안 서로의 원망 말고 보호를 잘 해드리라는 그 말씀을 전할 뜻을 막내 처제를 기다렸으나 상면하지 못해 숙제의 아쉬움을 남기고 돌아가신 형부 영전에 죄스런 사죄를 올린다.

형부 세상에서 누구든 부부 정(情) 본받을 수 있는 잉꼬 부부란 모두가 우러러본 사람들의 말들, 입을 모은다.

두 번째 거제 둔덕면 내 창조 후 배복연 언니의 학교 2회 동창생 형부는 급장을 했으며 그렇게도 착하고 고울 수가 없다는 것. 故 배복연 언니, 그때 시절 경남 진주 자수중학교까지 졸업한 큰언니 78세에 세상을 하직했을 때 모든 행정계 있는 분들께서 둔덕면 여걸 떠난다고 모두가 아쉬워했다. 국민학교 동창이었고, 나이도 한 갑장이었다.

그러나 배움이란 사회적으로 본받을 만한 우수한 일들이 많다. 첫째는 종갓집 노 할머님과 온 가족을 잘 보살피며 어려운 난관을 극복하며 팔 남매 고루 학업을 졸업시켜 동네에서 이름만 효도라고 인정하며 부모의 교육이 무척 훌륭했다는 그 말을 증표를 남겼으나 형부는 거제중학교를 졸업. 겨우 면에 행정사원 월급 조금 받아 언니가 고생이 많았다고 60세 유언을 남긴 회포를 풀어보았다. 큰언니 형부가 66세 세상을 떠난 후 매일 노인대학 거제 여간부는 다 맡은 듯. 매일 봉투를 든 채 이곳저곳 다닐 때 막내 동생은 자랑스러웠다.

엄마의 서러운 가슴 깊이 파래 낀 돌

고향 어머님은 당시 87세 정정하긴 했어도 마음은 그 얼마나 늙으셨던가. 큰언니가 생전에 있을 때 막내로서 힘이 실렸던 어깨가 돌아가신 후 사랑하는 엄마도 형제들 3명 3년간 1년에 한 사람씩 세 사람이 떠났으니 내 자신은 진정으로 정(情)이 흐를 곳이 없어 서럽기만 했다.

큰언니 두 분의 무덤 안식처 빛나는 묘소 앞에 늘어놓은 우뚝 선 비석에 새긴 글. 그 이름 영원히 기록하여 후손대대 염원의 길을 기약하며 명복을 빕니다. 이제도 언니, 오빠, 작은언니 3년간 세 사람 갔으니 세상이 무의미한 것이다.

그러나 모든 일들은 순조롭게 풀어가며 어떠한 사항이 있을지라도 인내하며 은빛 파도에 휩쓸릴지라도 꿋꿋이 설 것을 다짐한다. 때로는 세상을 살며 뒤에는 검은 그림자가 어둠 속에서 마치 고양이 눈빛처럼 보여지는 어느 한 순간 안식처인데도 두렵기만 한 것이다.

아쉬운 지난 옛일들을 추억 속에서 더듬어 본다. 지긋지긋한 운명은 저 멀리 지평선 어둠 속에까지 묻히며 다시 살아 푸른 잔디 새싹 많이 푸름에 늦은 꽃잎처럼 시든 내 얼굴. 공사 중 연극 같은 설계를 모래 위에 집을 짓듯 하지 않으리라.

세상에서 원망 없이 만난 부모님. 자녀들을 늘 사랑 가운데 꾸중 없이 길러 주신 내 부모님께 70이나 살아온 딸도 존경스럽고 세상에 양반이라는 인정받으시고 늘 군자라는 말씀을 들으시며 살아오신 부모님 두 분께도 늘 함께 명복을 빕니다. 사랑하는 부모, 형제 꿈엔들 잊으리오. 시간마다 생각나는 부모님 많은 보답 못한 것 늘 사죄드립니다. 내 부모님.

하늘을 보면서 한을 남긴다

안개가 묻어오듯이 저희 식구는 세상이 무심하다. 기대했던 현실을 꿈을 꾸던 식구 모두 하늘 보며 탄식이요, 땅을 보며 통곡이요, 부모님들의 아픈 상처 눈물이 모여 비를 뿌린다.

굴러도 안 꺼질 재산도 탕진되며 구슬 같은 아들 하나 희망이 부풀었던 자녀 천장 보고 누웠으랴. 벽을 보며 누웠으랴. 어느 날 식구 모두 하늘이 무너진 듯한 하루. 당사자는 비할 바 없는 인생살이. 암흑세계를 파고들며 면치를 못한 한 세상 죽음으로 물들인다.

학모 쓴 그 희망, 한 나라를 좌우할 듯했으련만 인간은 벗어날 수 없는 운명 앞에 고개를 숙여야 하는지 온안하고 다정했던 행복한 식구들은 삶에 설계마저 잃어버린 채 모두가 방황한다. 원한에 싸인 부모 형제 선행을 베풀며 살아온 길. 종말에 신의 보답이 이것이 전부이던가요. 무심한 세상.

형제의 의존

엄마 지켜봐 주세요. 시야를 넓게 보며 살아갑니다.

나는 막내로 태어나 부모님과 형제를 의지하면서 많은 사랑을 받으며 행복하게 살아온 철모르는 막둥이었다. 늘 나는 쇠약해 가냘픈 몸, 약으로만 살면서는 하루도 상쾌하고 밝은 날이 오지 않고 겨우 세상을 헤치며 살아남는 고개 숙인 풀잎처럼 멍들며 자랐을 뿐이다.

그래도 오빠가 학생 몸으로 있을 때 무척이나 잘해 주었다. 물론 언니들도 모두가 한마음 동생에게 듬뿍 주던 그 사랑 여한이 없이 자라던 그때 지금은 먼 옛날의 그림으로 엮어질 뿐이지 지금에 와선 내 자신이 그 시절의 세월처럼 매사에 믿고 의지한 것이 어리석고 후회스럽다.

친정에 부족함을 채워 어렸던 사랑의 보답을 하느라고 나는 오빠의 뜻을 따라 부동산도 농촌에 필요한 동물들도 원한 대로 이루어 주었건만 지나고 보니 부모님도 형제도 다 고인이 된 후에야 그의 자녀들 고모 냉대를 하며, 저에게 무엇을 해 주었냐고 반박. 나로서는 황당하며 더욱 분노에 취해 늦었지만 글을 올려 보면서 나의 한(恨)을 달래기도 하며 병이 드는 것이 현실이다.

부동산 1,000평 팔아 100만 원 손에 쥐어 주어도 설마 오빠는 그렇게 경우 없이는 하지 않을 것을 믿고 한 것이 10년 만에 본 가격도 못 되었다. 본 가격도 채우지 않고 전해준 형제 누구를 위해 사랑에 돌변해 제외 욕망의 삶을 담뿍 실어 있으니 후손에게 물려준 오빠. 철천지원수 야속한 오빠. 동생으로서.

유림식당과 아파트

어느 날 광명사 가니까 사모 친구와 자주 만나 많은 얘기를 주고받았다. 그러고 보니 자기는 심상히 나를 만나 춤의 야심에서 유림식당을 찾아왔다. 하루는 자기 집 남편은 공직이라 숙직이니까 가자기에 따라가 보니까 만찬을 준비해 둔 채 춤을 배우는 것을 요하기에 그날 밤 술 한잔 마시며 열심히 돌려주다 보니 날이 새기에 돌아왔다. 이웃에 들리지 않는 아파트라며, 그는 속셈이 자기 집에 이사를 오라고 하면서 하숙을 하라는 말에 생각을 하다 보니 일주일 다니다 이동하게 되었다.

자신은 늘 웃고 다녀도 외롭고 혼자 있는 기분. 누구의 정보다 누군가에게 의지를 하고 싶다는 갈망에 끌리기도 했다. 어느 날 엄마가 가니 대접을 잘해 주어서 늘 고마운 마음뿐. 하숙집에 저의 조카들이 와도 매우 대접을 잘해 주기에 모든 것이 감사했다.

그 후 조카들은 가로등 영업소를 차리게 되었고 나도 그곳에서 떠나게 되었다. 하숙비 15,000원 부식비 따로 쌀 80㎏ 주면서 약 7개월 있다 서로 불편하기에 이사를 했다. 가로등 책임지고 있으면 월급 15만 원 받고 관리를 했다.

이렇게 있다 독립을 하기 위해 동호동으로 이동, 장사를 하려고 막상 생각하니 용기가 없어 3개월 있다 다시 이동. 백화점 초 시작할 때 조카 2명 데리고 와서 금잔디라는 간판을 붙이고 열심히 하니까 그 라인에서 최고 상업을 진행했으나 긴 세월이 아니었고 백화점 개업 1년 6개월 경영 중에 각자가 갈 길이 있어 다 길로 찾아간 후 권리금도 없고 할 때 외투 400만 원 어치 가지고 집에다 걸어둔 채 옛

아파트 하숙하면서 보험 회사 합동 일일 관광

날 보험에 도움 준 집 찾아다니면서 사람의 치수 따라 선물 배당을 한 후 상업은 끝났다. 조카에게 점포를 차려주기 위해서 권리금 200만 원 내 점포에 두고 판매했다. 남자 옷 못다 팔아 옷만 남았을 뿐 400만원이라는 막대한 손해를 보았다. 조카 문제까지 힘들었다.

낮에는 시내, 밤이면 새장에 들듯 집을 찾는 나 포근한 안식을 취한다. 남은 것이 건강뿐이었기에 이것이 인생길이라고 살아가는 인생.

밝은 달빛이 관광호텔 정문까지

분잡했던 선거는 끝이 나고 혼자서 달이 밝으면 일과를 마친 후 택시를 탄 채 약 20분 거리를 달려 충무관광호텔 정문 앞 정원까지 도착하면 다시 걸어서 '저 달이 밝혀주는 이 창가에서' 라는 노래를 부르며 뒤돌아보면 아무도 없는 그림자일 뿐, 자국마다 눈물이 고인다. 한숨을 쉬며 도착한 종착역에 버스가 대기, 나를 기다리는 듯 고마웠다.

그 후 부산의 친구 황옥자 자기 집은 병원을 하니까 내게는 늘 물주로 여겨 서로의 씀씀을 베풀며 살아가는 절친한 친구라. 충무에 오는 그날에 선거에 위안을 태평양 클럽에서 멋있게 쓰면서 그동안의 피로를 한숨에 풀기도 했다. 그믐날 밤에 길을 터덜거리며 용화사라는 곳을 올라가는데 비치는 차들의 불빛에 서로가 마주친 광명사 안경점 여(女)아우였다. 자기 주인댁 가서 차를 한잔 하고 가라기에 하면서 사장님과 사모님도 함께 덕담을 늘어 서로가 서로를 보고 반갑다는 웃음을 크게 웃고 나니 하루의 일과를 그 지친 시간들로 다 해소한 것이다.

이른 새벽 교회 종이 은은히 들려 노크를 하듯이 문을 열어 새해를 맞았다. 올 한 해도 열심히 뛰어야 하기에 거제도 어느 마을에 가니까 둔덕 칠한량 배순자라고 있는데 요즘 어디 살고 있는지 궁금하다고 하니 곁에 일원이 바로 여기가 배순자라고 하니까 순간 반가워서 맥주를 대접하기도 하고 뜻이 고마워 대신 충무 오라 해서 저의 식당에 앉아 식사 대접을 하면서 옛날에 이런저런 먼 데서 본 친구였다. 그래도 지금에선 조금 난 그렇게 알지는 못하지만 짝사랑의 대상이었던가. 사람이 살면 언제인가 산 사람만은 다 만날 수 있다고 한다.

백화점 경영, 85세 된 엄마

백화점 점원 김숙희

상업을 시작. 조카들을 데리고 경영해야 하기에 큰 집을 마련했다. 남자 조카를 도와주기 위해서 곁에 두고 함께 거주하며 있은 것이 후회가 되었다. 내 이익을 떠나 그네들을 도와주려다 원망이 되돌아오기는 내게 일상생활인 것이다. 만 2년 끝나고 혼자서 궁리하다 보니 여자 조카 결혼할 때 옷 1벌 선물하고 못 간 것이 못 왔다는 그 말 섭섭한 생각이 지금도 그 말 한마디 남아 있다. 설이라고 고향 왔다가

가면서 함께 있다가 오후 부산 엔젤호를 태워 보낸 후 혼자 집에 와서 허전함에 몸이 아팠다.

그 후 5월 8일 어버이날, 어머니와 언니 세 사람이 갈 곳 없는 충무 시내를 들르고 왔으나 서로의 위안을 하면서 옛날의 아쉬움을 그려본다. 뒤에 들은즉 손자를 그렇게 귀하게 길렀건만 충무에 있는 것을 알면서 모른 체 거제도까지 친부모 찾아 다녀온 것을 알게 되자 우리는 실망이 크다. 나는 집을 찾아 힘없는 발걸음 울면서 웃어보는 발길. 생각은 숲으로 돌아갔다. 하다못해 대구 시내를 한 바퀴 돌아보면서 삶에 터전은 보이지 않기에 고향 충무로 내려와 지난날들의 모든 곡절 다 날려 보내며.

그러던 어느 날 진주시를 떠나면 기사 뒷자리는 항시 내 좌석이었다. 대화를 하면서 좋은 음악 때문에 앉아 그 노래 가사는 누구를 체험하는 것처럼 어느 곳을 가더라도 음악 속에 살아가는 한 맺힘. 인생 업어다 난장 맞히는 시늉은 내가 바로 그 장단에 춤을 춘다. 친구 4명이서 부산의 거리를 택시를 탄 채 하루 즐겁게 놀다 바로 오색 불빛 아래 만남의 기약하면서 헤어짐을 다짐. 집에 도착했다. 이곳저곳을 가도 친구는 많지만 나는 항시 외로움은 면치를 못하면서 혼자 독신으로 살아가는 것이 나의 운명인 것 같구나.

남해대교 무전여행

엔젤호 몸을 싣고 무전여행을 떠났으나 첫 길이라 서슴다 보니 해는 서산에 걸쳐 하룻밤 안식처를 찾아야 했다. 한적한 여인숙 2층을 들어선 기분, 세상에서 이렇게 따뜻하고 안온한 안식처가 또 있으랴. 모든 것을 다 잊고 푹 쉬고 싶었다. 눈을 감으니 창문에 달빛이 은은하게 비쳐 눈을 떠 보니 곳곳에서 들려오는 노랫가락 장단 소리 옛 추억이 새겨진다. 그러고 보니 정월 대보름날 흥겹게 놀던 옛 고향 향수를 달래본다.

야경 불빛에 맞춰 수도 서울에나 온 듯 내리던 기분 눈물이여. 밤새 생각다 목적지 하동까지 못간 채 짧은 밤을 지새우고 외로운 몸으로 간 곳마다 사진 촬영은 왜 하는지. 다시 엔젤호 몸을 실은 채 한숨에 젖어 보면서 울분이 끓어오르기도 했다.

충무에 하차해 집에 도착하자 집에서 조카 아파 병원에 눕혀 두고 나를 찾아왔는데 나에게는 항시 예기치 못한 일들이 늘 이

해운대 달맞이

어진다. 항시 나는 어려운 일을 맡아 보는 것이 천성적인 일꾼이다. 괴로운 나. 운명만이 이렇게 뒤따라야 하는가. 나도 울고 싶다. 어느 날 밤 한잔 술을 먹은 것이 세상이 내 것인 듯 12시 사이렌 소리가 들리자 아무도 보지도 듣지 않는 길목을 오면서 노래를 부르며 구석진 나의 안식처 몸과 마음을 담은 따뜻하고 온유한 방. 모든 것을 잊고 조용히 잠들었던 그날 밤.

또다시 집에 오빠가 아프다니 또 걱정이 앞선다. 그 옛날 흐르는 물에 목욕하며 즐겁던 안양 땅이 그리우며 못 잊으리.

그리운 임들

나는 많은 사람들 모두를 그리운 임이라고 불러본다. 늘 내가 잘못하면 깨우쳐 주기도 하고 매사에 덕이 된다. 어떻게 살아가면 내가 사는 종교의 길을 선택해야 하는가. 모두가 조언을 할 때마다 힘이 솟는 듯하다. 세상을 비관하여 곤하게 잠이 들다 깨면 희미한 눈빛 두 줄기 눈물 속에 아련히 보이는 그 모습들. 자신을 뉘우쳐본다.

앞선 주인을 만나 명사 해수욕장을 가는데 함께 가자고 권유. 못 간다고 피해도 소용없이 함께 유람선을 타게 되었다. 하루가 지루하기만 한 해수욕장. 사람은 어울리는 사람과 함께 가야 한다. 오다 친구 집을 가니 3명이서 놀고 있을 때 하루의 피로를 그 자리에서 큰 소리로 웃어보면서 풀고 밤이 되면 광장에서 마라톤을 뛰며 밤이 늦으면 서로 반반씩 왔다 갔다 하며 헤어지는 밤.

자고 나니 제일 좋아하는 송자 언니가 찾아왔기에 반가우면서 하숙집이라 별로 한 것이 없어 마음이 아프고 대접 못한 것이 죄스러웠다. 내 삶은 하루의 철학을 느껴 볼 때가 한두 번이 아니다. 어디부터 쏟아지는 눈물 세상에는 맡은 일이 없으며 공허가 스며든다. 자고 나면 늘 엄마의 생각 효도를 한 번도 못해 마음만 아프다. 희미한 불빛이 사라질 때까지 바라보면서 엄마의 길인가 하고 바라본다. 한숨을 내쉬며 돌아누워 엄마의 생각. 그러나 저 멀리 철탑보다 내 의지가 더욱 강하다는 것을 그리운 임들께 보여주고 싶다. 옛 생각은 물거품으로 사라지다.

보험회사 입사

뻐꾹 울음소리 7월의 풍경 유(柳) 친구와 함께 있던 때가 생각난다. 현재 누구를 그리며 희망 속에 살아가는 인생인지 모르겠구나. 일생을 두고 남의 심부름 아니면 상업에 여망 없는 줄다리기를 하면서 많은 친구들과 휩쓸려 허탈한 세상을 살아온 그날들. 어느 날 고향 선배가 동방보험회사 나가자고 권유를 1년 동안 했어도 부산에서 못 나간다고 못을 박으며 차라리 내가 보험을 들어주마고 하면서 월 2만 원짜리를 들며 소개도 해주며 세월을 보내오다 충무로 이사를 왔는데, 어느 날 후배가 찾아오더니 끈질기게 밤중까지 머뭇거리고 하며 매일 오듯이 하던 중 어언 6개월이 되어 본격적으로 권유를 하기 시작, 할 수 없이 끌려 나가 시험을 보며 그날로 입사를 하면서 소장님도 첫 부임 인사를 했다.

그날부터 첫 보험 선배라는 언니가 1건 들었다. 하다 보니 경남흥국생명 국장님께서 월에 영업소 내 금배지 1돈을 상으로 주었고, 그 후 한 달에 소장님 금 반 돈씩을 걸었다. 또 해당되면서 경남에서 제일 점수 많은 때가 한 번이었고, 영업소에서는 3년간 1등을 하면서 많은 상을 타기도 했다. 후배와 계약하러 가면 세 사람 계약하면 나는 후배에게 고객 한 사람을 선택하게 해 같이 나누고는 했다. 그러니 늘 함께 다녀도 마음 한 번 상하지 않고 5년 세월을 유지하다 12월 31일까지 월급을 탄 채 끝났으나 소장님도 한날 부임 인사이동도 저와 똑같았다. 지금은 본사 이사 자리에 계신 걸로 알며, 그분 소장님과 함께 다니면서 많은 계약고를 올렸던 그날들.

배복아 언니, 일산화탄소 가스 중독

연탄가스 취했을 때 5일 입원 후 퇴원. 친정어머니 운명을 지켰던 효심 있는 딸. 어머님이 돌아가신 후 후유증 때문에 병원 복음까지 7개 병원에서 완쾌하지 못해 부산한국의원에서 다시 통영 고향 돌아와 시원한 공기 취하면서 눈물 속에 간호를 했으나 모두가 포기하라 해도 동생은 끝까지 살려 보겠다는 긍지 있는 노력 끝에 서서히 깨어나기 시작.

식물인간으로서 1년, 2년, 3년 될 때 고향 큰집으로 이동했다. 동래한국의원 24시간 응급실에 있다가 환자를 데리고 가라 할 때 앰뷸런스에 언니를 혼자 눕힌 채 빗속을 헤치며 못 고쳐 오는 순간 동생은 쏟아지는 빗물과 함께 눈물이 앞을 가렸다. 부모 형제께 늘 효심과 변함없이 했으며 누구에게도 늘 상한 말은 하지 않고 베풀며 살던 천심에 하나님께서 살려주신 것을 자신은 믿으며 '지성이면 감천' 이라는 속담 언니께 해당되며 동생은 늘 대절해 다니면서 간호한 것이 눈물의 씨앗에 새싹이 솟은 것이다.

어느 날 친구가 충무로 오면서 진생V를 가져와 권유. 그때 1통을 복용하니 서서히 효능을 보기에 이때부터 친구와 대구 파크호텔 교육을 간 것이 환자 쾌유하면서 저 자신도 삶의 길을 불어 넣어 언니가 완쾌될 때 그 깊은 순간은 그동안 숱한 파란 혼자서 극복하면서 경비와 간호와 숱한 사람들과 입씨름 등 많은 그 얼마나 곡절 속에서 성공을 한 것이다. 죽었던 형제를 살렸으니 한시도 자리를 비우면 염려되어 파출부를 두었으니 그로 내가 있으면 잘하며, 없으면 교육 간 후는 아예 혼자 둔 채 그 환자와 동생 육신의 고생 둘 곳 없는 순간. 식품을 늘 복용시켰더니 한 생명을 구원했던 것을 천하와 바꿀 수 있을까요.

故 언니와 형부

이때부터 열심히 교육 다니면서 언니로 경험담 비디오 촬영과 많은 홍보 대상이었기에 진생V 사무실 차례 고객 10년간 400명이나 관리하면서 보람을 가지기도 했다. 그동안 회오리바람 지난 젓값 눈을 감고 세상을 비판 이것이 주어진 운명인 것을 믿고 맡은 바 열심히 뛰면서 세일즈맨, 차장, 본부장까지 승진 이때 궤도 오른 것이었다. 월수입 200만 원. 언니 소생 끝 심봉사 잔치 다름없이 봉고차 7명씩 형제와 일원들을 1인 4만 원씩 회비 주면서 교육을 다니는데 그렇게 기뻐할 수가 내외 기자들이 몰려와 촬영과 인터뷰도 했으며 사장님께도 일금 19만 원을 받기도 했으며 늘 심봤다에 감사하면서 형제가 함께 모여 있기에 상점에서 크리스마스를 맞아 과일 40만 원 주고 트럭 한 차 실은 채 내 형제부터 주면서 잔치 곁에 이모까지, 그리고 교회 4개 교회 다 나눠주기도.

끝에 최고 많이 주고 싶은데 오빠께 선물한 것이 생각하면 무척 평안하고 갚을 수가 있을까요. 어린 시절 교회를 가서 죄를 기억, 사회 무리치 않는 마음 늘 하나님께 감사하면서 이것이 인생이라고 하면서 외쳐보기도 합니다.

엄마의 간호 못다 한 한(恨)

엄마는 유암으로 한쪽 팔도 많이 부었고 목도 넘어져 다쳤고 다리도 움직이지도 못한 채 누워 계실 때 병명이나 알고 가자고 하는데도 아무 자식이 나서지 않기에 저 역시 막내딸로서 간호만 했지 아무것도 못해드려 지금 효성이 없었다는 생각에 아픈 상처만 남았다. 셋째 딸이 자기도 연탄가스 마셔 중환자로 퇴원했으니 막내딸은 형제 돌봐야 하고 두 분은 혼자서 누구에게 말 못한 채 경제도 몸도 마음도 조금도 여유가 없이 상심했던 날들 하룻밤 아픈 부분 다칠까 봐 조심해서 넘기는 수가 약 20번이나 되니 자신은 약 3시간 이상 잠을 잘 수가 없이 서로 눈만 뜨면 엄마 다리 주물러 줄까 드리는 것도 없이 "소변보세요"라고 하는 말. 아무것도 잡수지도 않고 계시기에 역시 간호하면서 하루 한 끼 먹고 견디려니 모든 것이 내 자신도 피로가 와도 내색도 못한 채 언니는 병원에 뉘어 둔 채 내가 가서 퇴원을 시켜야 하는데 하고 혼자만 눈물 속에서 엄마의 간호를 계속하여도 누구에게 원망도 못한 채 혼자 십자가를 졌으나 힘이 들고 해도 며느리 불러야 통하지 않는 사람이라 내가 물을 데워 그릇을 3개 두고 목욕을 혼자서 시켜도 고된 줄 모르고 다 시키면 죽음을 앞에 두고 겨우 돌아가는 혀끝으로 시원하다 고맙다 하시는 그 말이 내가 어릴 때 부모, 형제들이 부잣집 맏아들처럼 길렀는데 비하면 아무것도 아닌 걸로 자신은 알고 있으나 때로는 엄마가 하시는 말. 부잣집 맏아들처럼 길러도 별 수 없다고 말했다.

마지막 가실 무렵 간호로써 보답해드리는 기분. 친구도 3개 가져가서 제일 좋은 것은 마지막 깔개에 두고 목욕 때 엄마의 죽음을 눈으로 영감으로 계산하면서 요를 목욕 시 물에 적시면 모두 불태우며 엄마를 편하게 해드리려 정성을 다하니까 네가 그렇게 간호를 잘하느냐고 왼손으로 딸을 두드려준다. 베개도 다 태우며 그마저도 못 태우게 하는 며느리 불 때는 방 일거양득하는데도 야단법석. 자기 방이 뜨거워지면 나와서 하는 말. 나중에 다 씻어 할 것인데 왜 버려야 하느냐고 알고 있다. 매일 손수건으로 닦아 드리고 새 옷을 입혀 자리에 뉘어두면 그렇게도 한결 편하면서 눈물이 비친다. 혼자서 엄마 죽도 겨우 한 술 넘기면 약을 먹이고 생각에 잠겨 왜 나는 매사에 십자가를 져야 하는지 하다 보면 동네 사람들이 끊임없이 문병을 오니 엄마와 아버지 살아오신 보람을 느끼며 감사했다. 그분들이 올 때마다 손에 들고 오면 두 사람은 아예 먹지 않고 병마에 지쳐 있으나 저쪽 방에는 구멍가게 다름없이 해주었어도 전등 하나를 켤 수도 없이 전화 통화도 못하게 하며 이 시점에서 많은 수모를 당했다.

언니는 이때 산소 호흡시켜둔 채 이곳저곳 죽을 쒀서 다니다 보니 자신은 몸도 마음도 괴로웠다. 엄마가 하는 말씀. 내가 죽거든 해부를 해보라는 말씀. 주먹 같은 돌이 파래가 끼어 있을 것이다. 하루하루를 눈과 귀를 못 보고 못 들은 채 벙어리처럼 본래 살아온 그날들. 죄 없는 부모님께 날이 새기만 기다려 변변찮은 남편의 운명을 먼 산을 바라보는 엄마 한숨 한 번 쉬고 웃고 있는 얼굴. 아무리 괴로워도 식사를 한 술 떠도 취소하지 않고 본을 보여준다.

엄마는 고향을 가겠다고 소원. 형부와 자녀들 함께 봉고차 대절 고향 집에 도착했다. 형부의 자녀들은 떠났다. 항시 사위를 두렵게 생각하기에 역시 장인 장모 이 세상에서 제일 공경했던 것이다. 사위가 장모 건강할 때 2만 원 주면서 합해서 위를 해 넣으라고 할 때 정말 고마웠다. 엄마의 삶이 너무 평탄치 못한 것이 막내딸로서 늘 상심입니다, 엄마….

어머님 한과 정

인생들이 가는 길 빗속을 피하며 스쳐가는 얼굴들 어디서 불어오듯 세찬 바람과 냉철한 마음과 똑같았다는 것. 언제인가는 사람 세월에 속셈을 풀어놓는 것이 인간의 모습이다. 세상은 공평치 못해 삶을 마치 가슴에 들이붓듯이 말 못한 채 살아온 날과 삶이다. 가난에 부딪치는 분들께 북돋으며 지내온 세월. 하루아침 물거품처럼 무너진 채 병명도 모르며 한 것이 유암인지라 거기에 우리 모두 아픔을 대신할 수 없어 괴로웠다. 3개월간 막내딸이 간호를 하면서 여러 가지 여건에 어머님 소원을 못 들어드린 것이 평생 한스러운데 누워서 엄마 하시는 말씀. 병원 가서 내 병만이 알고 가자고 애원. 한(恨)을 못 들어 드린 것이 딸의 아픔은 하루도 잊히지 않는다.

엄마는 큰 병을 앓고 누웠어도 손녀, 손자들은 모른 체하는 것이 현실이다. 엄마는 손자들을 이 하늘 아래 둘도 없이 길렀어도 어느 한 사람도 관심이 없다. 소용없는 지난 세월 엄마는 아버지의 형제와 자녀들의 아픔을 안고 일생토록 말 못하는 아다다의 아픔으로 함께 울고 있다.

막내딸의 소망 90까지 보호하겠다는 신념 뜻대로 못한 것이 89세에 세상 떠나셨다. 자신의 애통함을 금할 길이 없고 어머님 허리도 굽지 않고 어디서나 환영을 받았다. 버스를 타면 차장께 꼭 팁을 주면서 몸을 위탁하시면서 조언 받던 엄마. 동네에서 늙어도 여군자라고 별호가 있으며 그 마음 아름답기만 하면서 엄마의 유언 형제간에 좋게 그리고 올케 언니와 누구든 화목하게 지내라는 부탁. 엄마의 명언 내가 죽어 관이 나갈 때 올케와 마음이 상하고 은사가 있으면 관이 떨어질 것이라고 명언. 무슨 그럴 리가 했는데 과연 딸과 며느리의 자녀들 모두에게 배신을 당했으니 후 3년간 서로 왕래를 끊었다. 엄마의 소원 유교 농 안에 돈 있으니 굿을 해주면 이 집에도 좋고 자기도 좋다면서 애원을 해도 며느리가 숨이 가는 엄마에게 내일 거를 하라면서 거부했고 그것도 다시 소생할까 봐 곡식도 소비, 눈에 흙이 들어가도 못한다고 하자 약 10분 후 세상 하직하셨다.

너무도 무심한 세상에 원망이 치우침이 끓어 오르내렸다. 엄마, 부디 하고픈 말이 많아도 남기며 안녕히 가십시오. 엄마….

배필아 언니 앞

유수 같은 세월 속에 농가에서 얼마나 고생이 많을까. 이곳에서 늘 언니 생각하며 마음이 아프다. 메마른 시집살이 고추 당초 맵다 해도 시집살이보다 더 매우랴 하는 형부의 노래 언니를 비유해서 부르는 것 같다. 물론 큰언니는 행복하게 살아갈 것이라 믿고 있다.

바람둥이 형부 때문에 애를 썼는데 사랑도에서 부산까지 정착 없는 길목에서 방황하는 것을 보면서 언니가 이러한 남편을 믿고 사는 것을 볼 때 대견스럽기만 했다. 형부의 수입은 얼마인지 모르지만 지출은 상상 못할 정도이다. 쓰는 습관이 또 엿보이기도 하니 어느 곳이든 아름다운 여성을 보면 마치 자기 사유 물건처럼 가지려는 욕망. 안양에 있을 때 나에게 잡비를 타 쓰면서도 한 여인을 좋아하는 현실을 보면서 언니를 봐서 형부라고 부르는 심정 너무 미웠다.

내가 있는 한 약한 언니에게 협조하고 꼭 지켜줄 것이다. 나는 우리 형제들을 위해서 더욱 살아야 되겠다는 결심. 물론 애들이 크면 조금 나아질 것을 믿고 열심히 앞만 보고 사세요. 언니 중학 3학년 19세 되는 형부를 만나 언니는 21세 나이에 아롱다롱 꿈들을 꾸었지만 철없는 남편 60살이면 언니 곁에 돌아올 것을 믿고 살아온 나날들. 70세가 되어도 언니 차지 못된 실패한 꿈이었으나 71세부터 청춘은 다 가고 쭉정이만 남았다. 인생을 살아가는 한 많은 내 언니, 건강하세요.

배복아 언니 연대섬

나는 연대섬 언니 있는 곳에 찾아가 TV 판매를 하면서 외로이 카 전축도 겹쳐 판매. 그때 19인치 최고급 흑백 TV 값 13만 8,000원. 17인치 12만 7,600원 할 무렵 많은 분들께서 고객이 되었다. 물론 언니 얼굴을 보아서 상업에 힘이 되어 준 언니라고 부르면서 살아가는 모습이 마음이 아프며 도와주지 못한 채 돌아보고 또 뒤돌아보면서 언니 뒤에는 내가 있으니 하고 충무로 왔을 뿐이다. 그 후 고향 가서 TV 전축 판매 수입은 고향 친정에 17만 5,000원 TV를 선물하고 또 형제 언니 있는 곳에서 6인치짜리 7만 원 TV 어린 조카에게 선물, 공친 1대 15,000원씩 형제 두 분 무효를 선물 턱. 집에 최고 좋은 TV, 자가 안테나, 푸스타, 도란서 일체다. 곳곳마다 판매 수입은 그곳에서 선물 보람 있게 노력한 결과 자신이 후회 없이 흐뭇했다. 가는 곳마다 많은 사람들이 반겨주는 힘에 더욱 사회생활에 모든 일을 할 수 있다는 자부심과 능력을 가졌다. 그런 중 ㅇㅇ집에 들었으니 이상한 기분 나는 궁금한 생각에 놀라 뛰쳐나왔으나 나중에 증인으로 인정받기도 했다. 젊음이 좋았다. 이곳저곳도 내가 필요했던 것이 젊음이다. 이때만 해도 상업에 안전 렌킨자리 엘리트의 길에서 최고의 비즈니스다. 어느 곳에 무슨 일이든지 누가 어렵게 말하면 경비가 들어도 해결도 맡아 끝맺음도 한다는 젊은 성격이 좋았다.

엄마와 언니 두 분의 간호도

밤마다 시름을 하는 엄마 곁에서 한시 쉴 여가 없이 간호를 하고 있다. 하루 일과 뭐가 뭔지 생각마저 머릿속에 담기 싫다. 엄마가 잠들었을 때 엄마가 숨 쉬느냐 멈추냐도 체크하면서 말없이 바라보며 어둠에서 살며시 자리에 누워 잠들기도 한다.

혼자서 간호를 하고 있을 때 밤 11시경 되면 꿈같은 말을 할 때 의식한 마음. 엄마 하는 말. 아, 내가 눈을 뜨니까 머리가 우수수한 사람이 몸뻬를 입은 채 바로 내 머리 위에 앉았다가 몸을 끌고 여기 나가네 하면서 눈이 부시니까 불을 끄라고 하며 일부러 방 내 줄을 쳐두고 옷으로 전등을 가리며 그래도 눈이 부시다는 뜻. 그리고 밖에는 5촉짜리 전등도 켜 놓으면 올케 언니가 끄니까 촌에 큰 사랑채 캄캄 어두우며 90줄에 병세 누운 엄마 곁에 예민한 신경이 쓰인다.

아버님 하루는 밤 10시경 되니까 눈을 뜬 채 헛, 참 하고 웃으면서 방금 너의 아버지가 오더니 하시는 말이 "허, 참. 내가 서울 갔다 오니까 문서를 잊어버리고 왔는데 그동안 애들을 욕을 보이네. 조금 더 고생을 하여라. 찾아 올 테니까" 순간에 아버지 보시기에 현재 자신의 정체가 부끄러워서 왼손으로 머리맡에 얹으면서 얼굴을 가리자 눈을 막았다고 했다. 그러자 너의 아버님이 아니고 머리가 크고 두가 3개였기에 한편 겁도 나고 해서 눈을 감았다고 하면서 얘기를 직속에 조용한 밤에 혼자 있을 때 하니 밤마다 사랑하는 내 엄마 아니면 돈하고도 바꿀 수 없는 간호였다.

우리 집안은 불도가 심해 엄마의 기억과 마귀가 붙기 마련이다. 이때 1988년 4월 3일 우리 언니(무속인)는 늘 아버님이 실려 점을 하면 잘 맞히곤 했다. 그러니 내가 3월 30일자 오니 언니는 형부와 서울 들러 4월 3일자 전라도를 갔는데 미신으로 분석해보면 언니 몸에 실려 다니니까 먼 곳을 갔으니 장부를 못 챙겨왔다는 그 뜻이 꼭 맞았다는 판정. 그러던 때 아버님 제사가 음 2월 26일자였는데 제발 아버지 제사도 함께 들게 하고 마음속으로 빌며 했으나 5일이 초과, 음 3월 1일자 운명하셨다.

조약돌

조약돌 주워 하늘에 구름 표현
항공기 나는 표정 제트기
대포가 북을 치는 광경
우리나라 지도에 38선 태극기와 적十자기
바다에 해금강 돌, 굴, 섬에도
설악산 흔들바위
용이 하는 승천과
바다의 거북이
바다의 물개 표정이었고

엄마의 마지막 1년 후, 손녀가 행방불명

애야, 명신 너의 언니 이사를 가면 큰일이 났으니 빨리 일을 하라고 재촉을 하는데 이미 때는 늦었고 해서 대답만 했다. 그날 밤 다시 부탁했을 때 나에게 사자경을 읽어주면 엄마 자신도 좋고 이 집도 모진 것을 다 몰아 나가니 제발 사자경 좀 읽어 달라고 애원해도 거절하니 답답한 엄마, "봐라, 여기 돈 있으니" 하고 사정해도 소용이 없고 친구 왔다고 누구라고 하니 오빠라 정오라 하더니 그것이 마지막 말.

명신 언니도 연탄가스 입원했다가 자기 정신이 아니었고 한데 그날도 내가 병원 가서 퇴원시켜 두 사람이 엄마한테 가겠다고 약속을 했는데 오빠가 언니께 전화가 오기를 절대로 일은 못한다고 악의적 강요하니 그날에 퇴원한 사람이 더 놀라 아무것도 안 가지고 2시간 후 찾아와서 나를 보기에 왜 약속한 사람은 하니까 언니가 자기 혼자 하겠다고 북을 들고 가더니 그러자 내가 힘이 없어 택시도 부르지 않고 저녁 9시 20분 발 집에 가니까 9시 40분경.

엄마는 그 마지막 앓는 소리 내리자 옆집 가서 대를 끊어오니까 우리를 아예 방에도 못 가게 해서 분쟁이 났다가 찬물과 식은 밥을 차려놓고 언니 혼자 북을 치면서 엄마 눈만 쳐다보더니 내가 오니 엄마는 고이 눈을 감았다.

언니가 찬물을 주니 세 술 넘기고 우리를 기다렸던 때였다. 또 4일장 하라니 4일장을 했고 오빠와 엄마는 사위에 금이 가지 않았으나 아무리 가서 있어도 한 번도 두 사람 다 방을 왕래를 하지 않았다.

그 후 우리 조카사위들은 자기 부모 말에 등을 지게 되어 그 마음은 풀리지 않는다. 엄마 간 1년 만에 오빠 딸 막내 행방불명 된 것이다. 지금까지 영영. 엄마가 마지막 순길 간다는 신호를 하는데 안방에 겨우 전등 밖에는 캄캄했다. 올케는 걸레 빨아오는 그 사람도 방안에 혼자서 북을 두드리며 일을 시작했다고 죽으러 간다고 사라지고 오빠는 그 사람 찾으러 가고 언니와 나 두 딸이 생전부터 마지막까지 임종을 지킨 것이다.

큰딸은 노인대학 다녀오는 길에 들렀으니 마지막 용변을 치우면서 엄마에게 해준 것이 그것뿐이나 몸이 아파 10리 된 집을 떠났다가 사망 소식 듣자 되돌아 엄마가 운명했다니 곧 올라오자 세상을 잃고 싶고 이웃사람들이 와서 사자 밥도 짓고 한 은혜 못 잊으리. 올케는 운명한 40분 있으니 집에 들어와서 시신을 흔들면서 울어댔다. 수많은 곡절이 묻어져 한 많은 엄마, 아버지 늘 함께 계신 걸 믿습니다. 제사도 그달이니 함께요.

어머님이 남긴 노래

— 한 맺힌 세월

세상에 태어나서 몇 년이나 살까 하니 세간살이 탐했더니 아차 죽어지면 저 건너 저 모양이 될 것인데 산 중 산 중 깊은 산중 인적 그늘 고요하고 이내 일신 몸져누워서 어느 누가 날 찾으리. 아이고 지고 설움이야. 부모 형제 친구 자식 많다 해도 날 찾을 이 뉘 있던가. 동풍 그늘 건들하고 새들은 슬피 울고 뗏 잔디를 집을 삼고 시팔이는 벗을 삼고 생초목은 울을 삼아 누가 숲을 찾아옵니까. 흐르는 게 눈물이요, 아이고 지고 설움이야. 이만 해도 세상살이가 허사로다. 애탕지탕 모은 살림 헌신짝 벗어서 던지듯이 다 물러 서서 내 돌아가니 불쌍하다, 이 내 신세. 우리는 한 번 가면 다시 오지 못하리라. 산천에 꽃은 심어 명년 다시 또 피워도 우리 같은 인생일랑 한 번 가면 다시 오지 못하리라. 자식, 형제 하직하고 이내 길로 돌아서서 한도 많고 원도 많아 나를 찾아서 또 오겠나. 내 자식들 만져보고 쥐어보고 그렁저렁 다 떼어놓고 이내 길을 돌아서서 다시 오지 못하는데 마지막 하직 나는 간다. 자식들아 잘 있거라.

경남 충무시 명정동에서, 딸 배순자 기록

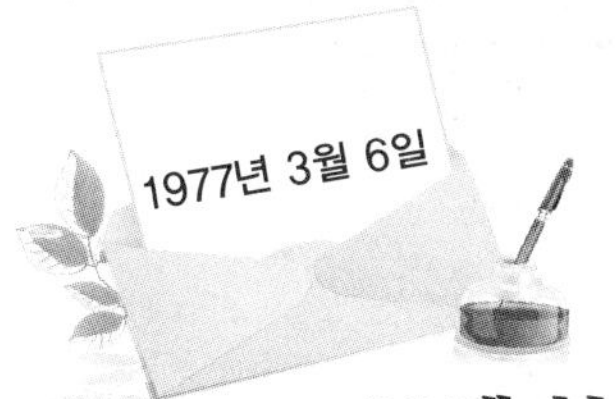

33세 한 맺힌 故 배복아 언니의 노래

故 배복아 언니

제자 제자 내 제자야 원통하다 내 제자야 팔자 사주 네 글러서 백발 담물 목에 걸고 신아 담줄 손에 드니 어찌 사주 좋을쏘냐 앉아 생각 누워 생각 이 세상에 살아볼까 죽어볼까 하루에도 열두 번씩 돌아가는 내 심정을 어느 누가 잡아주며 성인성관 없이 제자 있나 제자 없이 성인 있나 성인 심정 제자 알고 제자 심정 성인 안다. 허공같이 떠다니며 자식 제자 삼으려고 수삼 년을 밟아 와서 본주 본산 기도 받고 산산골골 다 헤매서 높은 산 지령 받아 도복 받아 들어올 때에 해치려고 안 들어왔다. 소원 줄게 걱정 마라 자식들아 걱정 마라 오니 온 줄 누가 알며 가니 간 줄 뉘가 알며 가정가정 문정문정 다 지나서 밤이 되면 쥐 된 듯이 낮이 되면 새 된 듯이 오니 온 줄 몰라 보되 자식이면 다 자식과 딸이라도 아들 같은 내 자식들 너거 소원 시켜줄게 걱정 말고 근심 마라.

부모에게 효도한 故 배복아, 동생 배순자 기록

고요한 가로등 불빛 아래

오색의 불빛 찬란한 가로등 카운터 음악의 열쇠를 쥔 채 수없는 곡을 푸는 순간 흘러간 옛날이 되새기며 영상의 얼굴 모습들이 눈앞에 생생 그려지며 귓속에는 너털웃음소리 쟁쟁 들려오고 있다. 밤은 고요하며 적막의 초인종이 울리는 듯 초조하게 기다려지는 손님들의 발자국 계산에 허탈함을 면치 못하며 수선대는 그들의 얼굴들 억척스런 태도 보기만 해도 화면이 느껴진다. 오늘은 왠지 소리 내어 울고 싶다. 어둠이 묻어오면 음악의 번호 찾는 것이 나의 취미였고 예기치 못한 수입이라면 직원들의 팁 생각 앞서진다는 태도였다. 인간은 누구나 하다 보면 자기 직업에 만족이 없는 법. 오늘은 조용히 끝내 볼까 하다 보며 마치 갈 곳 없는 망나니처럼 허공에 묻어버리는 착잡한 마음 내쉬는 숨소리도 멈춘 채 힘든 상업이 뭔지 길 찾아 더듬어 보기도 한다. 한밤에 음악 편지 오색의 불빛 아래 웃고 울던 그네들도 순정만이 있는 법 운명의 장난으로 한 세월을 보낼 뿐이다.

세상에 누구나 잘못이 있다면 어떠한 대가라도 받아야 하는 것이다. 너나 할 것 없이 예기치 못한 일이 있으면 너는 살고 나는 죽어야 하나 하는 세상이기에 모든 인내 속에 파란을 헤쳐 간

다. 누구나 상업을 하다 보면 메마른 인정 칼보다 날카로운 비수가 된다. 자서전의 수필 인생 여정을 바라보는 비전이라 할까.

잊을 수 없는 밤

세상을 믿고 의지한 것도 죄이던지 애매한 누명을 쓰는 순간 분노했다. 사람은 어이없는 일에는 눈물도 메마르며 눈만 크게 떠지는 것이다. 그러기에 하루는 경기도를 갈 것을 작정했으나 생각하니 자리에 머물러야 했고 그네들의 순간의 감정 내게는 일생을 좌우하는 심정. 집에서 눈을 뜨며 생생한 둥근 눈이 되고 만다. 무의미한 일들 자신들의 잘못을 진실하게 사과해 마음을 삭이면서 모든 것을 정의로움에 다 털어 버리고 다시 전국 유람을 한 것이다. 나는 세상을 말 못 하는 벙어리 아다다처럼 살아가고 싶다.

살다 보면 살아남기 위해 자기 잘못을 말하지 않는 것이 인간이다. 모두가 세상일에 변명 없이 살아간다면 좋은 세상이 올 것이다. 허공에 뭉쳐 밤마다 눈시울을 적시며 별빛처럼 달빛처럼 사라져가는 새벽길 이대로 가고 싶다. 삶이란 인생이 뭣인지 셋방살이도 김삿갓처럼 집집 방문도 하며 날이 저물면 하숙방에도 친지 방에서도 들지 않는 잠을 억지로 이루며 때로는 뜬구름 같은 기분이었다. 하지만 비참한 기억들 굴레서 벗어나지 못해 생생한 어제의 일들. 이제 자신의 비극 원망도 증오도 물거품도 기로에서 운명만 채찍질하면서.

옛말에 "뜻이 없는 곳은 가지를 말라"라는 명언 다시 생각해 본다. 하지만 사람인지라 꿈속에서 너울지는 강물 위에 부평초처럼 떠다녀 부산의 불빛 유난히도 반짝여 내가 도착한 신호등인지 길 잃은 나그네인지. 수도 서울 다름없는 항구도시 마치 부산의 밤거리 평화스러움을 느껴본다.

서울 향수 친구들 만남

고향 친구들의 만남 월 1번씩 선후배와 친목회를 모은 정이 흐른다. 서울에 모여 허공의 세월 때로는 물결같이 휩쓸려 허공에 띄운다. 동료 친구끼리 매일 저의 집에 찾아와 히트된 노래만 부르면서 3일이 멀다고 앞차 따라 뒤차 따라 달리는 기분. 천진난만한 웃음 하늘에 메아리친다. 항시 남편들의 허락 아래 변하지 않는 고향 친구 친목회 어려운 사람은 서로 북돋우며 살아가는 향수의 친구 아름다운 친구들이었다. 항시 보면 지혜롭게 어느 곳에 살아가도 검소하며 매사에 허점 없이 살아가는 그네들. 우리 서로 변하지 않고 서로의 건강을 보살펴 주면서 삶을 기약한다.

하루는 친목회에 가서 하루를 즐겁게 보낸 그날의 하루는 모두가 기억에 사무쳐 생각하며 그때가 우리의 전성기였던 시절이다. 늘 만나도 서로 웃고 할 말도 많고 흠도 없는 향수 친구들. 세월 흘러도 그리운 정만 남아 있다. 이때 나는 ○○영업을 하면서 친구들에게는 외제 물건도 선물 또한 본전 받고 주는 것이 특징이었고 큰 물건에 남기면서 작은 물건은 영업하고 상관없이 서로 같다 하면서도 꿈 많은 한 시절 다시 오마 그 세월 잊을 수 없는 친구와 선후배 은색 머리 모자 쓴 채 호박 음식 먹으며 버드나무 끊어 지팡이 삼아 한두 집 찾다 보니 하루해가 가고 있다.

녹슨 열쇠

신년을 맞아 밝은 한 해 삶의 새로운 계획을 세워야 한다. 열쇠를 잃어버린 자물쇠를 채워버린 안과 밖처럼 38선은 60년의 긴 세월 녹슬고 있다. 말없이 굽어보는 남과 북 산맥으로 위의 길이 트이기를 모두가 바라는 여망. 북녘 땅을 못 가는 그네들의 마음을 헤아리면서 신의 크신 은총 기적이 오리라 믿고 기도하는 우리 국민들의 여망을 믿는다. 마치 타국 땅에 살고 있는 그 사람들의 심중을 헤아려볼 때 다를 것이 없구나. 나는 용기를 내어 열심히 살아야 한다. 인생은 명일의 희망을 믿고 의지하며 캄캄한 암흑세계 벗어나 밝은 태양 아래 꿋꿋하게 살아갈 것을 다짐한다.

그래도 인간이라 아직도 꿈속에서 헤매듯 달빛에 이슬은 깨지 않던 이른 아침 오늘도 주어진 삶을 살아가는 현실 여건 속에 안식처 주워 일선에 뛰는 기분. 이때 부동산 이백 평 마련 매사에 고향에다 맡겼다. 황소도 5년 만에 원금 봉투 환불. 앞선 800평 있는 한 줄기에 총 1,000평을 마련해서 작답을 시작, 17일 만에 끝나고 별도 200평 있는 것은 고향 오빠를 주었다. 부동산 토지 산 후 3년을 붙어먹으라고 했더니 그 후 3년을 곡 중단 소식조차 없으며 1,000평 산 값은 간 곳 없고 100만 원 전해주고 끝난 오늘에 있어 모든 것을 형제라고 믿고 있든 것이 화근과 실망했으나 더 이상 상한 마음 돌이킬 수 없는 일. 세상을 믿고만 있던 것이 후회스러웠다.

황소를 우황 있는 황소라고 해서 값을 약 150만 원 주었더니 소는 일등품이었는데 새끼를 배양치 못한다는 것. 후에 1,000만 원 받을 수 있다는 소는 3년 만에 가보니 조그만 송아지가 있고 그 후 2년 만에 가보니 역시 중간 소뿐이다. 후에 알고 보니 뒤바꿈질 한 것을 모르고 형제간만 믿고 있었는데 그 소도 외상을 팔아 겨우 내가 찾아가 받아온 금액 50만 원 믿고 동생은 묻지도 않고 한 것이 지금에 와서 조카들의 행동에 의해 억울함이 말할 수 없이 분노한 일들 우리 모두 믿지 않으련다.

뿌리 없는 세상

뿌리 없는 초목처럼 겨울이면 죽은 듯이 잠자고 봄이면 조그만 물방울 먹은 듯 푸릇푸릇 솟아오른다. 메마른 땅에 이슬이 내리듯 강가에 앉아 수평선을 바라볼 때 자신도 캄캄했던 마음도 장독가에 나팔꽃처럼 피었다 지는 꽃. 망각에서 살아가는 나. 흐르는 땀 샘터가 되노라.

하루의 일과 오늘도 내일도 절망 속에 뒤안길을 걷고 있는 나. 기구한 운명 앞에 경적을 울리듯 이슬이 되지 말고 태양빛만 불꽃처럼 타오르며 삶의 길에 의욕이 생생 떠오르게 어둠속 지평선 외로움을 뜻할 것인가. 동해 바다 햇살은 맑고 밝은 세상처럼 환하게 보인다.

5남매 다복하게 꽃과 사슴처럼 길러주시던 내 어머님. 외아들 벌레 먹는다는 옛말도 있지 않은가. 한 살 차이에 금슬 좋은 부부 모범적인 부모님. 70에 아버님은 운명하시고 어머님 89세 사셔도 병원 한번 안 가시고 아버님은 아침 조반 식사 후 1시간 만에 식구들의 상한 마음 식사가 급체로 체해 그 길 가신 것이 더욱 자식들은 애통함을 금할 길이 없으나 어머님 약 20년 더 인명으로 계시다 3개월 병간호에 세상을 떴어도 병원 한번 못간 것이 일생토록 가슴에 못이 되어 늘 생각만 해도 눈물이 흐른다.

세상 모든 자녀분들, 부모님 마음 아리게 하지 마시고 생전에 잘해드리는 것이 자녀의 의무이다.

해운대를 못 잊으리

해운대에서 밴드 소리 색소폰 소리에 모두가 세상을 잊고 즐겁게 놀다 송도 가서 케이블카 타며 온갖 곳을 다니다 12명 친구들은 정해진 시간에 각자 돌아가려니 아쉬움만 남았다. 모두가 풀어놓으니 마치 야생들 고삐 없는 사슴처럼 뛰어놀다가 아쉬운 작별에 우리는 새장을 찾듯 돌아갔으나 내 자신은 가도 그만 와도 그만 잔뜩 놀다보니 되레 허무감만 맴돌았다. 그래도 지난 시간은 늘 그리운 것이다. 어디를 가더라도 앞장선 가이드 팔도강산을 다니면서 여행한 우리들 친구 그러나 한 사람 지휘자 유(柳)라는 아우가 없으면 외국이든 국내든 내키지 않는 여행이 되는 것이다.

때로는 살다 보면 자신은 만인의 등댓불이 된 기분이기도 하다. 하루는 친구가 불러 다방에 가니까 멋진 커피 한 잔에 눈물이 먹은 듯 그저 부산에서 산 날들은 무척 행복하고 추억이 젖은 곳이기도 하다. 물론 충무에서 해수욕을 갔는데 김 아우가 보트를 탄 채 우리를 태워줄 때 한 세월에 내가 해준 보답은 오늘의 이것이구나 하는 마음 하나님의 말씀을 본받아 악의 없는 마음에는 선을 받아들인다.

하루는 젊음의 추억을 더듬어 전화가 왔으나 바쁘다고 하니 꼭 할 말이 있다더니 그동안의 모든 일 사과하면서 찻값을 내고는 서로 헤어졌다. 나는 정이 그리운 모든 사람들에게 빚을 갚아주면서 모두에게 고향을 돌려보내려고 노력을 했으나 자신들이 받지 않으려는 마음들. 세상은 구석구석 찾아보면 착한 사람은 매우 많은 세상 본받을 만한 세상.

추억 담은 밀양역에서

어느 날 밀양 시장이 선다기에 한 칸을 마련해 상업을 해볼까 하고 달리는 열차에 몸을 실은 채 다급한 숨소리에 캄캄한 암흑세계를 달리는 열차 하늘을 메아리치며 검은 연기 속에 태우는 내 가슴 날려 보내며 대구역을 거쳐 인정 없이 달리는 열차 곳곳마다 살아 숨 쉬는 소리 영상 필름으로 감기고 있는 순간 대전발 밤은 고요하며 불빛마저 철길 따라 가로등도 꺼져 어두운 마음과 똑같았다. 수많은 사연들을 남겨두고 울리는 기적 소리는 하늘을 메아리친다.

내 마음속 망부선 사랑을 담뿍 실은 부평초 떠다니는 너울지는 물결 소리 생각하면 마음속 불꽃은 치솟는 화려한 장식처럼 곡절이 흩어지며 환상의 그림처럼 세상은 얼룩진다. 나는 추억을 담은 밀양역, 언니가 살고 있는 곳 곁에서 상업을 꿈꾸다 포기한 채 부산으로 다시 돌아갔다. 생각하니 아련한 꿈들. 꿈은 부풀었으려니 뜻은 아니다.

충무 친구들이 때마침 여행길. 나는 여행을 떠나 친구들은 다 즐거운 웃음에 빠져 있다. 나를 보고 무슨 곡절이 그렇게 많으냐고 묻는다. 아니, 천성이니까 하고 웃으면서 이제 남포동서 차를 마시고 남포동 미녀갈비집에서 식사를 마쳤으나 이제는 해운대, 민락동, 달맞이고개, 청학동, 영도 내가 가이드를 한 것을 모두가 환영하면서 하룻밤을 즐거이 보낸 12명 친구들 부산에 친구가 한 턱 멋지게 쏠 때 기분이 좋았다. 청춘은 봄이라고 풀어본다.

옛 꿈 더듬어, 24세 부산 금성호

밝아오는 새 아침 꿈을 실어 한 해의 희망을 새롭게 가진다. 부산에 어느 날 언니 집을 출발해 금성호에 몸을 실어 세상 모든 것을 잊고 이제부터 날개를 펼쳐본다. 계절도 내 마음을 엮어 보는 것인지 초여름을 상징하며 인간은 사랑도 하루아침 이슬처럼 세상에 변화가 따르는 법인가.

전국 유랑을 꿈꾸며 초량 모 학원에 졸업. 친구는 광복동 모 학원을 졸업하며 서로 능력을 발휘하면서 첫 사회 발을 딛고 우뚝 섰다. 이때 아버님께서 5,500원 주워서 부산에 전세방 얻으면서 직장을 나가는 15일 되니 화폐 교환. 그 후 5,500원 집에다 계산을 끝마친 후 독립으로 인생의 길을 걸어간다. 처음으로 서울 길을 떠나 어느덧 서울 종착역에 도착 개표소에 출입구에 표를 주면서 말없이 나가니 친구가 나와 손잡고 언니 집을 도착하였고 이튿날 연대 학교 앞에 목장이 있는 곳을 찾아서 가니 자연의 언덕 위에 두 사람은 숙제를 풀며 순간만이 마냥 즐거웠다.

이제 부산을 내려와야 하기에 전송 나온 친구는 버스를 탄 채 서울역까지 전송. 계엄령 총탄에 돌아가지도 못한 채 부산으로 하부하였다. 그러던 어느 날 부산에서 서울을 상경 언니도 조카도 두고 떠나니 마음이 아프다. 그렇지만 목표를 세우고 넓은 시야를 보면 열심히 노력하여 삶을 개척하면서 가지고 있는 귀한 물품도 다 팔아 마음 끝 향락도 누리고 놀아가면서 내 위치에 열심히 살아 모두에게 칭송도 받으며 걸어온 길. 인생의 길목에 들어서 세상을 다시 배워야 한다.

뭔지 모르고 이곳저곳 다니다 보니 어머니 생각이 번쩍 나 영양제

쇼민 1병을 들고 그 주일에 보건소 가서 맞춰드리고 충무 도착. 용기를 얻어서 달려보려고 해도 아무런 의욕이 없다. 하루는 주인할머니 83세 된 분이 저의 쓰레기도 가져가시고 때로는 맥주도 사서 가져오니 내 자신에 힘을 주기도 했다. 이제는 누구도 나에게는 조용히 사는 것보다 다소 아무거나 할 수 있는 사람이었으니 쉬지 말고 하면 모두가 도와준다고 말들을 할 때 이것이 세상 인심이라는 걸 인식하며 뛰었다. 간 곳마다 집주인 모두가 나에게 못한 분이 한 분도 없고 도정기와 화장실 오물 새도 두라는 사람 주인들이 많아 이것이 덕이라는 것을 깨달았다.

한 많은 정, 이별의 충무항 여행길에서 거친 파도에 밀려 철선에 몸을 담은 채 애달프게 한 폭의 그림 속으로 깜박 잠이 든 순간 흘러간 수많은 일들이 환상에 그림으로 얼룩질 때 들려오는 고통 소리 잠을 깨워 동서남북이 어느 곳이 한적한 곳일까. 차라리 망망대해 어디론가 가고 싶다. 사람은 누구나 웃으며 만나 울면서 헤어지는 것이 본능이다. 인지상정이다. 우거진 산천초목 흙냄새 맡으며 어머님 곁에 묻히고 싶다. 서산 노을 오색찬란한 색깔 내 마음과 같았다.

포수의 비단새

저 푸른 창공 한 마리 비단새 동서남북을 끊임없이 훨훨 날고 있는 순간 엽총을 쏘아 보니 묘하게 내 발등 눈앞에 떨어져 주워 보는 나. 꼬리에 수놓은 댕기를 드려, 난 어느 날 한 마크를 찾으니 희미한 먹 글씨 이름 석 자 흠뻑 적신 비에 떠밀리는 순간 비에 씻겨버려 확인할 수 없이 사유를 버리고 불구자의 보호자로서 간호를 열심히 하다 보니 엽총 맞은 부분보다 가슴에 부분 상처가 더욱 크며 살이 상하고 있기에 허가 없는 의원이 저의 간호와 진료를 하는 순간 이 새는 타인이 주인이지만 정이 들어 말과 행동이 일거일동 훈련이 되자 기약 없는 주인이 나타나기에 나는 주인과 상의 끝에 새를 잃은 주인이 데리고 가되 보호를 한 주인의 말 옛 속담 업어다 난장을 맞힌다고 엽총은 쏘았지만 원수를 사랑하듯 복수를 은혜를 바라는 인간 포수의 심사세월(心史歲月)의 토막 속에서 말없는 비극 마음을 주고받는 순간 나도 재판을 걸었다. 하지만 그의 판결은 많은 세월이기에 기약 없는 미결의 판결 먼 훗날의 판결의 문답이요 하는 것. 허공을 나는 새는 길 잃은 천사요, 열풍을 잡은 자가 그의 해답을 받으며 반응이 있었다. 무척 사랑했기에 기르면서 살리라. 태양빛이 내 살결을 쪼일지라도 내 마음 아픔만 못하며 내 몸에 칼을 대 피가 흐를지언정 내 가슴 상처만 못하리라. 은은한 달밤 쏟아져 나오는 눈물 길은 막을 수 없어 슬픔에 잠겼다.

음력 8월 10일, 故 배복아 사생일

1999년 9월 19일, 경남 거제 신현읍 충원공원 안장된 故 배복아 묘소.

1년에 4번씩 내 자매 찾아 송정 공원길, 육신 있는 곳으로.

아무도 없는 빈 허공 육신은 푸른 잔디 지붕 아래 고이 잠든 내 언니 침묵 속에 동생의 발길을 기다리고 있는지요? 언니 생각에 굴곡이 많은 굽이진 길도 가벼운 발걸음 재촉 반갑게나 맞이하듯 혼자서만 엎드려 봅니다.

언니, 언니 하고 불러보며 무덤가를 두르며 흥얼거린 그 노래 뜨거운 눈물이 흘러내리며 잡초를 하나하나 뽑으면서 모든 속죄를 언니께 눈물방울로써 씻고 싶습니다. 언니 영혼은 하늘나라 계실 것을 알면서 육신이 있는 곳이라 자리에서 망설이며 돌아선 발걸음 무겁기만 하며 길목 구비마다 눈물 지으면서 눈물 속에서 언니 얼굴은 되새겨보면서 찢어진 가슴 안고 돌아선 동생 언니의 살결은 녹아 흙으로 변신해가고 동생의 가슴에 노랗게 물든 단풍잎으로 검게 변해가고 있네요.

언니 어느덧 10년이란 세월, 1년에 4번씩 찾아 왔어도 10번도 찾아오지 않은 것 같습니다. 고이 잠든 무덤가에 접동새만 맴돌고 걸음 흔적 없네요.

2009년 7월 9일 동생 배순자 올림

한(恨)
— 임 그리움에 상처

나는 눈이 없어도 그 임을 볼 수 있다.
나는 코가 없어도 그 임의 냄새를 맡을 수 있다.
나는 입이 없어도 그 임을 부를 수 있다.
나는 귀가 없어도 그 임의 소리를 들을 수 있다.
나는 손이 없어도 그 임을 잡을 수 있다.
나는 발이 없어도 그 임 곁에 갈 수 있다.
나는 머리가 없어도 머리카락으로 당길 수 있다.
나는 온몸이 없어도 그 임 가슴에 묻고 있다.

항해

돛단배 몸을 실어 파도 따라 수평선 은빛 방울 물들어 하얀 배 저 멀리 치솟고 있노라. 용왕의 물에 앉아 나그네의 설움인가. 몸은 비록 이승이나 마음은 저승이오. 다시 피며 떠오르는 연꽃 봉우리 무지갯빛 흙 속 깊이 묻힌 채 은빛으로 떠 있는 연꽃 속에 나는 죽어 재생하며 느티나무 되리라. 바람 불며 가지 마라. 엄마가 스쳐가는 소리. 세찬 바람 시원한 바람. 엄마의 소리로다. 나는 비단새 갈 길이 바빠지려니 인간의 한계는 스쳐가는 바람결과 같다. 세월 속에 발자국 흔적 없는 부평초와 밀려드는 물결 같고 치솟는 파도 따라 목노(木櫂)를 저어 이 한 몸 실어 가노라.

웃고 있어도 눈물이 어려요

꿈은 시작 영원토록 꿈꾸다
푸르름은 우리들의 자연을 손짓하다
대나무꽃이 피듯 살고 싶다
푸른 소나무야 향긋한 향을 품으며 살고 싶다
찔레꽃 향 초원의 들녘을 펼치며 살고 싶다
라일락 들꽃처럼 활짝 핀 시의 생명처가 되고 싶다
영원한 씨앗은 행복의 길을 꽃잎처럼 펼친다
눈과 얼음벽을 쌓아도 뒤돌아보며 살고 싶다
달래 가시내로 민들레꽃으로 살고 싶다
꿈은 3년 후면 길을 열다
가시밭 위로 발자국 자주 뛰어라
뛰면 길은 눈앞에

월간 『문학세계』 〈신인문학상〉 시상식

웅담 아래 고드름

바위 틈 고인 물안개 속에 물보라
치마폭 얼룩지네
뒷모습 아련히
잠에 깨인 개골 울음소리
내 벗이 되려니
이름 모를 꽃잎 방긋이 웃음 짓네

아버님 눈물의 만담

하고자 노력 하는 자는 힘을 가진다. 사람은 부유하다 빈곤해지면 세상을 잃어버린 듯한 마음. 차라리 없던 이만 못하리라.

안승화의 논설 일월 여행

한국인의 지구촌 안승화 보험 세일즈맨 약 30년 계속 그는 미국에서 대학을 마쳤다. 현 70세였고 주어진 천직에 대해 그는 이렇게 말한다. 첫 번 권유에는 가족, 상황부터 누가 뭐라 해도 보험 세일즈맨의 가치는 인간을 조교요, 인간을 구원하는 길이라고 했다.

한국인 이상구 박사

현대 고혈압은 무엇인가? 억세포 백혈구 10만 킬로그램 혈산 1/100

한국인 이승희 교수 강의

우리는 논리적으로 살아가야 한다. 사람은 모두가 생각과 행동을 살아가면서 산다. 모두가 서로 관계적으로 살아야 한다. 가르쳐주면 매사에 탐구할 줄 알아야 한다. 소중함과 유용함을 느낀 자가 스스로가 느끼며 행동을 실행할 줄을 알아야 한다.

긍지

나는 항상 빛나는 노력 끝에 남보다 귀하고 부유한 위치에 이르렀어도 그로 인해 인간적인 우울함에 다다르는 사람이 있다. 앞에서 군림하는 태도를 보며 이는 몰락을 재촉하는 것과 다름이 없다. 행복이란 몇 미터 앞에 있으나 마음속 문이 열리지 못함이라. 빈손 흔들며 길 잃은 방랑자, 그림자를 따라.

오색 무지갯빛

오색의 무지갯빛이 내 가슴에 비쳐 영원한 보금자리 지어놓지나 않을 것을 머물지나 말지 달빛에 머물러도 어둠에 묻혀도 찬란한 오색 무지갯빛은 내 마음 깊이 새기노라.

연꽃의 뿌리

연꽃의 뿌리는 과거를 말하고 중간 넝쿨은 현재를 말한다. 아무리 살기 어려워도 바다는 그대로 갈매기도 살아있노라. 엄마 없는 하늘 아래 자녀 없는 우정 무대, 후세 없는 우정 무대 흔적도 없으리오. 타향도 정이 들면 고향이려니 정 하나로 살아온 길. 안개 속에 있는 길을 가다 멈추어 이정표 찾아보리. 그대의 있음이 나와 같으리까. 고독한 실력자는 끝내 고독을 면치 못하리라. 인간은 아픔의 씨앗은 늘 우리들의 동료이다. 따르는 시련 흔히 남아야 하는가. 인간은 무에서 무로 원점에서 만나다.

인생은 허무감

미소 지으며 눈물이— 아리는 아픔 인생은 왜 안개 짙은 먼 산을 보라. 내 그림자 안개 속으로 인생은 황무지 묻어온 안개 내 그림자를 묻고 숨을 죽인 달빛 황혼 묻은 무지갯빛. 0시 바라보는 달빛 물방울 맺힌 솔잎 한 세월을 그리며 이슬 맺힌 찔레꽃 뿌리를 보라. 내 인생은 물거품 단풍잎 초목 같은 인생, 접동새는 말이 없다. 인생은 줄다리기. 내 인생 토막 꿈 낙원이다. 흔적 없는 발자국 봄날의 햇살 안개 속 길은 멀다. 산기슭에 저 달은 고향 길 이정표 밝은 태양의 얼굴 나는 왜 묻고 싶다. 인생은 시계 초점. 아카시아 꽃잎 잽싸게 신고 꿈은 3년 후 소망으로 병든 몸 병원 찾아 거부당한 앰뷸런스 소리 내며 달려가건만 이 한 몸 자리 없어 참혹한 세월 속에 눈가에 흐르는 이 눈물 소낙비 내리는 빗물보다 옷깃 적시며 가도 가도 끝이 없는 먼 길을 가노라.

월간 『문학세계』 〈신인문학상〉 시상식에서, 황금찬 선생님과 함께

망월망향(望月望鄕)

— 어머님이 즐겨 부르던 노래

어머님 사랑은 따뜻한 사랑. 봄 햇빛같이도 따뜻한 사랑. 동짓날 추워도 이기는 사랑. 어머님 얼굴은 동그란 얼굴. 보름달같이도 동그란 얼굴. 화가도 못 그릴 동그란 사랑.

한 그루 소나무

한 그루 소나무가 되겠습니다.
조용히 비가 내리네.
돌아보면 아무도 없는 발자국.

마음속 보석

인간의 보석은 마음속에 있음이다. 항상 인내하며 긍지 있는 길은 성공길이다. 꿈에서 꿈을 실행하는 것은 참됨이다. 실패는 성공의 어머니다. 5개년의 굳은 신념 달성할 것을 다짐한다. 애원하리. 지난 운명의 서러움이여. 애원하며 불러도 그 모습은 영영 잊으리.

어머님 한(恨) 풍선

풍선에 새긴 이름 망명에 소식을 전하려니 하늘 높이 날려 보낸 저승의 소식 영영 전할 길이 없어라. 부모님의 울음 소리 어이 들으오리까. 얼이 서린 영령들이며, 부디 한을 푸소서.

무덤

내가 죽어 한 주먹 흙으로 뼈만 가루되어 타오르는 불길 함께 하늘을 훨훨 흙더미 위에 사시나무 뿌리 묻혀 한이 서려 싹트리라. 붉은 잎 내 모습 물들여 연꽃으로 변색했네. 푸른 잔디 무덤 위에 호호백발 할미꽃으로 만발했노라.

세월

옛것은 흘리고 새로운 것은 눈앞에 보인다. 삶의 길에서 망설여 봤지만 내 인생은 눈길에 던져 놓고 세월과 인생은 함께 간다. 흐르는 물줄기는 유유히 흐르고 역사는 영원토록 보존되리라.

만남, 그리움과 이별

우리들의 만남, 인연, 행복의 그날을 믿고 사명감 사랑의 증표를 남겨 인간의 철칙인가 믿으며 의지하며 삶을 꿈꾸다. 사랑은 언제 어느 때 자신도 모르게 변화가 오는 것이 운명의 선택. 항시 우리에게는 미운 정보다 그리움이 따르는 것이 현실이다. 허나 인연이 없으면 이별이 따르는 법. 빈 하늘만 바라보며 흔들었던 빈손 연줄처럼 끊어져버린 그 사람 흔적마저 사라진 빈 알몸 인연의 운명과 이별의 눈물.

외로움과 고독

너는 알고 있다. 외로움이 주고 가는 아픔. 너는 알고 있다. 고독이 주고 가는 눈물.

가버린 너

꿈같은 어제의 그 얼굴. 까마득한 계단을 오르내리는 안식처 터전을 쌓아보는 나의 친구. 그의 손은 몹시도 차가워 혼자라는 아픔이 밀려 왔노라.

어두운 마음

캄캄한 암흑 속에서 그대는 영원히 빛날 것이다.

지혜가 있듯

인생은 귀한 존재의 인간이다. 운명은 유수와 같다. 못다 한 한을 안고 살아가는 것인가. 성자는 어디에 있을까.

선거사무소

통영국회의원 선거 참모 100명 관리 총참모 배순자, 힘겹던 그 5개월. 유권자를 사로잡는 나날 일선 지구와 비할 바 없이 홍보 관리 생각만 해도 몸부림 치솟는다. 여기는 사무실 선거사무소입니다. 거리에 시골 변두리로 휩쓸고 있는 돈의 위력에 시민 사람들의 차원에서 현혹되지 마시고 높은 긍지를 눌러주시기 바라겠습니다. 배짱 좋은 후보 꼭 지지해주시기를 바라면서 여기 선거 사무소 한 표를 호소합니다.

생각

어느 정치인이 경제도 없으면서 시가 나오느냐고 하는 말에 동감이 가기도 한다. 옛날에 시인은 온갖 수모를 겪으며 생활에 취약하고 여유가 없어 시를 지어 위에 설 수 없다고 하면 꼭 맞는 말이기도 했다. 옛 조상들의 흐름은 비할 바 없이 운명이어야 했으며 조부님들의 은덕인지 후손들의 장해 요인을 면치 못해 살아가는 현실은 옛 풍습이 있어 자만한 태도일 뿐이다. 삭막한 삶의 욕망 세계 짧은 세월이 보여주건만 인간은 그의 욕심은 한계가 끝이 없이 마지막 결실이 무언지도 모르고 살아가는 현실. 삶이 허무한 현실이었다.

달래 처녀의 꿈과 소망 이정표

세상과 어우러져 살아온 한 세월 삶과 죽음과 즐겁고 기쁜 날도 어렴풋이 생각 떠오르게 될 때 기록의 습관을 기르며 파란만장 수없는 곡절 속에 이를 때 글을 써 마음 표현을 기록하면서 누구와 대화를 하듯 마음에 다짐을 하는 것이다. 그토록 소망했던 책을 출판하므로 그 얼마나 보람 있는 것인가. 이정표 없는 지점들 표준 없이 자신과 온몸에 시련을 겪으며 그 소망을 이루어간다. 우리 인생은 침체되지 말며 세상의 소망 3년 후면 그 꿈은 현실 풀어보면 못할 것이 없다고 말하고 싶다. 좌절과 낙심하느니 앞산 보며 혼자서 넋두리도 하고 숱한 한 세월 지난 아픔을 물에 씻어 마음에 문을 열어 늘 기도하면서 용기 내어 인내라는 두 글자를 머릿속에 입력하라. 자기 재능 찾아 인생을 찾아가는 지름길. 옛 속담 '원한은 돌에 새기고 은혜는 물에 새긴다' 라는 속담은 거짓이 없는 현실에 접한다. 떠날 때는 말없이 조용히 눈감으면 빈손으로 가는 것이 인간의 본능. 오늘의 이정표 눈앞에 닦아 소망의 꿈 하늘을 치솟아보렴.

한 권의 책에 진심을

살아온 생애 50년의 세월 꿈을 꾸며 그 꿈이 맞다고 여겨 날이 새면 눈을 감고 다시 생각하면서 하루의 일과를 구상 살아온 세월이기도 하다. 이제는 꿈도 잠을 깨면 잊어버리며 눈을 뜬 순간 아쉬움이 따른다. 그러나 하나님을 믿고부터 꿈이란 의식하는 것이 헛됨을 알며 하나님의 계명만을 믿고 현실을 접어 살아가는 것이 현실의 종교의 길. 그러나 일생토록 기록한 일기책만이 어린 동심부터 어렴풋이 기억나는 것과 늘 듣고 보고한 역사를 기록하였으며 온갖 자서전을 일흔 나이에 어두운 눈과 떨리는 손으로 흩어짐을 바로잡고 있는 그대로를 기록하여 한 권의 책을 만들어 책의 애착한 분들께 있는 그대로 보여 드리고 싶다는 일념 아래 평생 소망을 이루고 싶다.

책이란 차원과 수준 있고 고귀하게 단어를 늘여 기록하는 것만이 좋은 책이라고들 말할 것이나 어느 누가 보아도 쉽게 읽을 수 있는 책을 요즘 많이 선호하는 것이다. 이 책은 대목 대목 썼으며 애착 있으신 분들 읽으시고 각자의 보시는 뜻에 맞춰 헤아리면 더욱 감사하겠다. 독서인들 봐주신다면 더욱 감사하면서 애독해주신 가정 가정 행운과 건강 있으시길 빌며 감사드린다.

진생V 첫 교육

대구 파크호텔 교육장

배복아(裵福芽) 언니 연탄가스 식물인간으로 병석에 누웠을 때 병원 일곱 곳에서 거부당했는데, 심봤다 식품을 복용했다. 이 식품을 복용하고 완쾌했기에 무척 감사한 마음. 언니로 인해 10년간 심봤다에 몸을 담아 월 200만 원 수입과 건강을 찾지 못하는 많은 분들이 심봤다 식품으로 인해 회복된 데서 보람을 느끼며 성공했다. 이때 언니는 병원마다 거부당하며 했으나 고치겠다고 일념을 다한 보람이 있어 한 세월 보람된 삶을 힘겹던 나날을 울고 웃으며 심봤다고 하며 저를 이끌어 준 황옥자 본부장 친구와 사장님도 늘 감사한 마음으로 월 1번씩 교육비 5만 원 들여가면서 전국 일대 호텔 장소 꼭 참석하며 식품 월 판매 1,000만 원 가격 판매율을 올리며 마산 크리스탈호텔 1989년 1월 14일, 배순자 본부장으로 승진한 것이 이제부터 회사와 나를 위해 무엇을 할 것인가 머릿속에 묻어 여기서 인정받는 본부장과 나의 성공 길을 늘 마음속에 간직하면서 열심히 뛰며 월마다 봉고차 대절, 경북 한국콘도 많은 사람을 인도. 마산과 부산도 한 번 참석 때마다 인원수는 약 7명씩 동행. 교육비 1인 5만 원씩 본부장 책임 사업이었다. 나는 누구를 위해서든 상지상 자발적 둥지 행동 사업자 등록 과세 상향 접대 자신감 공식 결단 무단념 인간으로서 이름을 남기고 자기의 소망을 이루고 앞에 부딪쳐 주어진 일들을 완성하며 남을 항상 배려하는 마음이 앞서 무엇이든 해낼 수 있다고 자부하며 일생을 살아가고 있다.

이때부터 언니는 서서히 일어서기 시작했다. 한 살부터 3세가 되는 기분으로, 빠른 속도로 완쾌되어 함께 교육도 가고 나의 형제부터 먹이며 교육 때 꼭 모시기도 했다. 언니를 위해 많은 눈물도 흘리며 혼자서 감당을 하긴 너무 힘들었다. 나의 어머님도 1988년에 세상을 떠나, 언니는 연탄가스 어머님을 뉘어두고 언니 병간호와 함께 부딪쳐 아무도 이 일을 할 사람이 없어 몸도 경제도 내가 감당. 꿈같이 하고 보니 언니가 70%는 좋아져서 심봤다 식품에 목이 메며 보람된 저의 언니 감사했다. 이때 나는 통영 영업소 고객이 늘어나 많은 수입과 몸도 가계도 회복되어 감사할 뿐이다.

제3회 대구광역시 〈청소년 지도자 대상〉 시상식

마음과 육체 맑게 해주는 진생V

경주 한국콘도

지금부터 신조는 능력 있는 본부장으로 일하며 제품 자체가 타 제품과는 비할 바가 없이 우수 제품이기에 우리 제품을 따라 타 회사에서 모조품을 만들기도 한다. 우리 인삼은 인정된 분들께는 더욱 효과를 주는 신비로운 제품으로 혼에 영향. 옛 성인들께 인삼은 홍익초를 살아 있으며 우리나라 100대 기업에 가입된다면 앞으로 20년의 세월이 된다면 우리 제품은 고려인삼이 원료라고 부르짖으면서 홍익인간이 되므로 심봤다를 알리며 전 국민이 하루 한 취식 보조 식품을 드신다는 것에 우리 민족은 선조들의 삶의 길에서 깨끗했던 것으로 남기고 간 것을 인삼은 심봤다의 이름으로 일깨워준다. 사람은 정신 체육 한민족의 배달 백의민족 마음과 육체, 정신적 양심 사회 두 사람의 몸이 건강치 못하면 순간 마음 한 구석 병든다.

육신에 스트레스 쌓이면 힘에서 오는 현상 먹는 순간 병이 온다는 발명 특허 진생V 로열 젤리 리포메가 비타민 발견 고려인삼을 열심히 복용하는 것이 바로 명현 현상, 혈관을 닦아 효능이 온다. 우리 형제간은 진생V만 없으면 체력이 모두 빠진다. 여기서 심봤다 힘돌 가루 물을 끓여 마사지 수건을 축이면 성인병에도 전 고객에게 효능 발휘할 수 있다는 것이다. 선임 본부장의 노력과 새 본부장이 탄생했을 때 6년 노력 끝에 모두가 금배지를 받아 기쁨의 희망이 가득 찼으며 제품 자체도 고객에게 명현 현상이 오더라도 먹을 것이냐 다짐 후 판매 교육 받으며 판매 임하고 여기 보면 우리 사계절 태양을 따라 지구는 돌고 있다. 수성 화강 인삼 70%로 도는 힘, 영산소에 느끼며 보면서 감정을 사용치 않으면 죽어간다.

사람은 자기 능력을 발휘하지 않으면 뒤떨어져가는 길이며 생각이 바뀔 때 운명도 바뀐다. 심봤다. ①명현 반응 ②아다토겐실 ③로열젤리 ④EPA ⑤고려 인삼 ⑥수능 화장 ⑦심기현실 ⑧상약 ⑨홍익인간. 이화세계 건설 세보의 건강식 복용 중 병 든 옆구리가 많이 앓았다. 병든 얼굴은 비하면 바람 든 무나 다름이 없고 진생V와 찜질요를 5일간 활동 중 만병의 근원이 하루아침에 가벼워졌으며 중풍 환자도 힘돌 찜질요를 사용하면 성과가 있을 뿐 아니라 우리의 힘은 크나큰 잠재 능력에서 무한한 힘이 솟는 것이다.

나는 10년간 앞을 보면서 일을 한다. 교육의 생명줄은 명현 현상이 일어나야 하며 우리 육체 닦고 기름 치는 것이다. 학은 천 년 생명 살아가는 학의 생명줄, 고래는 500년을 산다. 우리 인간은 호흡 단정 내부가 복잡하게 되면 곳곳에 병이 오며 늘 아랫배에 힘을 얻을 때 호흡 식대 채식과 생식을 요한 것이고 소화 부분 몸에 간질이 오면 최고 연골 옆으로 서는 것은 경락 위로 가는 것. 남자는 정력, 여자는 콩팥이. 화를 내면 간이 나쁘고 슬퍼하면 폐가 나쁘다. 밤 10시, 자정 1시 신기 열방 홍일 하늘은 스스로 돕는 자를 돕는다.

사장님 진생V 식품 강의

부산 본사 교육장

하늘의 복 마음은 성(性) 에너지 태양. 인간은 장사가 아니고 하나의 사업이다. 전매청에서 나오는 것만이 인정하니 생각을 바꿔며 모든 사람들은 생각이 한 치 사위었다. 부모가 짓는 밥이 최고고 남의 밥은 믿을 수 없다는 법. 부모가 태양, 지구라고 말하며 자식은 사람의 등뼈 12개라고 표현하며 지구는 물과 불이라 조화되어야 한다. 사람은 배가 따뜻해야 하며 윗배는 차가워야 한다. 화강 수존 위산이 나오지 않으면 소화 불량, 콩팥이 답답하면 정신이 없음. 원인이 치료돼야 예방을 할 수 있다.

교육에 참석한 약 500명 누구든 말에는 내 이름으로 살아가야 한다. 세상에 태어나서 세 번 우는 것은 숨, 밥, 하늘을 막는 것. 똥은 땅이 먹는 것. 잠은 자연에 수렴한다. 인삼은 전국 50회 교육 단기 4326년 본부장 임명 축하하면서 우리는 숨, 밥, 똥이 바뀌어야 다 이루어진다. 언제나 교육은 머리가 맑아야 하며 심봤다 교육은 색안경을 쓰고 보면 안 된다고 한다. 우리 국민은 혼란한 가운데 고려인삼을 다 복용해야 한다. 하늘과 땅 사이에 고려인삼뿐이며 가정마다 내용 있는 편지 매우 보람 있는 결과 가진다.

사회가 부흥됨이 6월 TV에 방송 인터뷰하는 바람에 모두가 심봤다를 복용 정신이 맑아진다. 지혜로운 사람이 되어 많은 노력을 하면 각자가 잘 살 수 있는 길을 연 덕분. 특강을 신입 직원에게 알렸더니 자신이 체험을 후 더욱 성적과의 힘으로써 힘돌 베개와 힘돌 방석에 대해서 사례담을 열어 열심히 했으며 3개월 만에 성과 혈관에 연결 아랫배에 이상 효능이 있다. 당뇨병, 두부, 미꾸리자 모든 일 자택에 불러 판매한다는 생각 버리고 본부장으로 만든다는 회사의 전보 왔다. 우리 회사는 상공부 가입된 것이라 방문 판매 가능하니 열심히 하면 못할 일이 없이 성공의 길이 있다.

동료와 형제 앞에서 본부장 승진

마산 크리스탈호텔, 200명 참석

마산 크리스탈 호텔 내 많은 형제와 동료 앞에서 서진회사 본부장으로 승진했다. 연탄 가스 취한 언니가 진생V를 복용하고 몸 상태가 하루하루 진보됨을 알았다. 교육 때마다 사장님은 언니를 불러 홍보 대상으로 삼았다. 마치 하나의 제물처럼 내 자신의 마음이 아프다. 남들이 안타깝게 봐주는 시선도 불미스러웠다. 나는 승진보다 성원도 최고의 자리일지라도 나에게는 언니뿐이었고 그에 따른 선물도 많이 받았으나 열심히 한 대가였다. 물론 서로의 상부상조라 할까 회사도 더욱 발전했다. 언니와 내 자신도 이 제품이 가장 효과적이다. 역시 진짜 있는 식품이라 빠른 속도 회복되는데, 인삼 덕분이다. 앞으로 우리 살고 있는 한국은 어떻게 살아갈까. 우리는 집중 프로 정신 긍지 있는 생활이 되어야 한다. 그러나 나에게는 세일즈맨 삶의 고됨이 계속된다. 열심히 노력함에 목표를 세워본다. 건강을 찾으면서 철저한 상업 길에 발을 딛고 선다. 앞으로는 진생V가 심봤다 건강 식품으로 바뀐다. 사장님은 나를 부르는 이름 배마도로스 통영 배 들어왔어요. 때로는 억치 본부장 때로는 찰슨 브론스라고 부른다. 언니를 홍보해서 교육비 형부와 언니 두 사람 제외하니까 사장님께는 바른말을 한다는 것. 그러나 덕분에 언니의 건강 찾음이 감사한 마음.

마음의 문을 열어라

해운대 한국콘도 교육장, 15명 참석

많은 여론에 사장님 강의가 짧아졌다는 말들. 오늘은 강의가 우리에게 도움이 없다. 前 직원 옛날과는 다르며 머릿속에 담아둘 것이 없다. 왠지 교육이 신물이 나기에 교육 불참했다. 이제 한 가족이 아니었고 처음 본 사람같이 서먹거린다. 나에게는 교육이 큰 숙제를 남기는 것 같다. 이제부터 더 진행할까 여러 가지 망설여진다. 현재 위치에서 별로 할 것이 선택이 없다. 손쉽게 허술하게 시작한 것이 자신이 미약했다는 점. 이제 앞으로 매사에 생각을 해 봐야겠다.

우리 인생은 가공하지 말고 심봤다 비하면 가공이 많다. 우리 사업은 사람을 많이 만나야 한다. 신토불이 모르면 물어야 하며 알면 가르쳐줘야 한다. 우리 땅은 기가 서기에 우리 자신과의 싸움이다. 우리는 삶의 돈이 있어야 살며 배고플 때 하면 한 끼라도 누군가 사주면 세상에서 고마움을 잊어서 안 될 것이다. 마음의 문을 열어라.

성공하는 방법

해운대 한국콘도 교육장, 470명 참석

사장님은 전 본부장 임명 패와 서로 교환한다. 늘 고객과 싸움 관리를 잘해야 한다. 철저히 S.C.P. 샤프 로열 젤리 동맥경화제 결부 초능력 줄 수 있다. 89년부터 제도가 달라졌다. 현 차장이 되려면 550만 원 한도 월 판매 시 확정한다. 우리는 긍지 속에 일을 해야 하며 복용 믿음 효능에 거울이 필요하다. 한국 인삼 전 세계에 적용. 인삼은 계속 먹어야 보람을 인정받는다. 건강은 나의 보석이며 배짱 있게 사업하며 용기를 얻어라. 우리 뼈에 인삼은 힘을 주고 우리 머리 두뇌를 맑게 해준다. 역할이기에 열심히 먹어야 하며 우리 한국 인삼 최고로 인정받는다. 우리가 먹으면 좋아지는 건강 지켜보며 역시 언니가 효과 거두었다. 건강 나의 보석.

1. 자격심 ― 자신을 관리한다.
2. 정의감 ― 공평한 마음 텔레파시
3. 결정적 ― 허탕한 낭비보다 차라리 보험을 가입하라.
4. 계획성 ― 언제나 무엇을 기재하라.
5. 인격 ― 재벌 측에서도 서민 측에 가까이 하라.
6. 서로 돕고 남을 앞서 이해하라.
7. 책임감 ― 해야 할 일을 못하면 자신은 판단력이 없다.
8. 판단 ― 중금속 효능 경험 조직 사람이 하지 않는다.
9. 대엄과 조직 사람이 장식은 본부장용. 농약 및 중금속 중독에 진생V이가 필요하다.
10. 동맥경화 안정시키려면 영양소를 공급해야 한다.
11. 조직에서 구를 인간은 타인의 능력을 닮지 않으면 후퇴한다.
12. 교육 능력 6명 이상 확보해야 한다.

본부장의 덕목들

대일빌딩 교육장, 25명 참석

판매법 확신을 가질 것. 본부장은 매력의 포인트, 개성을 영구히 살려 멋이 있는 움직임이 필요하고 농부가 사철 움직임이 있듯이 자립 정신 조직 관리를 잘해야 하면서 여기서 소홀하면 업무에 실패할 수 있으므로 활동을 기록하면서 모든 일은 동적으로 이루어진다. 미사일 돌진한 기관사 답답한 업무에는 책임져야 한다. 많은 번성 활력 시 식구 면류 관리하면 감자 씨의 비율 눈으로 잘라야 하며 그 자리를 심어야한다. 조직 참여 자발적 교육 모임 성공자에게 적극 질서 유지하며 상사들께 신격화 우선, 차선 조직 구축하여야 한다. 여기도 법칙이 있으며 본부장과 차장 서로가 존중하며 진출해야 20만 원 우대해준다. 상품 지식 토탈 판매 매사에 너무 앞서 밝히지 말며 대국적으로 생각하면서 건강의 비결은 오직 인삼과 운동 정신. 삶의 터전이 생긴다.

배순자 본부장 퇴원 본부장 회의

대구 파크호텔, 약 300명 참석

대구파크호텔 교육장 참석 사장님의 교육 일시적 기분 같다. 누구나 자신을 믿어주며 약속도 실천에 옮겨야 한다는 강조 아래서 우리 사장님의 강의를 명심하며 인생은 자신의 긍지 전진하며 마음속 깊숙이 긴 대화를 꾸미며 자신의 약속과 제품의 신망을 믿어 활기찬 세일즈맨으로서 하면 성공길이 보이며 피나는 노력과 주변 뒤를 돌아보면서 우리 곁에 3명 이상 확보한다. 연구 고객 관리 카드 꼭 소중히 간직해야 한다. 우리가 살아야 할 성공의 길 35%는 실패의 길. 항시 즐거운 마음으로 식사를 하면 요법도 행동으로 보여준다. 불평은 뒷걸음질 치는 사람이 따르는 법. 꿈은 성실, 입 성실, 손 성실, 행동 성실, 의복 단정. 감기는 생수와 비타민 씨를 복용한다. 물은 병아리처럼 반복 조금씩 먹는 것이며 식사도 알맞게 해야 한다. 피곤하면 즉시 쉬어야 한다. 우리는 늘 머릿속 진생V를 외워야 한다. 앞으로는 심봤다 외치면서 살아간다.

병 예방법 및 홍보 비즈니스 방법

해운대 한국콘도 교육장, 350명 참석

사장님의 설문 적응력과 저항력. 병간게 천인지(天人地)의 공기 대한의 딸들 공기가 적합하며 건강하게 살아간다는 것은 정신적, 육체적, 양심적, 사회적, 건강과 질서를 지키며 사람답게 사는 것이며 어린 핏덩이 3.2kg 갓난애 숨 쉬는 것은 3분 내 흰밥은 3끼 먹지 못해도 대변은 3번은 눠야 한다는 것. 침대 질병 등뼈가 담기며 인삼 복용 단기 4125년 인삼 발명(4329년) 체험 사람은 아이큐 110이었고, 개는 아이큐 60, 닭은 아이큐 41, 돼지는 12였다. 모든 병을 예방하지 않으면 건강하지 못함. 배, 구멍은 따뜻하게 하면 된다. 수동아이 하승수강 70살, 목구멍 50통, 머리는 차게 하면 된다. 위산 크게 식게 할 사항 밥 3끼 수면 시 72시간 신진대사 2세까지 콩팥 시간 시 좁다. 세포 간절염 뼈마디 506마디 류마티스 관절염 튀어 나오는 것 로열 젤리 생명 세포 리포메가 상처에 효력 삼천리까지 해당함. 성인병 5년 전 자각 증상 숨 쉬는 법 산소. 밥 먹는다. 최고 농약 모염 야생은 해만 지면 잔디 위에 일어난다. 육체는 피가 깨끗해야 하고 육식 지방질 채식 최고 땀, 구멍 풀어준다. 인삼은 우리 몸에 하수 구멍 뚫는 총이라고 한다. 능력 복은 자기 한정에 절대 금물. 거미를 보며 목표가 한정되며 사업단 목표도 만약 1억 원을 달성 시에는 호주에 관광 여행시켜주며 남을 배려하는 마음도 있는 법. 정당한 판매에서 남을 지배하지 말 것. 무슨 기념식 일자 이익 있는 생각 버려야 한다. 능력과 행동하라는 것은 무엇인가. 홍보 비즈니스.

사장님의 진생V 경험 사례담 강의

부산 본사 교육장, 10명 참석

몸에 두드러기가 나더라도 진생V를 복용하면 효력이 있다. 참으로 잊어버려서도 안 되는 진생V 상징이다. 많은 사람들의 경험 사례담 발표하였다.

1. 성병 고생 끝에 진생V 건강 식품으로 효능을 보았다.
2. 간질 오래 고생 10년 만에 심봤다는 복용했는데 효과 있다.
3. 몸이 불편 끝에 장기간 끌다가 완쾌되었다.
4. 모든 저항력이 떨어져 부부 생활에 손색없는 몸으로 상쾌감을 준다.
5. 눈동자 감각이 떨어질 때 아팠다고 생각 복용하면 순조롭게 동자 잘 움직인다. 물론 교통사고로 인해서 대신 눈을 해 넣었을 시 보이기는 하는데 동자가 돌지 않을 때도 복용하면 자연스럽게 돌아간다.

모두 홍보를 열심히 했고 사장님 강의 인간의 인체 교육이라고 했다. 항상 바른 자세로 앉아야 하고 적당한 운동이 필요하다. 첫째는 침대를 사용치 말 것, 둘째는 제품을 불신하면 효능을 못 본다. 제품은 정성들여 먹어야 하며 건강의 비결 인삼은 매일 복용해야 한다. 인삼은 신비롭기 때문에 의심치 말고 진생V를 불심치 않고 복용한다. 인삼 엑기스 먹으며 좋아질 때 계속 복용치 않으면 마음도 몸도 아프다. 붉은 피, 맑은 피, 맑은 마음. 인삼은 금을 상징한다. 건강과 마음가짐이 당시보다 좋아진다. 효능 모든 것을 힘 있게 하고, 봉사하는 자세로 결핵도 좋아진다. 홍구표 사장님 일본과 한국 등등 진생V로 류마티스 관절염도 몸 전체에서 사라졌으며 무엇에 비할 바가 없다.

*요법 : 원두 커피 사용 후 찌꺼기를 신발 안에 넣으면 좋다.

인삼은 건강의 비결

경주 한국현대 교육장, 400명 참석

연예인 남부원 참석 사장님의 강의. 첫째 숨, 밥, 또 생각이 바뀌며 모두가 이루어 우리 원리 선조의 지혜 현대 호텔 건축비 11억 1,110만 원 민족의 혼 얼을 되살려주는 듯. 병이란 어두운 마음속에서 온다. 인삼은 사람들에게만 오는 것이며 인삼은 정신이 맑은 분에게 찾아간다. 심봤다 내 여러 가지 제품이 있다. 기본 인삼은 몸에 있는 땀구멍 4만 4천 개 호흡 열리게 해준다. 콘크리트는 굳어지며 전자레인지는 여자들에게 유암을 주고 있다. 구토 없는 심봤다 몸속에 저망이 되어서 홍익인간 되려면 고려 인삼 먹는 것이 필요했다. 우리 교육 관광이라고는 아예 생각지 말고 오로지 건강을 위해 홍익인간 정신으로써 참석해준다. 엄숙한 본부장의 희망 얼굴에 여드름 없는 방법 많은 인삼은 부산에서부터 인삼은 시작되었다. 부동산은 돈이 없어지지만 우리의 의지 땀 흘린 대가는 빛이 난다. 우리 병 각자의 자만의 의심에서 게으름을 피우지만 열심히 하면 된다. 전 본부장 목표 전 수령장을 꾸미고 동조를 하는 사람만이 믿고 농촌 지도소와 확실한 계약 각처 심봤다의 식구를 흙에서 새 삶을 가지고 훌륭한 일 새로운 창조 시대 천지조화에서 우리 인간은 이루어지는 것이다. 우리 인삼은 신비로운 것이라 정성이 따라야 병이 낫는다는 참된 정신이었다. 건강한 비결은 심봤다 건강식품이다.

1992년 10월 9일

국민 모두 심봤다 식품 복용할 수 있도록

부산 한국콘도, 450명 참석

천동불상 40억 정도 높이 43m 여성들의 산(山) 우리 몸속에 숨구멍 200개 우리 인삼 혈액 순환된다. 아버지가 이름 석 자 지은 것이 평생을 좌우하는 것이다. 사랑의 그 한마디가 속세를 떠났기에 모든 생각을 읽고 가슴을 열고 새로운 생각에서 교육을 한다. 항시 검토하고 창조하면서 밝고 맑은 모습으로 살아야 한다. 창조의 근본은 웃으며 사는 것이 건강에 대한 공식 간경화 산삼을 캐야 하며 마음이 밝으면 심봤다고 외친다. 백의 민족, 배달 일본 국민이 우리 한국 사람들 모르게 속인 현실. 실 맥도 끊어준 채 우리 인삼 먹지 못하게 방지한 것도 있고 신기라는 것은 거짓말하지 않는 진실함 말한다. 우리 경로당을 폐지하려고 하면 팔만대장경도 따지고 보면 심봤다가 신 · 구약성경도 마음에 심봤다였고 매사에 지혜가 있어야 하며 인삼은 불로장생에 도움이 되며 안전 두뇌를 만들어준다. 김항규 부산에서 강의 설문 거울을 보며 자신 있게 외쳐야 하고 심봤다의 사람들의 대사업 목표, 전 국민에게 고려인삼과 숨 바로 쉬기 운동을 확실히 바로 알리자고 누구나 불평이 있으나 사주팔자는 정해지지 않은 것. 우리 할 수 있으니 좌절하지 말자. 국민들은 자연식 찾기 도시 속에 농촌 건설 전 국민 모두가 다 인삼 심봤다 식품을 복용하자는 홍보 말이 씨가 되어야 한다. 아침 일찍 우닥탁 젊음의 대망에서 나 자신과 싸움. 심봤다의 사업 열심히 노력해야 산다.

인내를 가지고 일해야

해운대 한국콘도 교육장, 190명 참석

오랜만에 사장님 강의를 들어본다. 이번 교육장 서진 식구 약 300명 참석했다. 다만 옛 식구는 30명 정도였고 모두가 낯선 식구였다. 서진회사 3주년 기념식을 마친 후 놀라운 생각 사장님은 힘이 솟아오르고 교육 내내 열기가 가득 차오른다. 첫째 인간관계가 좋아야 한다는 설문 강의였다. 세상에서 무엇을 하든 사람이 많이 따라야 보람이 있다. 사람을 지혜롭게 거느려야 하는 기술 어떻게 해야 하는가. 자본주의 국가 돈이 있어야 한다는 말은 늘 하는 말이었다. 공부로 사업이라고 하며 실패는 성공의 어머니라고 한다. 자신의 정립 지적보다 지혜 있고 소득을 올리려면 인내를 펼쳐야 한다. 누구나 보람을 느낄 수 있다. 대상자는 우리 세일즈맨의 기준 1억 원 돌파였다고들 한다. 세계인삼학술대회가 서울에서 열리고 있다. 우리 한국인삼은 심이 깨끗하다. 우리는 일 속에서 행복을 찾고 일하다 죽자고 노력. 고려인삼 캡슐 먹으면 뒷골도 당기지 않는다. 오래된 피 뭉치도 다 피 순환을 시키는 진생V. 나에게는 무척이나 고마운 제품이다.

영업 활동 지침

부산 본사, 7명 참석

부산 교육장 본부장 모임. 나의 능력은 무한하다. 본성 홍익 경선 공안 성불했다는 목표는 나약해졌다. 본부장은 연 1억 원씩 표준액을 세워야 한다. 홍익인삼교실 5×10, 50명이 건강하게 열심히 사는 것을 모두가 봐야 하며 당뇨병, 두부 · 미꾸라지 · 천화분 3가지 복용해 1개월 정도 지난 후 효과 보는 것이 가능하다. 사장님 고객 방문 금지. 모든 일 사무실 내 자기 자리에서 상담한다. 시험, 상담 서류, 서약서, 활동 지침, 판매 방법 20%로 1차 100만 원 이상×20%로 수당을 받는다는 활동 지침 판매 금지 500만 원 벌금. 첫째, 우리 신분을 밝히고 우리 인삼은 선약이라고 말한다. 우리 인삼은 가치가 있고 세보건강을 확실히 배워야 한다. 홍익인간은 망각을 잃은 채 지능이 뒤떨어진다. 열심히 하면 못할 일이 없으며 성공의 길이 열린다. 건강 비결 코 그리지 않는 법 진행V를 복용하면 고칠 수 있다. 우리 몸에 기가 나온다. 초상의식 인간의 초능력 세보건강산수는 널리 알려야 된다는 것이며 1992년 7월 1일부로 방문 판매 금지였다. 우리 회사는 상공부 가입된 것이라 방문 판매 가능. 약 2천 개 회사였다. 월수입 300만 원 이상이다. 소극적 생각 버리는 것은 본부장이 되는 회사의 진보였다.

진생V의 다양한 효능

광주 신양 파크호텔 교육장, 150명 참석

김성줄 사장님 교육 포인트, 세포가 살아난다. 남에게 알려주지 않는 것 혈압이 높고 두통 판피린 복용한다. 숨이 멈춘 후 시간을 보내다 다시 호흡이 돌아온다. 모르면서 묻지 않는 것, 할 수 있으면서 하지 않는 것, 진실한 표정이 없으면서 일하는 것. 경험 동행 판매 소득 보람, 비주력 일에 즐거움. 인삼은 4년 홍삼 식품은 아이 다리라고 말한다. 6년 건삼 인삼은 당뇨병 혈압 270가지 약 취소한다. 일시적 당뇨에 진생V 단원정, 다갈정을 따뜻한 물과 함께 먹으면 빠른 속도로 효력 발생한다. 고혈압, 변비도 함께 진생V를 사용한다. 본인 가족 수 돈을 버릴 수 있는 방법. 물과 불을 가리지 않고 일을 하면 결실이 온다. 우리 정치인도 구충제를 먹어야 건강해진다. 판매 시 샤푸니를 확인치 못함은 부진 99%로 인정 동결. 건조 분말로 만들었으며 16가지 원료 제조 6년간 인삼 농축. 사계절 회복을 찾는 것이며, 마비 상태 와 오른쪽 뒤 얼굴이 부은 뒤 3개월 후 효능이 있으며 술 먹은 뒤에 붉은 빛도 없어지고 진생V를 복용하면 여러 가지 효능이 있다.

새벽 0시 꿈

아버지, 어머님과 함께 3명 기나긴 둑길을 걸어가던 중 아버님 옷차림 흰 두루마기를 입으시고 어머님 역시 흰옷을 입으신 채 먼 산길을 가시면서 말이 없고 조용히 가셨다. 이때 돌아서 보니까 아가씨가 주인인 큰 정원 꽃집이 있기에 내가 구경을 하니까 무슨 꽃을 살 것이냐고 하기에 대나무를 살 것이라고 하니 거절. 그럼 소나무 아니면 동백나무라고 지적을 하니 점원이 대나무는 미출하니까 장미꽃을 선택해서 아니 조그만 포구나무라고 분재용 된 것을 사려니 그것도 만류를 하더니 끝내 붉은 장미꽃을 권유를 하면서 거절하지 말고 가져가라는 것. 받아 집으로 가져와 조심스럽게 물을 주고 뽑힐 것 같아 조심하면서 만지는 순간 꿈을 깨었다.

왜 이런 꿈을 생각하며 기록해두는지? 일생토록 사업상 그리고 상업상 여자들이 필요한 지금에 파묻혀 살아가는 것이 바로 꿈의 예언대로 살아가는 운명이며 일생이었다.

외갓집 꿈

외할머님 가신 10년 내 나의 꿈에 나타났을 때 집 건너 마을 밑 당산나무가 있고, 그런 곳은 옛 조상들이 제사를 모시는 곳이라 함부로 놀지도 못하는 곳이다. 그러던 어느 날 밤 15세 정도 보이는 단발머리 검정치마 흰 저고리를 입은 채 산길 아래쪽 내리 달리면서 외갓집을 보고 손짓을 하더니 누구를 오라고 재촉하면서 짧은 치마를 입은 아이와 함께 아래쪽 길을 소리치며 달리던 얼룩진 화면이 지금도 생생하다.

얼마 못 가서 외숙모님이 몸이 아파 이틀 동안 앓고 누웠다. 때마침 외갓집을 갔는데 간병을 하다 온 기억. 꿈은 예언으로 믿고 싶다. 그 후 외숙모도 바로 세상 떠나시고 5년 후 외삼촌도 가시고 3대 독자도, 그의 아들 자녀도 세상을 올바르게 살지 못한 채 삶을 마감하는 듯 터전은 풀밭으로 마감한 것이다.

연기가 가득 차 숨이 막혔다

고향 뒷문에 연기가 가득 차 안개같이 무더운 기가 숨이 막힐 판이 되어 꿈에서도 죽으면 이런 것인가 하고 생각 들면서 호흡을 가다듬다 깨보니까 꿈이었고, 꿈은 우리 현실을 보여주고 있는 듯 당시 내 마음 그대로니까.

외갓집 마당에 유채꽃 만발

외갓집 마당에 유채꽃이 만발해 앞마당 길을 꽉 메워 길이 없고 뒤를 돌아가 보니까 맑은 물이 흐르고 꽃들이 매우 많아서 기분이 좋았다. 그 후 손자 3명이 자리 잡고 모든 식구에게 온안 가정이 왔던 것이다.

외갓집 가는 중 외숙모 묘소

외갓집을 가는 도중 산길 옆에 외숙모 묘소를 선명한 둥근 모양으로 해두었다. 묘소 앞에 비석처럼 불이 밝혀져 무시하기로 했다.

눈을 뜨고 이상하다고 생각을 하고 있는 순간 성돈 오빠가 부산 집에 와서 하는 말, 어머님께서 돌아가고 사모를 지니고 바로 온 것이라고 하는데 눈이 빨갛게 충혈이 져 오는 순간에 마음이 편하지 않고 무슨 위안을 해야 할지도 몰라 어떻게 급히 이곳까지 왔냐고 물으니 경찰 시험 치러 왔다고 함께 가자기에 동행을 했더니 시험도 쳐보지도 못한 채 낙방해 집에 가야 했다. 홀아버님에 어린 자녀 셋, 처도 이별해 너무도 마음이 아팠다. 오빠는 머리는 매우 좋았어도 대학을 못 간 채 고등 교육도 엄마의 공이었다.

외삼촌 장례 예언 꿈

외갓집과 옆집, 단 두 집이 살고 있는데 문 앞을 지나 외갓집 가려니 외할머니와 외숙모 두 분이 가는 길목 옆집 문 앞에서 어디를 가느냐 묻기에 외삼촌께 간다고 했더니 너희 외삼촌은 집을 짓고 있는 중이니 우리 있는 곳에 들어오라고 하는데 거절하고 돌아서자 꿈을 깨었고 생각이 이상했다.

그 후 부산에서 고향집을 가는데 친지 형부가 외삼촌 돌아가셔서 왔느냐고 묻기에 몰랐다고 하니 오늘 장례식이라고 했다.

외갓집 뒷밭, 외삼촌 무덤 꿈

외갓집 뒷밭을 가서 외삼촌의 무덤을 보니 이상하게 무시무시한 생각이 들었다. 외갓집 산에는 나무들이 무성하며 힝술생술 돼 있고 그렇더니 성돈 오빠가 몸이 아팠다.

외할머니 무덤 꿈

외할머니 산소는 공동묘지가 아니라, 외따로 있어 두 사람이 찾아가니까 앞에 과일 같은 종류를 다양하게 차려 놓았기에 자기 친정 조카가 차려 두었다고 하면서 외할머니는 묘소 옆에 앉아 계시더니 사라졌다. 그 후 미신을 보고 나서는 산소 앞에 갈 때 빈손으로 걸음하면 섭섭한 걸로 알고 있다.

33세 명신 언니 신의 길 해명 꿈

언니가 신이 올 때 할아버지는 나에게 늘 설명을 했다. 할아버지께서 도복을 입으시고 약 30명 군졸들을 거느려 억새 밭 산 오솔길에서 호령을 치며 군졸 앞에서 발을 맞추며 훈련을 하시는데, 절간 밑에서 큰 소리를 지르면서 손을 흔들며 붉은 장삼을 두르고 열열이 행진을 계속하시기에 참 이상하기도 하면서 한편 할아버님은 이곳을 뜻하며 군정 장군터라고 했는데, 언니께 신이 오신다는 신호였다. 내가 인정을 하면 경제와 모든 일이 이루어 질 것을 믿고.

명신 언니 신의 길 동생의 해명 꿈

어느 날 영도다리 비슷한 곳인데 흰 배 가래를 늘어놓고 언니와 나 마주보고 당기면서 보니까 다리가 마치 영도다리 들 듯 들려 있고 하더니 언니의 신 내림 꿈이었다는 증명을 해주었다.

영도 뒷산 단발머리 여자

언니와 내가 잠이 든 순간 단발머리 여자가 문을 열고 들여다보더니 비웃고 돌아갔다. 이것이 바로 미신의 잡귀들이 틈을 타기도 한다는 것이다.

영도 뒷산 선녀들의 춤

영도 뒷산 절간 앞마당이었는데 선녀들이 하얀 옷을 입고 발래발래 춤을 추는 것을 보았다.

그날 엄마와 나 부산 범일동 도착해 아버지, 오빠의 러닝을 잡고 흥정하자 시비가 벌어졌는데, 어머님은 무조건 가자고 불렀다. 아침에 꿈 얘기를 어머님은 들었기에 꿈이 맞다고 인정했으나 자신은 꿈 생각도 못한 채 흰 러닝을 들고 펄렁거린 것이 바로 이것이다.

유(柳) 친구 꿈 후유증

현실에서는 가장 가까운 친구인데 꿈만 꾸고 나면 뒷날에 남과 투정이 있기도 하고, 하루가 잘 가나 하면 밤 11시 55분쯤 되어서 오늘 하루는 무사히 간다고 하면 밤중에 모르는 전화가 와도 오고 만다. 그러니 평소에는 보고 싶은 사람이었는데 꿈에서는 멀리 가라는 마음.

유(柳) 친구 꿈은 조심해야 한다

이 친구만 보면 그날은 조심해야 하며 평소에 꿈이여 멀리 갔다오라는 말. 때로는 자전거를 타고 열심히 달려가면 식구들의 분위기 속에서 서로 이야기 못한 채 장애 요소가 되고 있으니, 꿈에서 깨면 섭섭하면서 하루 피로감을 준다.

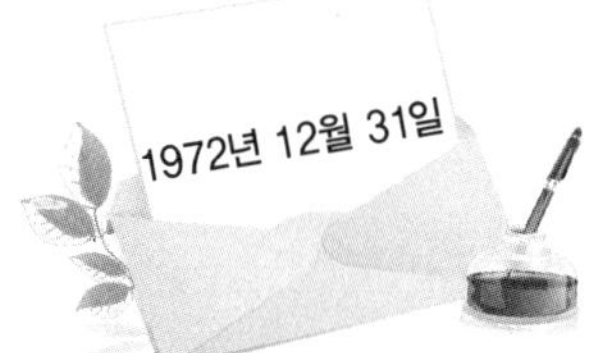

뒷밭 우물에서 김이 모락모락

고향집 뒷밭에 둥근 원점, 큰 우물이 생겼는데 앉아서 바가지를 가지고 푸면 아주 맑고 깨끗했고 게다가 김이 안개처럼 났다. 그 후 친정 고향 살림이 다시 일어났으니 꿈은 예언이라 믿는다.

아버님 꿈 심부름 온 이숙

고향 땅 그리다 잠에 들면 또다시 아버님 꿈이기도. 내가 늘 가는 밭길 이숙 벌 되시는 분이 심부름. 마치 엿장수 판 같은데 일본에서 빛이 나는 쇠였는데 아주 패물 다이아몬드였다. 마중 나간 나에게는 조금 주면서 오빠를 많이 주라 하고 되돌아가셨다. 아버님이 심부름 시켜왔다고 잘 전해주라는 당부였다. 이때부터 나는 친정에 안 주고 싶지만 계속 논과 황소, 돼지도 다 주기로 했다.

기다리던 엄마 꿈

한 걸음 재촉해 눈물을 뿌리며 허공에 띄운 마음. 밤이 되면 어둠 속에 헤매듯 갈 곳을 모르는 자신의 허무함. 누군가가 기다리는 꿈속 같은 현실. 꿈에서 매를 맞는 아픔보다 마음속 눈물은 숯덩이가 아닌 불덩이가 되기도 한다. 꿈은 꿈인가 깨면 허무감이 맴돌기도 하며 하루의 일과 멍해지기도.

매일 다니다 보니 북신동 주인 언니가 늘 고마웠다. 옷도 드라이 외에는 세탁해주니 매우 감사하며 살아갔다. 물론 대가야 하지만 세상에는 늘 사랑 가운데서 인생을 서로 의지한다. 때로는 온갖 바람이 불기 시작. 그치지도 못하며 엮인 운명들 간 곳마다 외로움은 왜 따라다니는지. 구름 속에 회오리바람이 몰려오기에 한 잔 술에 취하면 서글픈 마음. 허공을 면치 못한 채 누군가를 그리며 살아가는 비참한 인생. 불러도 울어 봐도 소용없는 꿈의 거리 불러도 그 소리는 바람과 함께 사라진다.

생에 의욕도 증오도 없는 내 삶. 서글프기만 하다. 때로는 웃어 봐도 울어 봐도 탄식한들 소용없어 인내하며 살아가는 나. 엄마, 내가 제일 외로울 때 내가 만든 운명을 엄마에게로. 밤은 깊어 가는데 나에게는 아무도 없네요. 80 된 엄마, 40이 된 막내 딸. 그래도 엄마의 따뜻한 정이 그립고 늘 곁에 있는 것처럼 흐뭇하기도 하면서 때로는 친구가 되었다가 엄마가 되었다가 내게 큰 힘이 되어주는 내 엄마. 못해 드리는 것을 마음 한 구석 담고 있네요. 그리운 엄마, 꿈에서도 늘 함께 보고 싶다, 엄마.

털 없는 돼지꿈

꿈에 황소 같은 돼지, 털도 다 벗은 채 누웠기에 놀라 깨 보니까 꿈이었다.

나는 동료와 함께 거제 고현 어느 상점에 가서 보험 천만 원짜리 계약을 설득했는데, 보험료는 오후 준다기에 정한 시간에 가니 사람이 없고 기다리다 보니 부도 나기 직전이라 어쩔 수 없이 피한 것이라고 하는 이웃들 말에 서로 웃고 온 것이다.

故 배철환, 전날 절에서 승천시킨 꿈

철환이 꿈을 생시처럼 선명하게 꾸며 늘 애처로운 모습으로 검은 교복 차림에 충무 우리 집 밖에 언덕길에 기대 마루 보면서 "철환아, 이리 와라"라고 하니까 집이 없다고 서 있기에 이곳에 할아버지와 할머니와 함께 살면 되지 않느냐고, 고모와 함께 살자고 애통하게 불러도 오지 않고 조용히 떠났다. 부르다 허전해서 깨보니 꿈이었기에 너무 마음이 쓰리고 아팠다.

뒷날 할머니가 오셨기에 물어보니까 절에 얹어두었다가 보답을 할 수 없어 절에 가서 훨훨 띄우고 왔다기에 참 고모에게 설명을 했건만 안타깝기만 했다. 할머니 그 길로 절에서 내려오다 엎어졌는데 팔도 다쳐 겨우 다니는 처지에 하나 다치지도 않고 일어나서 할머니가 하는 말, "우리 애기야" 하면서 짐을 없애고 간다고 뒤에 머리를 때린 것인지 아니면 다칠 것을 구해줬는지 하며 흥얼거리고 일어나 눈물을 흘리며 집을 찾아와 이튿날 충무로 와서 얘기를 하는 고모들 아니면 절에 둘 수 없어서 눈물을 머금고 환생을 했다는 말. 그곳에 있는 많은 영혼 동기들 앞에 보답을 못해 혼자 가서 승천을 시켰다기에 섭섭했고 모두 부모 잘못 만난 것 때문에 23세 애달픈 생명을 거둔 한 맺힌 배철환.

엄마 별세 후 산방산 물 꿈

고향 산방산 봉우리 꼭대기 대문에 마치 폭포가 쏜살같이 쏟아져 집 앞을 내리덮듯 이때 아래 다리 밑에 물이 무릎 밑까지 오는데 금반지를 잃어버리고 돌을 일으키더니 힘이 없어 망설이는 중 곁에 있는 부부가 와서 돌을 일으키니 붉은 흙물이 쏟아지는 것을 보고 빨리 막으려하자 그 물이 되돌아와 높은 산을 넘어갔으나 깨니 꿈이 이상해 기분이 상쾌하지 못했다.

4월 16일 엄마가 돌아가신 후 모든 식구가 생각도 못했는데 고모와 조카들, 사위 크게 마음이 상했다. 꿈은 무시 못 하며 왜 물에 되돌아가고 마른 땅이던가. 꿈은 예언이다.

故 육영수, 故 박정희 前 대통령 꿈

박정희 前 대통령 서거하신 3일 만에 故 육영수 영부인을 만나시더니 빙그레 누우시며 故 육영수 여사님께서 흰 수건으로 시프를 가슴에 해드리는 것을 선명히 꿈을 꾸었다. 잠에서 깨보니 꿈이었다. 조금 아쉬운 꿈.

전두환 前 대통령 꿈

처음으로 전두환 대통령 꿈을 꾸어봤다. 그러나 뜻하지 못하게 북에서 남침을 했기에 큰일. 내가 저기 있는 박정희 대통령, 육영수 여사님 두 분의 앨범 보면 내가 반역자로 몰릴 것을 믿고 빨리 가서 그 앨범을 땅속에 숨겨둔 채 오니까 적군들이 가고 없었고 전두환 대통령이 의젓한 모습으로 나타나셨다.

애참한 일 일어나는 미국 꿈은 싫다

보고 싶은 광승이와 그 어머니 꿈에서 죽는 애참한 일들이 있어 때로는 내가 탄식을 하다 소리 내어 우는 소리가 귀에 들려 잠에서 깨면 어리둥절하다.

1985년 9월 15일

할아버지가 정장을 입으시고 인상 썼다

할아버지가 푸른 남색 양복을 입으시고 정정한 태도였는데 얼굴에는 인상을 쓴 표정. 너무도 이상하기에 잠에서 깨보니 아침이라서 나는 회사에 나가 동료들과 상점에 가는 중 우연히 신호등을 바라보니 막내 삼촌이 나에게 오시는 길이라 나는 기다리고 있다가 삼촌을 보는 순간 점포로 모셨는데 그날 점원 둘을 서울 보낸 후 5,000원 손에 쥐어드린 것이 마음이 아프다. 오셨는데도 너무 대접하지 못하였는데, 그 길 마지막이었다 생각하면 가슴이 아프다. 할아버지께서 예언을 해준 것이라고 생각한다. 삼촌이 변변찮은 생활고라.

생시 면장 하셨던 할아버지 꿈

할아버지 흰 두루마기 입으시고 빠른 속도로 손을 흔들며 아랫길로 가시는 것을 보았다. 하루는 조끼를 갖춘 양복을 입으시고 지팡이를 짚고 매우 젊은 모습으로 오셨기에 "할아버지 어디서 오셨습니까?" 하고 물으니까 마산에 살고 있다고 대답을 하시는데 아주 부자들 사는 태가 나기에 놀라 깼다. 이튿날에 많은 일들에 재수가 있었다.

노태우 대통령과 면담

나는 노 대통령과 밤새 함께 동행하면서 면담을 했는데 깨니까 꿈이었다. 역대 대통령마다 꿈을 꾸는 일은 행운이라 했는데 그럴까요?

1989년 12월 26일

애절한 조카, 흙탕물에 누웠다

할머니와 환수 모두 철환이도 아래 논에 둑가에 모두가 물에 서 있는데 철환이가 위에 우물이 있는 곳, 방 1칸 정도만큼 넓은 데 흙탕물이 되어 있는 거기 철환이가 번듯하게 누워 있기에 놀라 가서 환수에게 빨리 와서 철환이 건지라고 부르다 쳐다보니까 언제 올라 와서 둥천가에 누웠다. 그렇게 발버둥 쳐도 못 올라왔는데 조용히 올라와 누워서 한숨을 쉬면서 지양이 없는 듯 어떻게 일어났냐고 물으니까 발버둥을 치다가 겨우 일어났다고 답을 하였다. 그 후 집 마당에 흙탕물이 가득 차 수채가 막혀 갈 곳이 없어 꿈에서 꿈으로 돌아갔다. 하루에 꿈을 연속으로 꾸며 작은방 앞에 배 가래를 늘여두고 캄캄하기도 하고 아버지도 오빠도 엄마도 죽었다면서 큰방을 어지럽히고 꿈도 너무 어지러워지더니 얼마 후 수임이가 없어져 꿈이 설명을 해 주기도 했다. 행방불명.

할머니 저승 꿈

고향집 큰방에 불을 끄고 누워 있으니 엄마가 바삐 오더니 농에 옷을 꺼내면서 빠른 속도로 끝내고 가더니 작은방 오빠가 컴컴한데 누워서 바라보고 있는 중 올케도 곁에 서 있고 한데 바삐 행동을 하더니 올케를 데리고 대문까지 갔다. 그런데 내가 왜 올케를 데리고 가느냐고 한사코 말리니 철환이 같은 애를 검은 학생복을 입히는데 할머니 팔짱을 꼭 끼더니 3m 정도 걸은 채 손을 놓고 가는 것을 볼 때 참으로 저승이 있다고 생각 들며 심통한 꿈이었다. 이때 수임은 행방불명이 된 것이다.

고향집 앞마당 수해난 꿈

고향집 앞마당 장독도 수채가 막혀 무릎 위에 오자 엄마는 감나무 밑에서 앉아 빨리 이리로 오라고 하였다. 수채 구멍은 뒤에 크게 뚫려 물을 내기도 하지만 앞마당 냇물이 무섭기도 했다.

잠에서 깨보니 꿈이기에 매우 가볍고 기뻤다. 허나 꿈속에서 엄마를 봤으니 잠에서 깨니까 너무 엄마가 보고 싶어졌다. 그러나 꿈에서 깨고 나니 영도경찰서에서 사체를 확인하라는 통보. 사체가 망가져서 모를 거라고 하였다. 그때 1990년 3월 6일 밤 꿈. 꿈은 예언이다. 수임 24세 정도였다.

큰 채 지붕에 새끼줄을 당긴 꿈

형제간의 모임. 새벽 꿈 큰 채 지붕에 짚을 가지고 새끼를 꼬아 줄을 당기고 했으나 소용없는 소낙비 감당할 수 없는 위치 작은방 문 앞이 물바다가 되었다. 뒷집 사람들 등 모두가 득실거리자 집에 오빠가 양복을 새것을 입은 채 자리에 서 있을 때 무척이나 멋이 있고 하기에 바라보고 있는 중, 이불 세 채 늘여놓고 오빠의 손을 보니 손이 매우 좋아져서 다시 보니 양아들이라 했다. 꿈은 나에게 예언을 준다.

故 엄마, 흰 옷을 곱게 입었다

엄마와 친구 3명, 충무 언니 집 동호동 도착. 우연히 찾아가니 만나는 순간 매우 반가웠다. 애절한 목소리로 다시 부르니 답을 하며 흰 저고리를 벗어 걸면서 자리에 앉았다. 앞에 무덤이 있고 기분이 이상해 꿈에서도 시원하지를 못했다. 그러자 엄마에게 지금 무엇이 먹고 싶으냐고 하니까 누웠다 하시는 말씀, 파전이 먹고 싶다 하는데 번쩍 꿈을 진행했던 것이다. 묘소 앞에 가지고 가서 참배한다는 것이 삶이 바빠선지 마음은 늘 머릿속에 엄마라고 부르면서 뜻대로 못하는 것이 우리 인간이었다.

눈 뜨면 퇴폐적 인생

밤새 누군가 그리는 순간 매우 즐거웠고 그리움이 사라지는 그 순간마다 허무감을 느끼며 세상이 무미한 퇴폐적 인생에 되면서 삶이 취한다. 누군가와 그리고 사랑하게 되면 각막도 마음도 맑아진다. 꿈속에는 아이와 어른이 없는 법, 순간의 밤 젊음을 아쉬워했다.

혼담 문제 꿈

밤새 무엇을 하다 그릇을 깨뜨려 깨보니 생생한 꿈이었다. 옛 속담, 옛 임금이 과거 보러 갈 때 꿈에 병목이 떨어져 과거를 포기하니 어느 누군가의 해설, 모두가 그 병목을 조심하게 다루면 과거에 합격이 될 거라고 예언. 비록 병목은 깨졌어도 많은 사람들이 도와 과거에 합격을 했다는 전설 속에서 혼담은 인연이 없어 포기했던 것이다.

꿈은 반대라고들 하는데 이 말은 좋은 꿈을 꾸게 되면 해설을 잘하면서 나쁜 꿈을 꾸게 되면 상대편에게 힘을 주며 기를 살리기 위해서 꿈은 반대라고들 말해주는 것이 인지상정이라는 말에 대한 표현이다.

엄마, 생시 그대로 보고 싶다

엄마는 생전처럼 하얀 옷에 예쁘게 입은 채 엄마와 얘기를 오순도순 주고받으며 새벽까지 함께 다닌 것이 즐겁던 시간은 간 곳이 없기에 막내딸로서 그 아쉬움 너무도 보고 싶었다.

큰언니 재수 꿈

부산 시내였는데 큰언니 자녀 둘을 가지며 큰집을 사서 남을 주면서 2층은 큰언니가 살 것이라 하며, 큰집을 짓는데도 버리고 절간에 수양하러 갔는데 곁에 있는 오빠가 아주 젊어 보였다. 꿈도 싱숭생숭 머리가 복잡했으나 자고 나서 로열 젤리 2통을 판매했다.

엄마가 꿈에 보이면 삶에 의욕이

엄마와 함께 다니는 길에 황소 약 30마리 일렬로 섰기에 이상한 마음 들자 마치 저승길을 가는 것 같은 기분이었는데 빚 받을 데에서 전화가 와서 가보니 빚 정리를 해서 받아왔다.

소복에 황토 묻힌 꿈

밤새 언니와 황토 언덕에서 밑거름을 타다 보니 흰옷에 황토 묻어 빨갛게 묻혀 다녔더니 자고 나서 돈 받을 사람과 종일을 투쟁 술주정도 받았다.

故 배철환 꿈, 종일 눈물이 나왔다

철환이 운동화에 구멍이 뚫린 채 신고 앞에 나타나 애처로운 죽음에 서러워서 울었다. 제일 좋아하는 조카, 23세 세상을 하직했으니 그 애절한 마음을 그 무엇에 비할까.

역대 대통령 꿈

故 이승만 대통령도 보였고 김영삼 前 대통령도 상봉. 꿈은 참 꿈이었다.

故 배철환, 집 앞 논에서 겨울 목욕

故 배철환이가 몸에 부스럼이 났다고 말하면서 집 앞 논에서 겨울물에 목욕을 해야겠다고 하기에 내가 집에 가서 목욕을 하면서 집을 따뜻하게 하고 왔던 꿈.

해설 : 자고 나니 자기 누나가 병원에 입원 중. 식구 모두 마음이 복잡하고 괴로워 나도 역시 얼굴이 3일째 부었다.

금반지 꿈

아버지, 엄마 산소 조카와 나 묘소 앞에 가면서 엄마에 톱을 가져갔으며 소나무를 베어버렸는데 돌아올 무렵 빈손. 푹 꺼진 굴을 파보니 맑은 물이 올라와 보는 순간 흙이 태산 같은데 어느 조그만 딸의 손을 잡고 올라오는 순간 딸의 손에 있던 금반지가 우연히 내 손에 들어왔다. 꿈이 무척이나 생생. 그날 모든 일이 순조로웠다.

故 배복아 별세 후 첫 꿈

새벽에 엄마와 언니가 함께 꿈에 나타나다니 흔치 않던 일. 온 식구가 산소에 참석해 참배를 올리고 왔다.

조경선, 배복아 모녀의 꿈

엄마와 언니의 죽음이 기약되어 1평짜리 묘소를 옛날 고향땅 앞터에 자리를 아주 넉넉하게 잡아 그 속에 고운 비단을 깔아 둔 채 그곳을 들어갈 것이라 하면서 바라보기에 우리 모두 동참했다. 꿈을 깨고 보니 꿈이 원망스러웠다.

형제의 정

새벽 꿈. 내 형제들은 황홀하게 그리던 황금 벌판에 모두 함께 모였다. 산기슭을 가다보니 푸르름이 가득 차 초원이 광장을 메운 듯 호박꽃도 만발하고 염소 두 마리가 열심히 풀을 먹고 있다. 그러던 중 큰 언니가 마이크를 잡고 노래를 부르며 내가 죽거든 향상을 잘 꾸며 달라고 했다. 어깨를 맞추고 큰 노래를 한을 남기고 간다기에 우리 형제들은 그 향상을 잡고 애절한 눈물, 뜨거운 눈물 소리쳐 울었다. 하루 일과를 꿈으로 엮어보는 나.

엄마의 제삿날, 음력 2월 30일

나에게 엄마의 제사 일자 증표를 보여주듯 생생한 얼굴을 보여 주었다.

1990년 12월 28일

아버님은 꿈에서 사랑 베풀어 주신다

아버님은 우리에게 나타나 크신 사랑을 주면서 안타까움의 증표를 남겼다.

오캄포 광승, 이금순 애절한 꿈

새벽 꿈에 두 모자가 먼 곳에 있는 남편을 만나러 간다고 갔는데 이상한 집들이 있는 곳이라. 꿈에서도 너무 어둡고 상상할 수 없는 답답한 곳이기도 했다. 그러고 갑자기 폭풍이 몰아치자 두 모자는 흙탕물에 떼밀려 갔는데, 소리 내어 통탄을 하다 꿈이기에 그 후부터 지금까지 소식불명이었다.

엄마의 꿈, 신비스럽고 멍했다

엄마가 살아 있는 모습으로 함께 있다가 잠깐 죽은 모습으로 변신하니 무서워졌다. 작은댁 제삿날 말없이 오셔서 모른 척하시면서 마루에 앉아 서산을 보고 하얀 소복단장을 겸손히 하더니 치마를 거꾸로 쓰고 나비 소녀처럼 날아 묘소에 거꾸로 들어갔는데 꿈에서도 무슨 조화가 있으려고 거꾸로 들어갈까 하고 생각했다.

(꿈) 산소와 마을 통하는 큰길 내었다

아버지, 엄마 산소 곁에 마을과 가깝게 된 쪽 큰길을 내는 것이다. 바로 두 분의 산소 앞 10m 내다보이는 곳에 황토 흙을 파서 바르게 길을 낸다는 것. 무척 반가웠고 이제 우리는 자주 가겠다고 하면서 두 분이 생전에 좋은 일들 많이 하셨기에 역시 좋은 일이 일어나는 것이라 생각했다.

(현실) 산방산에 큰길이 났다

그러던 어느 날 얼마 안 가 앞에 큰길이 나며 바로 많은 사람들이 오고가는 길, 차들이 쉬어가도록 주차도 할 수 있고 할아버님도 함께 영원히 남아 기뻐하실 것을 믿으며 우리 모두 늘 답답했던 마음 이제 다 풀었다. 꿈은 나에게 예언을 꼭 해주어서 자고 나서 꿈을 생각하면 하루 일과를 이룬다.

*1995년 10월 28일 꿈이 현실이 되다.

엄마 꿈

엄마가 작은집에 눕더니 잠시 후 방에 와서 서쪽 산을 바라보고 비행기처럼 흰 치마를 펄렁거리며 목적지에 도착하더니 둥근 묘에 거꾸로 머리부터 들어가는 것을 보고 꿈에서도 이상하고 무시무시했다. 이때 부산에서 3,500만 원 등 기타 여러 가지 손해를 보았다.

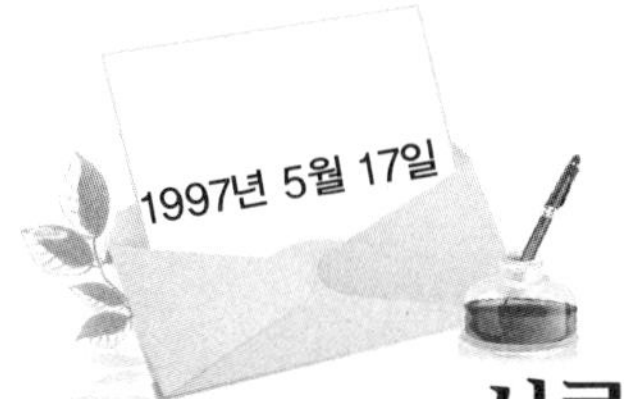

시루떡 쪄 놓으라시며 떠났다

음력 4월 11일, 엄마의 생신날 새벽 꿈에 오늘은 시루떡을 찌라고 하시면서 사라졌다. 전날엔 충무체육관 내 무슨 이상한 쇼를 하는데 군인 1천 명 정도 무장을 한 채 다가와 마치 방어를 하며 그곳 사람들이 반란을 일으키는 순간 다칠까 봐 엄마와 둘이서 운동장 입구에서 커브를 트는 순간 숙모가 나타나더니 엄마의 동서니까 형님 굿 좀 해달라고 하니 엄마도 역시 고개를 끄덕였고, 꿈에서 깨었다. 엄마가 생시에 살아계실 때 늘 굿을 해달라는 간청이 있었는데, 그 애환이 남았을까요.

꿈으로 엮어보는 아버지 상심

아버지는 꿈에서도 아들을 돕고 있다는 것이 증명이 되었다. 푸른 잔디 오솔길 밀가루 1포대를 메고 아버님과 1대1로 상면했을 때 밀가루를 배당을 하시는 것이 고루 하지 않고 나는 작은 3됫박 정도. 오빠는 많이 주고 왜 난 적게 줍니까 두 번이나 반복하니 너는 이것만 가져가도 살고 오빠는 많이 주어야 한다고 하시더니 그 후 내가 오빠를 돕기 시작. 논 1,000평 사서 주기도 하고 안 주고 싶지만 자꾸만 주게 되기에 어찌할 할 도리가 없는 듯. 나는 꿈으로 하루 일과를 진행한다.

하루는 친정 마루에 작은방부터 큰방까지 흰 베를 늘여 현수막처럼 쳐버린 때 올케를 데리고 가겠다고 엄마와 젊은 학생이 설쳐 함께 팔짱을 끼며 걷더니 대문 안에 두고 엄마와 떠났다. 그 후 오빠의 막내딸이 간호대 나와 병원 근무 중이었는데 소식 불명. 경남 일대 탄원서를 전국으로 배포를 했지만 그는 영영 없었다. 부산 약대 다닌 애인 강성욱이 있었는데, 미남미녀 잘 만났다고 했더니 경찰에 고소장 넣고 함께 찾을 듯이 하던 사람이 본격 수사 시작하니 도망을 갔는데 뒤에 결혼한 사람을 속이고 아들 하나 낳아 기르며 할머니 몰래 10m 나가 교통사고로 죽었다고 자기 큰형님이 그랬다.

그 후 우리는 3년 만에 형의 자백에 죄를 지우며 꼭 그 대가를 받는다는 것을 누구든지 알아야 하기에 글을 쓰게 되었다. 얼굴은 무척 선하고 거짓 없이 착해보였지만 죄를 지은 범인. 모두가 죄를 지으면 몇 배 대가를 받는다. 죄를 지은 대가는 꼭 온다.

평소 제일 가까운 사람을 보면 꼭 시비

사람은 평소에 제일 가까운 사람을 보면 꼭 자고 나면 누군가가 나에게 시비를 건다. 친구라든지 인척이든지 그네집 식구만 보았다 하면 빠짐없이 투쟁을 하게 된다. 때로는 정말 괴로워서 아무리 좋은 사람의 꿈이지만 꾸지 않으려고 노력한다. 꼭 내가 좋아하는 친구를 보면 빠짐없이 겪는 것이다.

하루는 시내를 다니다 집에 오니까 밤이 늦었다. 이제 오늘을 무사히 넘겨 기분이 좋아 침대 누워 안식을 취할 무렵, 큰소리가 들려와서 2층에서 아래를 내려다보니까 12시 5분 전. 어느 여인을 두 남자가 끌고 가려니 소리를 지르면서 누구에게라도 애원을 하는 듯. 딱해서 팔짱을 끼고 조용히 보면서 어찌할 수가 없어질 때 큰 건물 학교 쪽이 너무 높으니까 소리가 점점 그네들이 나를 볼 때는 잘 보이지만 내려다보는 내 자신은 그네들을 볼 수가 없었다. 컴컴해지자 어느 한 사람이 사정없이 나에게 무작정 욕설을 하면서 경찰서 전화를 하라는 것. 보이지 않는 그네들과 말싸움이 나자 주인이 나와서 분노를 참고 방안에 들어가서 시계를 보니까 밤 12시 5분 전. 꼭 부딪쳐야 할 일은 그리 넘기는 일이 없으니 때로는 좋은 사람도 보고픈 사람도 다 생각을 하기 싫은 꿈. 꿈은 예언이라 믿고 싶다. 아버지 꿈은 조심하라는 꿈이고, 어머님 · 형제들의 꿈을 꾸면 물건이 1백만 원어치 팔려 수입을 보기도 한다. 꿈은 얄밉다.

형부 검은 옷차림으로 제사 참석

하루는 큰언니 집에 가는 중 대문 앞에서 돌아가신 형부를 상면. 형부 어찌 어디서 오셨습니까 하고 물으니까 제삿날이었다고 하시면서 오늘 찾아왔다고 하시기에 곧 돌아오는 중 깨었다. 이튿날 아침 조카를 보며 어젯밤에 너의 아버님께서 제삿날이라고 하시면서 멋진 양복 차림으로 오는 꿈을 꾸었다고 하니까 어제 저녁 친할아버지 제삿날 아니냐고 할 때 형부가 자기 부친의 제삿날이라고 그렇게 선명한 모습으로 나타났을까 하고 꿈은 예언인 것 같다고 믿고 싶다.

황소가 반듯이 누운 꿈

큰 황소 한 마리 언덕에 떨어졌는데 황토 빨간 색깔이 무척 고왔다. 소가 자기 몸을 은신 못해 그대로 반듯이 누워 황당한 마음이 들자 꿈은 깨었다. 마산에서 집을 오니까 고향 아버님께서 중병이 든 듯 누워 소생치 못했다. 꿈은 예언으로 믿고 싶었다.

음력 8월 9일 제삿날, 故 배복아 식사 줄을 섰다

밤새도록 3형제끼리 나란히 다니면서 많은 사람 속에 함께 붐비다 잠깐 저기 다녀올 거라고 하며 함께 가면서 많은 사람 줄을 세워둔 채 식사를 얻어먹겠다고 섰는데 故 배복아 언니가 하는 말, 우리는 그 밥은 지저분해서 안 먹겠다며 동생 밥 얼마 남지도 않았는데 해놓겠다고 생시처럼 말했다. 그러면서 다시 별도로 세 사람 밥을 해놓으라는 부탁을 했다. 가는 도중 전화벨 때문에 잠을 깨어보니 아침이었다. 달력을 보니 지난밤이 언니 14번째 제삿날이었던 것이다. 정말 언니라면 그 얼마나 반가우리까. 언니 영혼이나마 하나님께서 구해주신 줄 알고 세례를 받았으나 언니 종교가 다르다. 송정묘소에 꼭 1년 4번씩은 찾는 동생, 할 말을 잃었다. 언니 꿈은 믿고 싶지만 아닌 것 같다.

이금순, 오캄포 광승 애절한 꿈

이금순(李今順) 애절한 꿈을 꾸다 보니 깨었다. 황톳물에 떠밀려가는 모자, 쏜살같이 달려가는 광경. 남편 찾아간다는 것이었다. 애타게 부르다 못해 목이 쉬도록 불러도 그는 사라졌다. 그 후 소식불명 미국 로스앤젤레스 학교 보낸다고 했다. 그는 지금까지 소식 없어 한국에 너를 아는 사람들은 모두가 애타게 기다리고 있단다, 숙아.

흰 드레스 펄럭이며 날아갔다

엄마는 고향 작은집 마루에서 서쪽 산을 보면서 흰 드레스 같은 옷을 펄럭하며 쏜살같이 엎드려 날아가는 모습 너무도 무시무시하더니 바로 그 후 부산서 많은 금액을 손해 보았다. 늘 생각만 해도 이상한 꿈이기에 머릿속에 생생히 떠오른다.

산소 곁에서 멍했다

신비스런 꿈. 산소 곁에서 황망히 멍하게 서서, 아무것도 묘소에 못 가져가서 그런지 서로 침묵을 지키며 서 있으니 산소 앞에 물건이 있어 누가 여기 가져 왔느냐고 물으니 엄마는 흔적 없이 사라졌다. 허무한 꿈.

보고 싶은 마음 변치 않는다

부산 오캄포 광승 모(母)에게

부산에서 보내준 편지 잘 받아 보았다. 이곳은 예나 지금이나 무사하단다. 사정상 현재 함께 못 있어 가계도 더 낭비되고 있다. 조금 있으면 웃으면서 함께 지낼 날이 가까이 오고 있지 않냐. 지난날의 모든 일들 나의 전부가 아니었다고 말했지. 진실은 우리 광승이 생각만 아니냐고 말한다. 생각만 해도 보고 싶고 마음이 아프단다. 숙(淑)아, 우리 서로 처음 만날 때를 생각하면서 충무에 내려오기를 기다리며 먼 곳에 있어도 변하지 않는 그 마음 함께 안녕. 언니가.

공항에서 광승과 이별

이금순에게

이금순, 오캄포 광승 떠나는 순간 함께 가자고 내 손을 잡고 놓지 않으면서 나이는 4살이었으나 따뜻한 정으로 배순자도 함께 가자는 그 말 한마디 늘 귓전에 맴돌며 한시도 잊어본 때가 없구나. 유 언니와 둘이서 이곳인지 저곳인지 고개를 돌리다 보니 그는 비행기 올라 머뭇거리며 뒤에서 밀며 당기며 그 아쉬운 발걸음을 돌려 모습을 감춘 채 그는 보이지 않는다. 떠나는 비행기에 몸을 담고 오르는 걸음마다 그렇게도 무거운지 이름을 부른들 소용이 있을까. 쏟아지는 뜨거운 눈물 소리 없이 흘렸다. 그의 하는 말 언니 월에 4만 원만 벌면 언니 곁에 있으리라고 하면서 공항 착, 문 앞에 다가가니 임박한 시간에 가슴에 고개를 숙인 채 호소를 했으나 아기 때문에 그는 떠나야 했고 선택한 길에 서야 했다.

어디론지 창공을 날아가는 두 모자 떠난 후 자리에 앉아 울었다. 유 언니는 내 손을 붙잡고 자기 집까지 인도했으나 아무 생각 없이 종일 잠만 자면서 넋이 빠진 헛된 꿈만을 꾸고 싶었다.

일주일 만에 부산에서 충무를 내려오는 길에 왠지 자신이 초라하기만 했다. 아무리 잊으려고 해도 승이와 금순이를 잊을 수 없어 애통하게 탄식과 통곡하는 순간 환상의 그 얼굴들 녹음에 실려 오는 그 음성. 꿈같이 날려 보낸 지난날의 세월 속에 궂은비가 하염없이 내리는 밤. 오늘도 석양빛 물들인 총 천연 색깔의 모습들 짓궂은 운명인지 아니면 타고난 팔자인지 말없이 바라보는 오색 인생들 보내야 하는 그네들 가엽기만 하고 행복이 무엇인가 하고 울었다.

자신의 시름을 달래가는 한 세상 미련 없이 지워 보이지 않게, 한 많은 이금순에게 보내는 편지 속에 눈물방울이 얼룩져 가슴 아픈 만남과 헤어짐은 꿈 아닌 현실. 한없이 보고 싶지만 갈 수도 없는 그곳, 마음속에 편지 간직하리다. 밤마다 꿈만을 그리며 살아가는 나. 이별이 직업인지 자꾸만 부딪히는 것을 주어진 운명이라고 생각하면서 일생을 보내고 살아가고 있단다. 네가 보낸 편지. 글을 쓰면 눈물이 앞을 가려 마르지 않는 눈물 속에 차라리 죽음보다 못함이 그리움이라 이곳에 오고 보니 언니의 고마움이 세파에 살아가는 일상생활에 큰 힘이 된다는 것을 느꼈다는 말. 고맙고 미안하다. 편지 한 장 속에 언니, 언니 빼면 무슨 더 할 말이 있겠냐고 하는 편지를 보는 순간 눈물이 말없이 흐르며 서로의 마주보면서 주고받는 대화는 언제였던가. 그곳에서도 나를 염려해주니 고맙기만 하나 낯선 타국에서 통하지 않는 언어에 힘들게 살아가는 너, 승이와 세 식구 오손도손 행복하게 살아가는 것만이 바람이란다.

물론 누구든 헤어지면 못한 것만 생각나고 서로에 잘해준 것이 하나도 없는 것이란다. 너는 그곳에서 모든 생활 패턴을 익히고 힘내서 살아야 한다. 세상에서 살아갈 때 누구든 정이 없이 메마른 것은 인간의 도리가 아니란다. 밤마다 원한에 꿈속에서 그리지 말고 세월이 가면 다시 고국을 와서 만날 것을 기약하며 모든 것을 잊고 살자. 이곳에 있을 때 승이를 기르는 사랑의 눈길 하루하루 자라는 것에 보람을 가졌던 그날들을 잊을 수가 있을까. 우리들의 인연의 꼬리를 열쇠로 표현한 덕분에 상업에 많은 은덕을 입고 되레 너에게는 크나큰 죄밖에 지은 것이 없구나. 나도 삶이 무엇인지 의욕이 없는 현실을 돌아보면 아픈 마음뿐이다. 항시 너는 자상한 그 마음으로 이곳 식구들을 염려해주니 늘 감사하단다. 밤이나 낮이나 못난 언니를 믿고 언니야, 언니야 하고 편지가 오면 보는 순간 아무 생각 없이 가슴만 무너지는 듯 6년 세월이 그렇게 짧았던가. 이곳에서 밤마다 광승 보고 싶기에 지금도 녹음테이프에 실린 노래 계속 듣고 있다. 네가 잘 부르는 대전블루스 〈잘 있거라〉라는 노래도 듣고 있다. 내가 좋아하는 〈공항의 이별〉은 늘 부르며 살아가고 있단다. 나는 누구에게나 안녕, 안녕 하며 살아가는 운명인 것을. 안녕.

저지른 죄에 책임을 다해라

옥중 김영기에게

밝은 빛을 못 보는 너의 심사. 영기야, 세상을 살아보려고 온갖 노력을 하다 미약한 나에게 방 한 칸 해주었으면 하는 표정이라 여의치 못한 사정이기에 한 칸을 주었더니 그것도 복이라고. 엄청난 일을 범해 갑자기 철조망이 웬 말인가. 우리 서로 조금만 인내하였으면 하는 아쉬움에 누나는 밤낮 생각에 잠겼다. 물론 주위 환경도 포함되겠지만 원망할 곳이 없는 너, 스스로 반성하여라. 어두운 암흑세계는 벗어나 새장에 새가 날듯 모든 마음을 씻고 삶의 길에서 창립군이 되길 바란다. 조폭이 웬 말인가? 누나가 따뜻한 면회 못 가서 미안하다만 조금 있으면 밝은 빛 아래서 웃으며 만나자. 그동안 고생이지만 네가 저지른 죄에는 책임을 다하여라.

이별을 재촉한 너와 나

오캄포 광승, 이금순에게

보내야 하며 떠나야 하는 너. 이별을 재촉하는 사연 많은 너와 나. 숙아, 어린 승이를 데리고 미국이 웬 말이냐. 우리 모두 정든 세 식구. 막상 곁에 있을 때는 모르지만 떠난 후에는 다 알리라. 이곳에서 언니는 더욱 생각하며 모두가 말만 하면 눈물이 앞을 가린다. 숙이 너는 모든 괴로움을 승이에게 풀지 말기를 부탁하고자 한다. 곱게 길러 자라나는 꿈을 키우며 올바르게 성장함을 보여주기 바란다. 생각하면 한숨이 나고 타국으로 달려가고 싶지만 사람인지라 뜻대로 못하는 것이 우리 삶 아닌가. 외롭고 의지할 데 없는 너. 꿈같은 세월 다시 오려나. 매월 한 번씩 편지해주마. 이 밤도 승이, 승이 부(父)와 함께 단꿈 꾸면서 잘 주무세요. 보고 싶다. 안녕. 언니가.

사랑하는 광승, 건강히 잘 커라

오캄포 광승, 숙에게

사랑하는 광승이와 숙, 한없이 보고 싶기에 편지를 보낸다. 승이야, 어쩌면 순자 이모를 잊었겠구나. 이 시간도 승이 모습 그리면 눈물이 하염없이 흐르며 밤마다 우리 승이뿐이란다. 너를 낳기까지 모두가 얼마나 힘들었는지 구태여 말하고 싶지도 않지만, 사랑하는 승아, 어느 하늘 아래서라도 엄마 말씀 잘 듣고 공부 잘 하고. 고생하지 않으면서 살 수 있는 생활을 주선하는 엄마이기에 너는 언제나 행복한 삶속에서 살아갈 것이니 착하게 자라다오. 사랑하는 승아, 앞으로 눈앞에 쌓이는 많은 일들을 다 감당해낼 수 있는 장부가 되길 우리 모두 바란단다. 빨리 커서 대한민국 하늘을 넘나드는 비행기 조종사 되어 한국을 도와줄 거라 했으니 얼른 자라서 꿈을 이룩하자. 승아, 한국 이모가 안녕.

1976년 6월 4일

하나님의 말씀 아래 복락을 누리기를

김해숙*에게

기다리던 편지 잘 받아 보았고 정말 반가웠다. 갈망했던 마음 마치 단비를 맞듯이, 나침반이 길목을 인도하듯이 하나님의 크신 능력으로 어두운 암흑세계를 비추어보기도 한다. 옛 속담과 지난 역사와 하나님의 말씀은 헛됨이 없으리. 10년이면 강산도 변한다더니 숙 뒤에 들어본 바 까라멜수도원에서 보류를 했다는 너의 소식. 엄마에게 효성 있는 딸로서 엄마의 뜻을 따르는 것이 가장 현명한 딸의 효심, 큰 보약이란다. 그 후 1년 만에 미국에 발령이 났다는데 이 언니도 한편 마음이 흐뭇했다. 영원한 복지 사업은 성모마리아 본받아 복락을 누리기를 바라면서, 언니가.

* 경북 왜관중·고 국문학과 아우.

촉촉이 내리는 비

김해숙에게

촉촉이 내리는 빗소리에 옛날이 한층 아쉬워만 간다. 허나 아쉬운 숙, 너무도 편지가 간단한 것 같아서 아랫줄을 내려다보기도 했고 길게만 읽어 보려는 마음. 진실한 동생의 마음과 모습을 못 잊으리. 언제나 숙이 가는 길에 하나님의 발자취가 임하시길 기도하며 대학원 들어가서도 더욱 순종하여 매사 일 창출하며 많은 사람 속에서 인내하는 훌륭한 동생이 되길 바란다. 언제 이곳에 올 것인지 기다려지며 조금 시간 있으면 어머님 곁에서 모자라는 효성도 착한 숙이로서 못다 하면 죄스러울 것이니 마음 편하게 하고 오세요.

해숙이는 착한 양, 어린 양. 곱게 쓰다듬어 주고 싶다. 숙이가 가는 길에 흰 보와 검은 보에 흰 선을 두른 채 깊은 사연을 담아 인내하는 숙이. 하나님 사업에 몸과 마음을 헌신하여 이 사회 지표인 선교사로 발돋움하여 많은 사람과 후배들을 양성해 알곡에 뿌리가 있기를 기도하며 하나님께서 서광 빛을 비출 때까지 일할 것을 언니는 진심으로 기도한다. 열차에서 맺어진 인연 영원토록 잊지 않으며 부산에서 못 찾아 본 것이 아쉬움이 들며 미안했고 충무에서 큰 영업을 하다 보니 너무 시간이 없어 우리 서로 못 찾아보는 마음 한구석에 그리움이 차 그 얼굴을 보고 싶고, 그 소리를 듣고 싶다.

해숙아, 내 곁에서는 모두가 다들 나를 감싸주고 하지만 내 자신의 소망은 마음속 깊이 간직해 염원하며 살고 있단다. 어느 곳에 있어도 건강과 믿음으로 하나님께 축복받기를 언니도 기도한다.

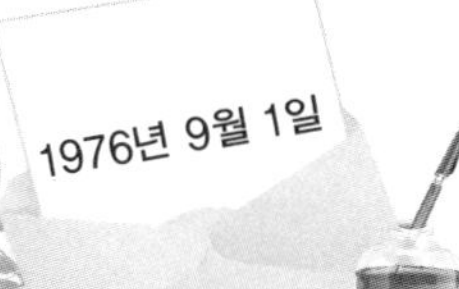

대한민국을 잊었는지, 답을 기다릴게

유금순에게

대한민국 땅에 살고 있다는 말을 듣고 편지를 해도 전혀 답이 없으니 이렇게 살아가야 하는 사유가 뭔지도 모르겠다. 우리 서로 옛날을 되새기며 꿈에서 보여주지 말고 현실의 삶에 의지하며 서로의 답답함도 대화를 하면서 풀어버리고 내 진실함을 표하고 싶지만 전할 곳이 없어 안타깝기만 하다. 연마다 5월, 6월, 7월이면 특별한 달이기에 아쉬움의 눈물 면치를 못한다. 현재 아들이 둘이라 하니 무척 반갑다. 10년이면 강산이 변한다는데 우리가 언젠가 만날 날을 기다리면서 세월이 흐르기까지 소식 일절 없는 세상이 어쩜 이렇게 야속할까. 매년 두 번 편지를 해도 벙어리 인생인지 참으로 한스럽다. 말없는 사람아, 일생을 살아가더라도 모든 정리를 하며 그렇게 멀리 떠나 하는 까닭은 무엇인지. 뼈처럼 뒤늦게야 발견한 것인 것만 알고 있다. 우리 서로 세월이 흘러도 마음은 가까이 있으니 모든 것을 털어버리고 활짝 핀 국화꽃처럼 활기차게 웃고 살자. 그동안 양재와 펜물을 하고 있는 줄 알겠다. 아무쪼록 만나는 그날까지 행복한 날을 보내면서 건강하세요. 안녕.

해숙이 건강하세요

김해숙 동생에게

추수감사절을 맞이한 즐거운 추석 한가위에 달도 밝다. 오늘은 유난히 해숙이 생각이 나서 편지를 해도 소식 불명이다. 그리고 이곳에 한 번 올 것을 기대했더니 한 번 오기는 왔으니 반갑다. 앞선 때 편지해도 학교도 불명, 집도 불명하기에 궁금했다. 숙이가 언니를 야속하게 만드네요. 현재 너는 수도원에 수녀님을 한다는 다짐 속에서 살아가지만 홀로 계신 어머님을 두고 그렇게 인연을 끊을 수 있을까. 나도 말하고 싶다 모두가 섭섭하니까. 일가친지들도 다 거부하고 조용히 선지자 자리에서 세상을 마감한다니 더 이상 언니는 그 무슨 말이 필요할 것인가 해서 오직 네 가는 길을 열어주려 한다. 무엇을 하든 건강이 최고이니 하나님이 지켜줄 것이라 믿고, 언니는 안녕.

명절이 싫다

유금순에게

세상 사람들은 명절이 다가오면 설레는 마음이 생기나, 나에게는 외로운 추석이다. 나는 그 무엇도 다 싫다. 전화 1통씩 받아보면 더 이상 바람이 없다. 너는 가정이 있으니 행복한 명절을 꾸리고 있겠으나 나는 이곳에서 수없이 편지해도 이제 주소를 옮기니 편지도 더 이상은—.

금순아, 10년이면 강산도 변하며 우리들의 미움도 가실 때가 되면 미운 정 고운 정 세월이 약이라 했으니 모두 잊고 살자. 〈눈물의 웨딩드레스〉 영화를 본 듯 꿈 같은 아련한 그 시절. 안녕.

오늘이 오고 내일이 가도

유금순에게

해가 바뀌고 달이 바뀌고 또 오늘이 오고 내일이 가도 그는 오지 않았다. 너의 소식만 궁금한 나. 다시 글을 써도 말없이 살아가는 너. 이제 40이 찬 오늘, 이제 중립에 앉아 있지 않니. 무슨 생각에 사연들이 있으랴. 그러니 아름다웠던 20세기 티 없이 살아오던 그날만 연상하면서 서로 돕고 살아보자고 간곡히 말해보는 나. 새해부터 다시 만날 날을 기다리며 어느 하늘, 어느 지붕 밑에서든 건강하게 살아다오.

소식 불명, 모든 것이 궁금하다

김해숙에게

오랜 세월이 가도 소식 없어 행여가 따르는 법. 소식으로는 서울 영등포 공립학교 교사 임명 받았다는 말을 들었다. 물론 어머님을 비롯해 가내 별일 없으리라 믿고 안부 전한다.

숙아, 결혼을 해도 소식 못 받아 섭섭했다. 내가 대구까지 가서도 네가 소식 없기에 생각다 못해 다시 부산을 내려왔으나 많이 섭섭했다. 우린 10년의 언니 동생 아니냐. 기나긴 세월이라도 변하지는 말아야지. 수녀는 보류를 하고 교직을 그만 둔 것인가. 모든 일이 궁금할 뿐이다.

사랑하는 해숙 동생, 효성여대 있을 때는 찾아가기도 좋았는데 왜관관을 지금도 운영하고 있는지. 참 모범적인 모(母) 보사부 장관님상도 받고 외제가 그렇게 왜관에 펼쳐 있지만 국산만 애용하시던 어머님. 참 이렇게 다녀 봐도 어머님 같은 분은 처음 느껴보았고 정말 대한의 어머님. 정말 존경했고 혼자서 그 큰 관을 운영하시는 걸 눈으로 확인하여 보았다. 공경 받을 어머님 앞에 고개 숙여 해숙이는 효도해야 한다.

숙아, 안녕. 언니가.

한 해가 벌써 지나간다

김해숙에게

어느덧 한 해가 지나가니 너무 아쉬운 것 같다. 그동안 가내 별일 없는지 오빠와 동생도 다 잘 있겠지. 못난 언니는 그저 하루하루를 지내고 있으며 못다 한 일들이 많아 뛰고 있다. 사람은 바빠야 외로움도 괴로움도 다 버리고 하루를 살아가는 것이다. 유유히 흐르는 강물처럼 눈물 강이 밤새 흘러간다.

해숙아, 술잔을 들며 세상 사람들은 방탕한 길을 걷는다 했는데 나는 오직 편지로써 자신을 삼키며 하소연을 한다. 36세 첫 결혼보다 더욱 어려운 것이 재혼이라 생각한다. 해숙아, 하나님 법도에서 행하는 것도 당연하지만 네가 찾고 있는 길이 전부이던가 묻고 싶다. 인간이 세상에 태어나 남녀로 결합되어 살아가는 것이 사명과 본능이다. 허니 독신으로 세상에 남으려고 하지 말고 엄마를 흡족케 하는 것이 글자 그대로 효도이다. 살면서 나라에 충성도 하는 법. 여러 가지 남은 인생 보람 있는 길이 어느 길이냐고 묻고 싶다. 다만 우리들이 살다 보면 여러 갈림길이 나올 것이라 믿는다. 나는 앞으로 예수 장로교를 믿을 것을 머릿속에 넣고 있다. 지금은 매사에 명상을 하면서 세상 모든 것을 견디며 살아간단다. 숙이도 빠른 속도로 선택하여 길을 찾아라. 그럼 건강을 믿고, 언니가.

부산 친구

신무아에게

아쉬워하던 옛 사연들. 벌써 40이 지나고 있는 오늘밤. 그동안 오빠를 비롯해 가내 별일 없는지 궁금하단다. 특별히 영심이가 더 보고 싶네. 광승이 생각 때문인지도. 요즘 부산에 있으니 모든 일들은 즐거울 줄 알면서 친구들에게 안부 전한다. 세월이 약이라더니 매사에 세월 속에 묻혀 살아가는 나. 황옥자도 보고 싶고, 모두가 산다고 고생이야. 많으랴 하지만 끝이 한이 있냐. 우리 모두 희망 있는 야망의 꿈을 심어보자. 미경아, 어제가 아쉽다더니 지난날이 아쉽기만 하구나. 이곳 충무에서 뛰다 보면 삶이 무언지 행복이 무엇인지. 그러나 새해는 가정마다 행복과 건강이 가득하기를 빌겠다. 많은 사연 속에 묻혀 있는 우리 모두 만나며 잘살아보자. 순자가.

새해에도 평화롭게 지내라

조카 문수향에게

하나님 은총 아래 식구 모두 평화롭게 지내리라 믿고 보낸다. 너는 아무리 봐도 내 조카라기보다 천상 부부와 현모양처인 것 같다. 지긋한 구정 문턱을 딛는 며칠 후, 새해를 맞아 믿음 안에서 복을 받고 진심으로 함께 빈다오. 수자 결혼 때 못가서 미안하게 됐다. 수향아, 못난 이모는 혼자서 못살기도 하고 잘살기도 하고 혼자서 괴로움도 기쁨도 누구 할 것도 없이 나에게는 증오도 애욕도 없는 석화가 된 기분이란다. 새해는 신의 은총이 임하시길 빌면서, 이모가. 안녕.

오캄포 광승이가 무척 보고 싶다

이금순에게

신년 세 식구 별 일 없이 잘 있는지, 참 보고 싶다. 네가 보내준 잡지책과 사진, 카드, 사연들 모두 잘 받았다. 이번 편지는 식구 모두가 한 방에서 앞서 보겠다고 야단들이었다. 할머님은 승이 사진을 보고 입을 다 맞추고 눈물을 지운다. 보고 싶은 숙아, 미국 보내고 얼마나 후회하는지 몰라. 그러나 승이를 위해서 보고파도 그리움도 괴로움도 모두 참아야 했던 두 사람 아니냐.

승이가 화상 입었다고 하니 걱정이 되나 갈 수도 없고 염려만 하는 나. 내 소망은 승이 건강, 숙의 안전, 모두 화목을 바라는 마음. 이곳 둔덕면 전기가 설치돼 모두가 TV를 시작하기에 생각 끝에 내가 9번째 마지막 들어갔으나 최고 많이 팔아 집에다 흑백 TV 한 대당 18만원. 남은 것 안테나, 푸스타, 도란스 일체 다 해준 것이다. 혼자서 경비 소비되어도 친정집 최고품 드리고 싶기에 해주었어도 혼자 고생했지 누구 하나 감사하다는 말이 없다. 그렇지만 능력이 있어 재간대로 해서 선물해주니 마음이 그렇게 평안했고 동네에서 판매 공청도 설치. 언니들도 덕을 보여주고 그곳에서 삼성 TV 9인치 사 어린 조카에게 선물했다. 내 이렇게 실속이 없이 살고 있어도 걱정은 없는 듯하다. 먼 곳에서 이곳 걱정 말고 식구에게 잘하고 어디를 가도 필요한 사람만 되면 너는 성공한 것이다. 역시 이곳 사회생활에 으뜸이 되며 보험회사도 열심히 다니고 남보다 우수한 성적으로 일하고 있다. 아무쪼록 건강하여라. 편지 자주할게. 그럼 안녕. 언니가.

못난 이모가

승이, 숙에게

편지 쓰는 것이 하나의 취미가 되고 습관이 되었다. 그동안 그곳 소식이 궁금하여 3일이 멀다 하고 소식을 보낸다. 나는 이곳이 고국이니까. 허나 때로는 무엇을 하는 건지 죽음을 견주어 보는 건지 내 일생의 문제가 짜증날 때가 한두 번이 아니었다. 벌써 41세, 나는 외롭고 괴로워 잠이 오지 않고 서글픔만 남은 것 같다. 부디 시민권 타면 꼭 한국에 와서 못다 한 한. 이곳 친구들과 다시 환영식을 해줄 것이니 그때 모두가 그리움 속에 얼싸안고 춤도 춰보자꾸나. 숙아, 그 시절의 그 음성. 그 얼굴 상상 외로 실망이 올지 모르겠지만 만남을 고대한다. 내 늙음이 눈앞에 보인단다. 숙아, 승이 아빠인 남편을 섬기며 화목하게 살아다오. 숙아, 지금 승이 동생은 없는지 궁금하구나. 부디 건강을 빈다. 이모가.

1978년 3월 11일

배철환 사망, 두 사람 보고 싶다

미국 광승, 숙에게

그리운 고국 땅 오고파도 못 오는 숙, 별일 없나 궁금하단다. 그곳 소식 꿈엔들 잊으리오. 그곳에서 승이 아빠 병원 입원 했을 때 얼마나 고생이 많았을까. 정말 가슴 아픈 일이다. 내가 부산 삼세병원 입원했을 때 숙이 고생이 많았지. 숙아, 세상은 만족이 없고 가면 갈수록 문제와 피곤함이 뒤따르고 있다. 이곳 철환이도 스스로 목숨을 끊어버리고 운명도 다하여 수명은 짧았다. 1978년 3월 4일자 새벽 4시 20분에 숨을 거두어 우리 모두의 가슴에 못을 박고 갔다. 나이 23세였지, 부모 때문에 아쉬운 운명. 설상가상 오빠는 급성맹장 바로 장례식 이틀 뒤에 병원에 입원해 25일 만에 퇴원했다. 모두 혼자서 감당을 했단다. 숙아, 내가 얼마나 괴롭겠냐. 모든 것을 다 잊고, 숙아, 먼 곳에 보이지 않지만 열심히 살아가자. 건강하여라.

보내준 돈 헛되이 쓰지 않으리

이금순에게

멀리서 보내준 부의금 철환이에게 보내준 돈 헛되이 쓰지 않겠다. 현재 웃제자와 언니 모두 3명 모시고 빌었다. 35,000원 들고 남은 금액 언니의 법당에 올렸다. 보라, 그곳의 생활은 어떠한지. 승이 부(父)가 노력을 한다니 마음이 아프다. 한국에만 있다면 은혜를 할 것인데 뜻대로 안 되는 것이 우리 인간 아니냐. 용서해다오.

숙아, 우리 승이 아빠를 비롯해 세 식구 건강과 괴로움이 없기를 두 손 모아 빌며 묵도하는 마음이다. 이곳 할머님은 너에게 보답을 못하고 돌아가실까 봐 늘 가슴 아픈 마음뿐이고, 이제 이곳 가계 걱정 말고 승이 맛있는 것 사주도록 해라. 아무리 화가 나도 가족에게 더욱 잘 하여라.

이곳 명신 언니가 그곳 점을 쳤는데 명운이 따르고 식물을 주의하라는 부탁이고 승이는 10살 아래는 힘이 꽤 들어도 이상에는 아무 염려가 없다고 하는 듯. 이곳이 바쁘다 보니 때로 비관하게 될 때마다 삶의 의욕이 없어진다. 시간상 생명은 왜 이어지는지 모르겠구나. 요즘 늙어가는 내 얼굴에 주름살이 지고 모든 설계가 끝났다. 참, 영도 함께 있던 상회 가니 반갑다고 야단들 했다. 앞으로 어떠한 고난에 부딪혀도 극복하며 일어서야 한다. 옆도 보지 말고 앞만 보고 가정을 위해서 열심히 살아다오. 그곳에서 백화점 모델이라고 했지 고생한다. 한숨 쉬면서 건강을 늘 빌고 있단다. 안녕!

유치원생 광승

대한민국 넘나드는 조기장이 되어 많이 도울 거라 하더니 사립대학 간다 하고 로스엔젤레스 간 후 소식 불명. 흑인, 백인 파동 때 너무도 잊을 수 없는 세월. 하늘 아래 건강하고 소식 있기 바란다, 승아.

6월 편지 답 늦어 미안하다

미국 광승 모에게

6월에 보내온 편지 잘 받았고 늦게 편지해서 미안하다. 하지만 갈수록 태산이라더니 숙의 길에 왜 그렇게 파란이 많은지. 어쨌든 운명만 믿고 살아보세요. 그러면 끝이 오리다. 우리 서로 만나면 수많은 화소들 언제 다 해소할까. 승이를 한국에 제발 보내주면 잘할 것이니 걱정 말고 우리 3명이 단 1년이라도 다시 함께 얘기를 주고받으며 풀 것인데 이제 먼 곳에 있어도 활개 치며 넓게 살아보자꾸나.

이곳 엄마는 누워서 고통을 받고 있다. 아름다웠던 영도 땅 그리운데, 교통 생각나서 발길이 아득하기에 가만히 서 있어도 눈물이 나오고 집에 와서 밤새 울고 싶지만 울 곳도 없다. 때로는 생각하면 미운 때도 있지만 그래도 곁에 있다 보니 미운 정 고운 정 있기에 서로의 잘못도 용서를 구할 수 있는 아름다운 추억들이다.

옥자와 여행을 한 번 다녀오면서 간절한 너의 생각 술을 한 잔 마시고 친구와 보듬어 한없이 울었다. 그리고 부산진 언니 집도 이곳저곳 옮기다 보니 찾기에 힘이 꽤 있다. 그곳에 가서 나름대로 인사는 했지만 그래도 못다 함이 많으니 그저 미안하고 죄스럽기만 했다.

이 세상에 이금순만큼 도량 넓고, 누구에게라도 베풀며 살아온 사람이 누가 있을까. 복 받을 것인데 부디 편지하면서 이곳을 나와 주세요. 그럼 승이도 세 식구 모두 건강하고 평화롭게 사세요. 안녕.

숙이 얼굴 보고 싶다

김해숙에게

그동안 하나님 은총 아래 모든 일에 무사할 것이라 믿고 편지를 쓴다. 이제 분잡했던 구정도 가고 신년 일들이 아득할 뿐이다. 학업을 열심히 하며 보내준 숙이의 사진을 보기도 한다. 세월이 가다 보니 숙이 얼굴이 보고 싶구나. 그럼 만날 때를 기약하면서.

삶이 궁금하다

이금순, 광승 모자에게

오늘도 가고 내일도 오고 또 많은 세월이 남아 있으나 세상을 산다는 것이 참으로 힘이 드네요. 그동안 어떻게 지냈는지. 여러 가지 보답 못해 미안하다. 그리고 승이가 자전거에 다쳤다니 여러 가지 걱정이다. 숙아, 너와 나는 일생토록 아쉬움만 남기라는 것일까? 사람 산다는 것이 보고 싶다고 달려가고 인력대로 못하는 것이다. 서로의 애달픔을 잊고 때로는 매사에 죽음보다 못한 증명이란다. 이곳에 부모형제 버리고 정만 남겨둔 채 어린 자식을 위해 미국으로 가버린 너. 어찌 한이 없으리오. 앞으로 승이를 훌륭하게 잘 기르는 것이 바람이고, 너의 본분이란다. 참, 서점에 가도 책이 없으니 상세하게 적어 보내라. 여러 가지 계획은 다 수포로 돌아가고 언제인가 때를 기다리면서, 안녕.

타국 아리는 마음

오캄포 광승에게

먼 타국 승이와 엄마 얼마나 고생하나 생각하니 마음이 아프다. 숙아, 너의 소식을 기다려도 이렇게 무소식이냐. 아무런 반응 없는 편지란다. 이곳에 책 부탁한 것이 다소 어렵다. 참, 승이가 학교에서 공부를 잘한다기에 기쁘고, 사진을 걸어두고 보면 눈물이 흐른다. 내가 5년 세월 길렀으니 이곳 할머니도 너를 못보고 떠날까 봐 아쉬워하는 표정이란다. 너의 언니와 식구들에게 미안하고 너의 소식을 꼭 듣는다고 하더라. 편지 자주 해주기 바라면서 건강의 주의해라. 안녕. 언니가.

덕분에 충무에서 잘 있단다

김해숙에게

그동안 가내 별고 없는지. 덕분에 충무에서 잘 있단다. 부산에서 너에게 전화하니까 미국 발령 났다고 하기에 하도 어이없어 멍청히 있다가 웃기도 하면서 섭섭했다. 정말 하나님 교리도 귀중하지만 딸의 효성도 하루아침에 사라지는 기분. 하지만 언니도 놀라 홀어머님 허락될까요. 하나님 세계도 있지만 현명한 해숙 소망대로 다 하나님의 율법대로 실행하는 것이 좋겠다. 아우가 가면 호소 편지할 곳도 없어 진실함으로 너의 이름 석 자 외우리라.

정신없어도 승이와 숙이 생각

미국 광승 모자에게

소식을 기다리던 시간 행여 하다 지친 나, 우리 서로 언제 만나리. 외로운 타국 땅 그 얼마나 고생이 많으랴. 보고 싶다. 우리 승이 때문에 일생토록 너의 생애를 보내는 마음 가슴 아프다. 그래도 승이가 훌륭하게 자라면 보람은 더 할 바가 있으랴. 희망의 꿈 승이와 승이부의 건강이 어떠한지 염려스럽구나. 여기도 무척 바빠서 보험회사 입사하고, 5개월간 국회의원 선거, 8월 1일부터 식당도 겸사겸사 해서 혼자서 정신없이 뛰었어도 마음속 깊이 승이와 숙이뿐이다. 엄마 같은 이모가 좋다고 했지. 한국으로 나오면 정말 더 잘해주마. 그리던 고국 다시 한 번 오너라. 한없이 보고 싶고 승이가 곁에 있으면 그 얼마나 포근할까. 모든 것 다 잊고 우리 서로 열심히 살아가자. 이모가.

혼자 애하고 무리하지 마라

이금순에게

기다림에 지쳐 행여 하고 편지를 써 보내니 오해 말고 읽어다오. 그동안 소식 없어 얼마나 궁금한 나였던가. 그러나 그곳에서 새 출발할 때도 되었으니 혼자 애하고 무리하지 말고 새로운 꿈을 꾸며 희망을 찾아라. 나는 이곳에서 보험회사 입사했더니 첫 월급 삼십만 원 받았다. 그곳에서 살기 힘들면 이곳으로 나와서 생을 마감하는 길도 있단다. 우리는 서로 먼 곳에서만 바라만 보고 생을 보낼 것인가. 하루 속히 행복을 찾아 즐거운 가정을 꾸리도록 이곳에서 늘 기도하며 언니의 소망도 여기 함께 담아 보낸단다. 언니가.

왔어도 보답 못해 미안했다

김해숙에게

해숙이가 이곳에 왔을 때 단 2일간이지만 못해준 것이 생각나 마음 아프며 시간에 쫓기다 보니 부족함이 많았다. 그때 너를 보낸 후 궁금했는데 소식 주어서 고맙다. 추석이라 전화를 해봤더니 받지 않기에 지금까지 궁금하단다. 그리고 시간 있으면 다시 이곳을 다녀가거라.

해숙아, 믿음 있는 선지자나 마찬가지인데 언니가 사회 비탄에 빠져 구구절절 늘어놓는 것이 도리가 아닌 줄 알면서 하소연한다. 비참한 생각이 들 때마다 눈물이 말없이 흘러내린다. 내 모든 생각이 짧아서 이렇게 살아가는 줄 알면서 허무감이 든다. 밤이면 고요한 무덤 속에 파묻히고 싶단다. 언제나 해숙이와 변하지 않는 10년 세월을 말한다. 건강하여라. 언니가.

간 사람들에 대한 애절한 정

이금순에게

이금순아, 시간적으로 많이 바쁜 줄 알겠다. 우리가 다시 만날 그 날을 기다리기가 지루하기만 하단다. 우리 인생 돌아가는 톱니바퀴, 내 마음도 함께 넘어봤으면 한다. 아쉬운 일들을 억지로 참고 사람과 사람 사이에 끼어 삶이 참 고되구나.

한 시절 부산에서 우리 삶이 많은 친구들과, 승이와 행복했다. 늘 우리는 누군가를 선택 없이 그리며 살아가는 인생들 아니냐. 한 가지 더 덮쳐 내게 최고 잘해주던 애절한 조카 배철환이 23세 젊은 나이에 갑자기 가니 자식같이 생각했던 것이 물거품이 되자 그 슬픈 마음 그 어디 비할 바가 있을까. 동쪽 하늘 밑에 조카 생각하며 밤에도 골

목길 더듬어 걸어가면서 울고 싶던 마음, 흥얼대던 그 소리 집에 가서 거울 앞에 앉아 내 모습이 너무 처절한 것뿐이고 쏟아진 눈물은 얼굴을 씻어 준다오. 불러 봐도 소용없고 그의 사진만을 들고 바라보면서 한스럽기만 했다. 이 밤도 조용한데 착잡했던 마음속에 이슬이 맺힌다. 적막의 초인종이 울릴 때 날이 밝아오기를 기다린다. 밤이면 머릿속에 스쳐가는 파란과 곡절을 연상하면서 현 시대를 엮어본다.

조카의 죽음이 너무 상처가 남아 명함판 사진을 가지고 예쁜 사진 스튜디오 가서 큰 판형으로 아버지와 어머님 두 분 찍은 명함판과 함께 2개를 가져가서 한 장에 5만 원씩 주고 흑백으로 만들어 액자 속에 넣어가니 식구 모두 고개를 돌리며 거부감을 느꼈다. 나는 2장에 10만 원 들여 만들어 제사 지낼 때 사진으로 놓고 하라는 못다 한 마음의 표시인데 냉대를 받았다. 지금도 그 사진은 유리조차 깨어져 구석진 데 거미줄이 앉은 채로 두었다. 한이 서린다.

주안에서 건강한 삶

유금순에게

계절이 바뀔지라도 우리들의 마음은 변화가 없을 거라 믿어 보았어도 인간인지라 세월이 가다 보면 변하는 것이란다. 옛날에 수녀 꿈을 꾸었지만 교회 때문에 실행 못 한 아쉬움에 젖을 것이며 늘, 혼자 살았으면 하던 소망은 물 위로 보내고 인간 세상 어느 하늘 아래서 어떠한 위치에서 살고 있는지 궁금하구나. 항시 내 곁에는 보호망이 필요해 조금이라도 보조가 됐기에 그 고마움을 잊을 수 없고 늘 말하듯 집안이 부유하기보다 빈곤한 집을 선택하는 결혼을 부르짖더니 지금쯤 흙속에 파묻혀 살고 싶다고 하던 너. 과연 주어진 운명만을 믿고 살아가는 현실인가 보다.

내 곁에 머뭇거리고 있을 때 손색없는 너, 건강한 소나무 뿌리를 상징하며 부족함이 없는 우정에 지금쯤 하나님의 딸로서 믿음 속에 오로지 한 길로 살아가면서 많은 전도도 할 것이며 봉사와 선지자의 길을 선택하여 사회적인 실천하고 부족함이 없는 너. 우정으로써 후회하지 않는다. 그리고 진주에서 15년 만에 만나본 후 마산에서 수원에서 이제 시흥에서 우리 만남은 우연이 아니라고 생각한다. 지금쯤은 아들 2명 중 한 사람은 목회자로 선출되어 너는 세상에 삶이 보람이 있고 현재 너도 권사님 직분에 있다는 것을 안다. 역시 나도 꿈은 컸으나 아직도 소망을 다하지 못했다. 앞으로 소망은 일생을 못다 한을 책 1권을 엮어서 글은 인정받지 못하더라도 마음을 드러내고 싶다는 신념. 누구든 글을 보는 사람은 내 마음을 읽을 것이다.

그럼 어느 곳에 있어도 소식이나 전해다오. 주안에서 건강하여라.

편지 잘 받았다

이금순에게

보내준 편지 잘 받아 보았고 그곳에 식구 잘 있다니 고맙다. 숙아, 이 세상에 변화가 올지라도 우리만은 변하지 말자. 두 번째 편지 와도 답 못해준 것이 미안할 뿐이다. 그리고 승이가 공부를 1등 한다니 그 이상 반가움이 있겠냐. 축하한다. 참, 국제운전면허증과 시민권을 탔다니 정말 대견스럽고 장한 엄마다. 그러나 난 이곳에서 발버둥을 쳐봐도 능률이 떨어진다. 하지만 아직까지는 사회적인 문제없이 살아가고 있다. 그러면 80년도에나 온다고 하니 나도 그때를 바라보고 열심히 살아갈게. 아무것도 사지 말고 빈손으로 나와도 흠이 없는 너, 나. 부담 없이 오기 바란다. 안녕.

궁금한 안부

김해숙에게

또 한 해가 가고 너의 소식이 궁금하기에 편지를 보낸다. 그동안 어머님을 비롯해 가내 무고한지, 요즘은 무엇을 하고 있는지 알고 싶고 기다려진다. 우리 서로 몸은 떨어져 있어도 마음만은 가깝게 있지.

해숙아, 나는 이곳에서 하던 것 다 취소하고 다른 꿈을 담고 있으니 이곳에 다시 한 번 내려오기 바란다. 앞전에 충무 내려 왔을 때 후한 접대 못한 것 미안하다. 이제는 좀 한가롭다. 세상에, 어머님 내 결혼 때도 부산까지 모녀가 참석해준 것 평생 잊지 않으리.

그럼 만날 때를 기다리면서 건강하고 소망 뜻대로 이룩하기를 빈다. 언니가.

기다려도 소식 불명

오캄포 광승

이금순에게

묵묵히 하루를 기다리고 있는 나. 보고 싶기에 애타게 기다린단다. 그동안 승이 모두 무사한지 궁금하며 이곳에 나는 밤이면 더욱 시간이 없고 6월경 되면 시간이 있을 듯하다. 이곳에서 네 생각, 승이 생각하면서 일에 의욕도 가져보고 하니 왠지 늙어가고 있는 세월. 너는 그곳에서 더욱 주름살이 늘었을 것이다. 이곳에 보호망이 돼 있을 때 김치에 두부찌개 생각나는 현실이다. 숙아, 꼭 나온다 했지. 손꼽아 기다릴게. 그럼 매사에 침착하면서 건강을 지키며 승이와 식구 다 안녕을 빌게.

타국에서 건강하게 살아다오

오캄포 광승, 금순에게

행여 하고 기다려도 소식 일절 없어 답답하기만 할 뿐이다. 그동안 식구 별일 없을 것을 믿고 이곳도 잘 지내고 있단다. 숙아, 앞으로 전망이 보이며 승이가 전교에서 1등 한다니 그 얼마나 기쁜 일이냐. 만약 그곳의 삶이 괴로우면 이곳에 나와서 살길 원한다. 앞전 승이 초등학교 다닐 때는 한국 돈 2억 원 가져오면 살겠지 했는데 승이를 위해서 못 나오게 한 것 후회가 된다. 이제는 고등학교를 가니 다 틀렸다고 할 때 내 자신이 미안했다. 승이가 만 4세 들어갔는데 지금은 고교생이라니 참 기특하다. 공항으로 탑승하러 가면서 이모도 간다고 손을 잡고 안 놓아주던 승이 무척이나 보고 싶다. 그러다 보면 마음병이 날 때 뜨거운 눈물이 흐르기도. 아무쪼록 어느 곳에 있어도 건강한 몸으로 살아가기 바란다. 언니가. 안녕.

승이가 전교 1등 했다니 기특하다

광승 모에게

기다리다 못해 다시 편지를 쓴다. 요즘 직장에서 근무하는지 궁금하다. 우리 승이 전교생 1등 했다니 제일 반가운 소식이다. 그리고 운전면허증과 시민권 탔다니 대견스럽고 장하다. 이곳에 있을 때 잔소리 많이 들은 것을 잊는 것은 나를 잊는 것이다.

요즘은 바빠서 부산을 가도 아무 곳도 못 들르고 언니 집도 못 간다. 너는 한국에 언제 올 것이냐. 답서나 주셔요. 이곳은 빈손으로 나와도 내가 환영할 테니 빨리 오기 바란다. 네가 하는 말 몇 년 있다 나와도 모두가 생활에 변동이 없다고 하면서 낙심하는 모습을 봤는데, 이제 더 많은 사람과 너를 아는 사람들 삶이 조금 넉넉해졌으니 염려 말고 나오세요. 승이를 위해서 용기를 내어 희망을 가지고 살아보렴.

이 밤도 끝도 없는 망상 속에서. 언니 순자가.

편지 날짜 넣어라

미국 이금순, 광승에게

세월이 가고 또 가고 해가 저물어 또 내일이 가고 하면 내년이 흐른다. 이곳에 편지를 해도 못 받아 본다기에 어이없는 사연이다. 나는 계속 해도 못 받아보고 환수 편지만 받아본다니 이상한 일이다. 부산 옥자도 편지를 했는데 무소식이라 궁금하게 생각한다. 어쨌든 일자를 넣어라. 그리고 이곳에서 가족, 너의 언니도 다 기다린다.

숙아, 이곳은 가로등 선입과 함께 있으면서 환수도 순임이도 조카들 속에서 생활을 하니 마음을 해소할 곳이 없어 음악 속에서 밤마다 지나면서 옛 추억들이 떠오를 때가 많다. 연대섬 명신 언니는 항시 너를 빌어주고 있단다. 늘 조심하고 주의하며 기탄없이 승이를 잘 길러라. 그럼 편지를 기다리면서, 안녕. 언니가.

연말이 다가오네요

오캄포 이금순, 광승에게

너의 편지를 받아본 채 굉장히 반가웠다. 80년에 온다더니 내년에 온다 했는데 섭섭하다. 숙아, 사는 데까지 살지 무슨 집까지 힘을 쓰는가. 승이는 태권도 도장에 보낼 거라고. 그래, 뭐든지 배움은 길은 기회를 놓치지 말고 배워주어야 한다. 이곳에 부모, 형제분들이 무척 기다리며 모두가 만나기를 소망한단다. 나는 이번에 나오면 할 얘기도 많고 한데 살아 있는 동안 승이라도 보내주면 내가 보호하다 보내주마. 그럼 기다릴게, 안녕.

소식 일절 없어 궁금하다

미국 오캄포 금순에게

지겹던 한여름도 가고 이제 싸늘한 초가을 맞아보는 때 마음속 떠나지 않는 오캄포 광승 보고 싶다. 물론 세 식구가 어려운 난관에 부딪혀도 참고 견뎌내면서 잘 살아갈 거라고 믿지만 그래도 그곳 소식이 늘 궁금할 뿐이다. 이 고국 친지와 친구들도 변함없이 지내면서 네 생각을 많이 하고 있다. 그러나 그곳과 이곳 소식을 자주 전하면서 여생 살아가잔다. 묵묵히 기다려도 소식 일절 없어 야속하기만 해서 편지를 쓴다. 세월은 유수라더니 나는 꿈속에서 헤어나지 못하는 기분이다. 이곳에서 가로등 카운터에서 매상에 신경. 낮이면 수금이 직분이다. 그리고 울산 엄마가 애타게 기다리고 있단다. 빨리 고국을 나와서 찾아보도록 하는 것이 효성 아닌가. 우리는 갈 수도 올 수도 없이 살아가다 보니 늘 그리움만 남네요. 안녕.

노래 들으며 모자 그린다

미국 오캄포 이금순, 광승에게

'못 견디게 괴로워도' 라는 음악을 들으면서 그리는 숙에게 전화를 한다. 촉촉이 내려지는 봄비 간곡히 그리는 너희 모자 소식 없어 궁금하단다. 매일 가게에 물어보기도 미안할 뿐이며 3일이 멀다 하고 물어보아도 소식 불명. 현재 생활에 변동이 있는가. 그곳의 소식이 요즘 많이 궁금하단다.

이제 나는 보험회사도 3월 3일자 사표 수리한 후 무실자 무법자 제일 편한 삶이다. 자리에 누워 그려지는 얼굴들 언뜻언뜻 입체로 스쳐가는 사람들, 이제는 모든 것을 잊고 살아보려고 애쓰는 나. 실천에 옮겨지지 않는 현실 인생은 생명을 보존하며 산다는 것이 뭐냐고 하는 생각이 든다. 내 자신은 죽어가는 인생에 비해 나은 것이 더 있을까. 캄캄한 세상 헤쳐 승이와 숙이를 생각하면서 용기를 내어 봤으나 별로.

승이는 벌써 실습을 나갔다니 이제부터 사회 일원이 되어 한없이 이모는 기쁘다. 네 말대로 제3국을 3년만 있다가 여권은 나와도 비자는 없다는데 원한다면 갈 수도 있고 가는데 있어 경비는 부담치 마라. 그곳에 가더라도 내가 할 일이 아무것도 없다니까 언니는 오면 집 좀 지켜주고 총이나 들고 싸움하러 가라는 것밖에 하고 말을 할 때 매사에 외국도 싫고 여기서 많은 대화도 하고 자유롭게 살아야지 하고 다 포기하니 그렇게 마음이 안정되며 편안할 수가 없다. 아무쪼록 이제부터 기다리마.

네가 〈대전 블루스〉 노래를 잘했지. 물론 네가 청주 사니까 말이

다. '잘 있거라 나는 간다. 이별의 말도 없이 떠나가는 새벽 열차 대전발 0시 50분' 하고 또 노크하는 창문, 공항에서의 이별, 보슬비 오는 거리에 추억은 젖어들 나도 역시 문주란 〈별이 빛나는 밤의 부르스〉 노래 좋아한다. 현미의 노래와, 〈누가 울어〉, 〈그리움은 가슴마다〉, 〈검은 장갑〉, 〈나 하나의 사랑〉, 사랑해 당신을 정말로 사랑해의 〈사랑해〉 등 승이 노래도 다 좋아한다. 소식 오기를 기다릴게. 안녕.

늘 소식 주고받으며 살자

미국 오캄포 이금순, 광승에게

헤어지면 그립고 만나보면 시들하다는 노래도 있다. 하는 말 매사에 한 면이 온다고 앞으로 승이 학교는 마쳐야지. 우리 인내하면서 살자. 여행을 다녀왔다고 몸도 7일간 아팠다고 하니 이제 휴양을 좀 하는 것이 좋겠다. 나는 너에게 해준 것이 없고 다만 광승이 이름 지은 뒤 만 4년을 기른 것밖에 없다. 아기를 사랑하니까 내 전부를 다 해서 보호해준 것밖에 없으니 나는 너에게 평생토록 보답을 해도 못다 할 뿐이다. 부디 힘내어 부족함이 있다면 서로 돕고 살자. 괴로움을 버리고 새롭게 그곳 소식, 이곳 소식 알리면서 먼 곳에 정을 두고 살아가는 것이 아름답다. 다시 편지 오기를 기다릴게. 안녕.

어머니 조경선 별세

미국 오캄포 이금순, 광승에게

유유히 흘러내리는 강물처럼 많은 세월은 흘렀다. 그동안 광승이와 숙이는 어떻게 살아가고 있는지 굉장히 궁금하다. 이곳은 어머니 별세했으니 막내딸로서 간호 3개월 못다 한 아쉬움이 든다. 생전에 너를 얼마나 생각하고 처음 승이가 왔을 때 어머니 주머니에서 만 원짜리 한 장 내어 승이 손에 쥐어줄 때 그 못다 한 고마운 보답하느라고 엄마 동네에서도 '여군자(女君子)' 라는 별호가 붙어 늘 누구에게라도 선을 실천하셨다. 엄마 묵묵히 매사 참고 살아온 한 세월 말없이 가신 고인 눈물의 밤이 되었다. 돌아가실 때까지 막내딸 삶의 상처를 보여준 것이 눈물만이 남았다. 엄마 하며 조용한 소리를 주고받으며 서로 말없이 눈물로써 주고받았다. 모녀의 눈에서는 못다 함을 말없이 표현한 눈물. 유언도 남겼으나 딸만이 생각하지 그 외 식구들은 먼 하늘 바라보듯 하니 하소연할 곳이 없다. 89세 1988년 4월 16일자 세상을 떠날 때 그 못다 한 한이 가슴을 파고들었다. 모두가 다 세상은 친부모, 친딸의 정뿐이라는 걸 새삼 느꼈다. 타국에서 이곳에 전화도 편지도 자주하여라. 기다리마. 이렇게 소식 불명이니 너무 궁금한 언니가 가슴 졸인다. 편지 올 때까지 안녕.

꿈에 승이 물에서 허덕였다

오캄포 이금순에게

어젯밤 꿈에서 승이를 만났으나 물에서 뛰어노는데 언니 보고 빨리 물에서 끌어내라고 하던 중 꿈을 깨보니 생일이라고 자매 3명이 도착. 케이크를 사서 앞에 두고 촛불을 켜고 화목을 밝혔으나 아무 감각도 없이 승이만 상상을 해보았다. 그러나 형제들이 무척이나 고마웠다.

현명한 숙아, 우린 옛일을 버리고 현실에 속해 살자. 이제 너의 의견대로 따라가마. 모든 것이 나는 자신이 없다. 그럼 만날 때를 기다리고 건강하여라, 승이도. 이모가.

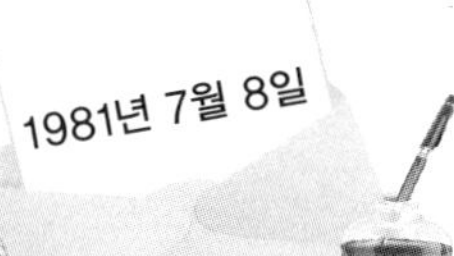

한국 다녀간 모자에게 미안했다

오캄포 금순, 광승에게

한국을 다녀가더니 모자가 너무도 당황했던 두 얼굴 꿈이 아닌 현실. 이곳에 모든 것을 볼 때 너 보기에 미약한 것이 많았으리라 생각한다. 너의 마음이 창공을 날다 그곳에 들어가면 한동안 얼떨떨할 것이다. 물론 이곳에 나와 모든 뜻을 저버리고 바쁜 시간에 쫓기다 보니. 그러나 만나 보는 기쁨과 우리 친구 모두가 너 미국 갈 때 송별식도 20일간 해주고 이곳에 나오니 환영식을 베풀었으니 네가 이곳에 있을 때 신망을 잃지 않은 증표 아닌가. 참, 중매, 하하, 거짓말이다. 농담. 네가 보내준 청바지도 경기도 다 보내고 했더니 모두가 좋아했단다. 언제나 함께 흘러가는 전파는 똑같았을 것이다. 낯선 타국 많은 곡절이 따르고 고생한 줄 알고 있다. 그러니 너를 대견스럽고 장하다고 하는 언니란다. 만남을 기약하며, 안녕.

보내온 편지 등 잘 받았다

김해 공항에서 이별

오캄포 광승, 광승 모에게

보내온 편지도 신발도 옷도 잘 받았단다. 이곳에서 보낸 사진과 편지도 잘 받아 보았나 궁금하다. 처음 미국 떠날 때 해운대 공항이었고, 몇 년 흘러 김해 공항에서 송별을 할 때 넋을 잃은 듯했다. 그리고 이곳 너의 친지도 많은데 나에게 시간 소비됨이 미안했다. 너는 한국에 있을 때도 현모양처라는 증이 붙어 다니지 않았냐. 기탄없이 곳곳에서 헌신적으로 하면서 살아가기 바란다. 네가 모든 것이 부족함이 없으니 아들 승이도 똑똑하지 않니. 앞으로 훌륭한 아들이 될 것이다. 보람된 일이 눈앞에 서릴 것이니 이곳에서 늘 잊지 않고 생각하니 걱정 말고 직장에서 열심히 하여라. 언니가.

15년 만에 첫 만남

유금순에게

15년 만에 상면한 너. 우리 서로 우정의 정도 없이 서먹했다. 우리가 살면 언제라도 만나게 되는 것인가 봐. 어쨌든 반갑다. 그 후 다시 진주를 가서 옛이야기하며 그날 하루를 보내다 택시를 탄 채 충무까지 오면서 망상 속에 자신이 부끄러웠다. 오랜만에 만나 서먹한 얘기들만 한마디씩 하다 보니 꿈만 같았다. 현실 속에서 잘 살아가니 더 바람이 있겠냐. 너는 믿음 집사님으로 존중하며 칭찬과 환호한다. 앞으로 서로 연락하면서 살아가자. 네가 주는 성경책은 거부했지만 언젠가는 하나님을 믿을 것이다. 그럼 주안에서 늘 평안하기를 빈다. 안녕.

편지 매우 반가웠다

오캄포 금순, 광승에게

기다리던 8월 21일자 쓴 편지 보내왔기에 매우 반가웠다. 그동안 승이를 위해서 열심히 살아갔다니 더 이상 바람이 있으리까. 내일 충무동호동으로 이동할 것이다. 네가 갈 때 모든 약속을 잊지 않고 실행하면서 노력에는 불가능이 없다. 결혼 사진 보여줘라. 물론 예쁜 사진 있으면 보낼 것인데 없다. 그리고 이곳 사정이 내년 3월 말까지 결정되었으면 좋겠다. 나 때문에 괴로운 일이 많을까 염려되지만 어쩔 수 없는 일. 모든 일 운명에 맡기고 인내하면서 준비에 노력하자. 안녕.

편지 잘 받아 보았다

오캄포 광승 모에게

8월 30일자 편지 보낸 것 잘 받아 보았다. 그동안 승이는 학교에 열심히 다니는가 얼마 아닌 세월인데도 궁금. 난 동호동에서 삶을 개척하며 조용히 살아간단다. 이곳에서 너와 약속대로 다 알아보니 일가친지 사촌까지는 그곳 초청에 갈 수 있다는 증명 정말 힘들다. 주소가 올 때마다 다른 것 같은데 명확한 주소를 써서 보내라. 그럼 이 밤도 서로 좋은 꿈꾸면서 안녕.

하얀 겨울에 접어들었다

이금순에게

하얀 겨울에 접어들어 쌀쌀한 바람이 불기도 한다. 어느덧 5년 세월 훌쩍 가버리는 나의 지난날의 모든 것이 생생히 떠오른다. 1979년도 지나가는 문턱. 세상에서 제일 기뻐할 수 있는 승이는 이곳 한국 드나들어 한글로, 영어로 이모라고 편지 보내주니 무척 기뻤다. 아파트 하숙하다 나와 그동안 편지를 못했다. 현재 조카들과 함께 지내며, 큰 영업에 직원들의 처리만 해도 바빴다. 모든 것이 미약한 나. 그럼 건강하여라. 안녕. 언니가.

편지 보면서 눈물 흘려요

오캄포 광승에게

9월에 보낸 편지 잘 받아 보았고 그곳 소식은 어떠하냐. 나는 이곳에서 잠든 밤에는 세계를 다 둘러본단다. 지난밤에는 미국을 가서 함께 있으면서 너털웃음 짓고 꿈 아닌 현실 같았다. 요즘 생활에 변동은 없는가. 매사에 염려된다. 이곳 소식은 작은언니 병원 입원 중이고 명신 언니는 몸이 회복되었다. 나는 명정동 이동해 새 꿈과 보금자리를 마련했으니 이곳 염려는 할 것 없다. 때로는 부산에도 다닐 여유가 없을 정도로 매일 바쁘다. 여기서 백화점 점원 둘 두고 어느 코너를 차려 하고 있다. 그리고 너와 약속 어려우면 취소하는 것이 좋겠다. 염려해 주어 감사하다. 언니가

둘도 없는 나의 친구

유금순에게

어느덧 세월은 유수와 같아 어느덧 저물어 가는 해. 다시 소식을 기다려 본다. 내가 생각하기엔 둘도 없는 우정. 나의 벗이요, 나의 안식처요, 나의 낙원이라는 마음 변함없는 그때의 마음이란다. 항시 너를 보면 무슨 말이 앞서야 좋을지 망설여진다. 내가 고집이 있는 듯, 고집 끝에 패가망신이라더니 바로 이것이다. 우리 새해부터 연락하면서 먼 곳에 있어도 사심 없이 살아가자.

보내준 물품 잘 보관하고 있다

오캄포 이금순, 광승에게

앞선 날 보내준 여러 가지 물품을 잘 받아 간수하고 있다. 너희 식구 살기만 해도 신경 쓰이며 괴로운데 이제 모든 것 포기하자. 직장 내 백화점 모델의 10명 중 뒤지지 말고 전진과 환호를 받게 열심히 하여 손색없는 우리 한국인이 되기를 늘 언니는 먼 곳에서 빈다. 이제 나도 앞을 내다보고 선거에 300만 원 넣고 보니 실패했다. 그러나 지난 일은 후회 없이 살아가는 내 자신에게 대견스럽다는 마음이 든다. 숙아, 그럼 안녕. 건강하여라.

어언 10년이 흐른 듯하구나

오캄포 광승 모에게

10년이면 강산도 변한다는데 미국 시민으로 한국을 둘러보고 가더니 4년 만에 다시 보는 숙이. 언니가 생각이 앞서 10년 세월이 흐른 듯하다. 어느 곳에 내놓아도 부족함 없는 장한 숙이를 믿는다. 그리고 승이 부에게 이곳에서 늘 감사하다는 말을 전해드려라. 언어가 통하지 않는 곳에서 그 어려움은 말할 수 있겠느냐만 그래도 너는 영어, 일어, 필리핀 말도 잘하니 안심이 된다. 세상은 어느 곳이든 요지경 속에 비탄하지 말고 허탈해 하지도 말고 매사에 인내로써 평화로운 가정을 꾸려 살아가기를 바란다. 우리 인생 살아가는 숱한 길은 많지만 우리 인연은 하나님께서 주신 것 같아 정든 승이를 못 잊어 때로는 울고 있단다. 우리들의 애절함이 아쉽기만 하구나. 먼 곳에 있을지라도 마음은 전파가 흘러가고 있단다. 그럼 할 말이 태산, 부족하나 우리 서로 건강하길. 차 조심하고 행복한 날. 안녕.

두 번째 한국 방문

오캄포 광승 모에게

수없는 세월이 흐른다. 벌써 주름살이 많이 늘었겠지. 고국을 둘러보고 가면 누구든 다 자신의 마음을 위로해야 한다. 우리 서로 사유는 버리고 눈만 뜨면 그 얼굴이 떠오른다. 그러나 우리 인간은 멀리서 그리움에 인내하는 것이 진실 됨을 보여 주는 법. 승이는 이곳에서 이모와 둘이 충무 왔다가 부산을 갔다가 3개월을 무사히 데리고 있으니 염려 말고. 그리고 이곳 부산에서는 옥자 집 병원 거주하며 안정되어 있다.

현재 승이와 같이 있으니 시간은 즐겁고 기쁘고 한데 8월 23일자 공항에서 이별할 생각하며 말없이 자는 모습 보니 눈물이 흐르며 많이 못 해 먹여 가슴이 아프다. 어릴 때 등을 만져주던 그때를 생각해서 매일 밤 등을 훑어주면 잠이 드는 순간 말없는 눈물이 흐르며, 어느 누구든 승이를 칭찬해주면 고마운 생각이 든다. 구연 언니도 고맙고 옥자는 더욱 고마웠다. 병원을 하니 아파도 걱정 없이 편하게 해주었고 그 집 자녀들도 모두가 광승이라면 매우 좋아했다. 충무 와서 3일 만에 부산 가니 승이가 간곡히 기다리고 있기에 애착한 마음 승이 사랑해 등을 두드렸다. 이곳 친구들이 잘 해준 것 잊지 않으리. 언니가. (김해공항에서 송별)

승이 곁에 있는 시간 행복했다

오캄포 광승 모에게

꿈에도 잊을 수 없는 너 혼자서 지내려니 적적할 것이다. 이곳에 승이와 둘 있으니 나는 부자가 된 것 같다. 너와의 약속대로 살아가려고 애를 쓰고 있으며 가슴을 졸인다. 나무는 가을빛으로 색깔이 변해가지만 내 마음은 늘 사철나무가 되어 동백꽃을 마음속에 담아 항시 무공해 콩으로 풀어본다. 부산에서 승이와 혜련이와 창수, 3명 남포동 극장을 보냈어도 내 마음은 늘 승이 곁에 있다. 우리 승이가 친구들과 있는 것이 휴식이 아니고 오히려 승이와 함께 있는 것이 휴식이다. 그러자 빨리 숙소를 찾아와 밤새 승이와 포근하게 잤다. 너는 그곳에서 미래를 승이와 헤쳐 나가며 꿈을 이뤄야 한다. 나는 승이 가방과 신발 사면서 사랑이 넘쳐흐르는 기쁨. 학교 가는 모습은 볼 수 없지만 이렇게 준비해주는 것만도 즐거웠다. 숙이는 그곳에 가서도 식사에 염려할 때 보람 있는 세월 헛된 정이 아니라는 걸 생각하면서 너에게 모든 미진한 점 미안하면서 건강을 빈다. 언니가.

8월 23일, 승이 출국 날짜

오캄포 광승 모에게

세 번째 편지를 받아 읽었다만 이곳은 걱정 말고 열심히 노력하여라. 한국 올 때는 두 사람이 왔으나 갈 때는 혼자 가게 되니 내가 무척 마음이 아프다. 3개월 방학 지루한 줄 모르고 한여름이 흘렀다. 너의 편지 받아보면 늘 마음이 찡하며 운명만이 생각하고 살아가고 있는지. 그리고 그곳 친구가 이곳 부산까지 와서 우황청심환도 잘 받았다. 늘 네가 하는 우체국 가서 언니 편지가 없으면 섭섭하다는 말 역시 마음 아프다. 이곳을 왔다기에 아무 일이 손에 잡히지 않는다고 하나 힘을 내라. 항시 하는 말 언니라고 부르는 글자, 한 장 내 약 30번 언니라고 불러보는 그 마음 안타깝다. 우리 승이 첫 번 왔을 때 충청도 가서 손잡고 부른 노래 '사랑해 당신을 정말로 사랑해' 라는 노래 불렀으나 두 번째 와서 보니 헌헌장부가 되어 믿음직스러웠다. 우리 모두 그리면서 행복함을 느끼며 살아가자. 건강하고 승이 맞이할 준비하여라. 혼자서 비행기 탑승하여 엄마 곁에 갈 모습 대견스럽고 기특했다. 안녕.

해란화강은 천 년 후에도 흐른다

오캄포 광승 모에게

그리움에 사무친 나. 자주 편지하면서 대화하고픈 너. 너와 나 약속은 허물어지지 않았는가 궁금할 따름이다. 우리는 어떻게 살아야 가까이 보면서 살 것인가. 마음은 한 줄기 해란화강은 천 년 후에도 흐른다. 바위고개 핀 꽃은 피고 또 지지만, 만날 날은 언제 어디서 기약도 없네. 그리움이여, 저녁노을 빈 하늘 마디마디 익혀서 맺혔네. 지난 정 흑점으로 망각하고 원점에서 살아간다오. 모든 환상은 버리고 현실이 중요하니까 전전 세월의 그날을 기다리자. 내 달에 많은 사진과 선물도 승이가 가져가니 나를 본 듯하여라. 언니가.

승이 도착했다니 마음 놓인다

오캄포 광승에게

보내온 편지 잘 받아 보았고 승이가 무사히 도착했다니 안심이다. 그동안 친구들이 승이에게 잘 해주었으니 각자에게 편지하여라. 이 세상에 태어나서 보는 이마다 그 사람을 환영을 해줄 수 있다면 더 이상 바랄 바 없이 인생을 잘 살아왔다는 증거이다. 이곳에 있을 때도 보는 사람 모두가 다 가까이하면서 칭찬하고 좋아해주니 더 이상 그 무엇에 비할 바가 있으랴. 똑똑한 아들 어려운 미국 들어가 한국인으로서 그 원주민 속에서 모델 한다니 참 기특하고 대견스럽다. 이곳에 처음 나왔을 때 심선자 아우가 하는 말, 광승네는 어느 곳에 살아도 귀티 나며 품위 있는 것은 내내 마찬가지라고 할 때 듣기만 해도 기분이 좋았다. 어느 곳에 살아도 그 인격과 품위는 버리고 있어서는 안 되는 인간의 본능. 두 식구 다복하게 있으니 흐뭇하고, 하는 일이 잘 되고 건강하며 늘 보람된 삶을 살아가길 바란다.

우체부가 굉장히 반가웠다

오캄포 광승 모에게

묵묵히 기다리던 편지를 전해주는 우체부 아저씨가 반가웠다. 실속 없는 내용은 아닌가 하고 텅 빈 가슴에 돌 한 덩이 앉아 있는 듯 동작이 느려지니 떨리는 손으로 펼쳐보았다. 우리 인생은 속고 사는 기분 어디서부터 어딘지 나도 모른다. 숙아, 어쩌며 너의 마음은 금메달처럼 보화였다. 언제나 우리는 금전에 대해서 강조하지 말자. 그리고 어떤 사람일지라도 '돈돈' 하면 그의 인격이 손상되며 이상한 얼굴로 보이며 누구든 남의 마음도 모르고 자기 주장만 가지고 때와 장소 없이 곳곳마다 함께 동행하는 것도 그의 상식이 부진한 것으로 보인다. 그리고 승이가 공항에 갈 때 식구들의 태도에서 다시 인간미를 읽어보았다. 공항에서 두 사람이 손을 잡고 사진을 한 장 남기고 옥자도 택시 탄 채 김해공항까지 나왔을 때 끝까지 고맙고 그곳에서 제일 마음 아픔이 너와 모(母)였다.

승이를 보낸 후 뼈절이게 마음이 쓰렸다. 주인 많은 나그네가 밥 굶기 쉽다더니 승이가 이곳에서 고생을 하고 간 듯 보이는 데다 내 자신은 누구에게라도 있는 그대로를 했으나 더 못한 것이 가슴이 아프다. 세상은 돈이 전부가 아니라는 것. 누구에게도 짜면서 살고 싶지 않다. 숙아, 그곳이 그렇게 시련에 마치 이곳에서 암흑 속에 걸어가는 기분이었다고 그리고 경제가 문제가 아니라 살아가는 것에 고뇌가 많으면 억제하지 말고 다시 한국 와서 함께 살아가자. 그곳에 재산 팔면 이곳 2억 원은 된다 하였지. 그곳 애착한 전화는 눈물도 주고 웃음도 주고 삶에 활기를 넣어주기도 하고 통신이 없다면 우리들이 얼마나 불행하며 답답할까. 월 전화비 1번은 85,330원 두 번째 89,950원. 그래도 서울 가는 비용밖에 안 되니 모든 것이 긍정적으로 통신 회사에 감사함만 느껴진다. 건강하여라. 애 쓰지 말고 안녕. 언니가.

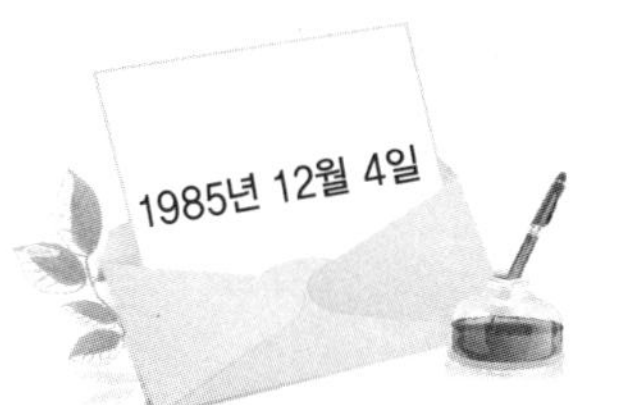

세월이 가도 그리움은 늘 함께

오캄포 광승에게

날이 가고 달이 가고 해가 가도 우리에 마음은 달라진 것이 없다. 어느덧 연말 눈 내리는 겨울밤 앙상한 가지 위에 하얗게 덮인 눈송이 날이 새면 살며시 비치는 햇빛. 그 아름다운 설경 혼자 엿보기는 아까워 하늘 보며 입을 반쯤 열어 혼자 중얼거렸다.

숙아, 승이가 곁에 있으니 운명도 세상도 원망 없이 활짝 핀 마음. 눈처럼 티 없이 삶을 극복 살아야 하는 우리 인생들 확실한 용기를 내라. 우리는 새해 허점 없이 종이 울릴 때면 함께 기도하는 마음가짐을 가지자. 광승 모자 두 사람 세상에서 제일 사랑한다. 건강하여라. 언니가.

끝없는 사막같이 한없는 그리움

이금순, 광승에게

지난날을 후회하지 말 것을 말하고 싶다. 사랑하는 광승 모자, 우리 인간은 끝없는 사막처럼 한없는 그리움도 따르지만, 이제 기쁨도 슬픔도 다 삼켜버리고 오색 불빛 아래 한잔 술 위로 떠오르는 그 얼굴. 마지막 술잔 마시고 눈물 어린 밤을 지새우며 탄식을 해야 하는 나, 떠나가는 너. 마음의 불구자는 가야 할 곳이 어디냐. 한 폭의 그림처럼 떠오르는 모자의 모습에 한 맺혀 꿈으로 살아가는 현실. 남은 인생 즐겁고 행복하게 살아가야 한다. 꽃은 아끼고 만지면서 가꾸어줄 주인이 없다면 일시적으로 향기로운 꽃이련만, 우리 인생 꽃처럼 어디론가 날아가고 싶다는 욕망. 미래에 빈 점을 넓혀가면서 보람 있는 인생을 살아보자. 슬픈 마음 버리고 후회 없도록 자주 전화해주세요. 언니가.

부산 영도 태종대

제비는 돌아오는데 우리는 멀어진다

오캄포 광승 모자에게

강남을 날던 제비도 다시 돌아오는데 우리 만남은 점점 멀어져간다. 그동안 세월이 흘러 우리들의 마음도 변하지 않을까 염려스럽구나. 천지가 변할지라도 너희 모자는 나를 버리지 않을 것을 믿고 희망 속에서 힘내어 살아가는 나. 그곳에서 고됨이 있을 때 이곳을 생각하며 힘내 일해라. 나 역시 호소할 곳이 없어 국외까지 호소하고 있는 언니. 항시 조용히 살아가는 일생 한숨에 얽힌 눈물인 것을. 어젯밤 꿈에 너를 만나 봤으나 꿈은 허무한 영상이었다. 어느덧 50세를 맞이한 애달픈 나. 남들은 한 폭의 그림처럼 한 송이 국화꽃을 모자의 가슴에 안겨주련만 못해주는 그 마음. 이슬비 내리는 공항 눈물이 젖어든다. 이제 결혼해서 빛나게 알콩달콩 행복하고 편하게 살아가렴. 오늘도 석양빛이 사라지고 어둠이 깃들어 모두가 안식처를 찾아가는 길. 타국에서 부디 몸 건강하고 웃음꽃이 하늘을 치솟고 보람되게 살아라.

승이가 한글로 처음 적어 보낸 글씨 보관하고 있단다.

> 이모 안녕하세요. 보고 싶고 사랑해요. 크리스마스와 새해를 맞아 행운이 깃들기 바라요. 이모를 엄마 다음으로 사랑해요. 항상 이모 생각하고 있어요. 이모 안녕히 계세요.

20년 세월 기와집에 지쳐 있단다. 백화점에서 궁금이라 불린다고. 매사에 조심하여라. 배순자 언니가.

마음속 눈물 천둥 치듯

광승 모에게

내리는 봄비 소리 없이 오건만 내 마음속 흐르는 눈물은 천둥을 치는 듯. 벌써 1년 우리의 텅 빈 허공처럼 기약 없는 약속 바람에 날리고 미래 꿈은 망각에 묻어 둔다. 석별은 영원히 있을 수 없는 너, 나, 승이.

숙아, 우리 언제 만나리. 밤비는 부슬부슬 내리는 이 밤 우리는 서로 멀어져 이름마저 잊고 수많은 세월 사연 속에 꿈으로 돌릴까. 우린 언제나 무지개 뿌리가 되어 오색찬란한 빛을 마음속 깊이 새겨둘 것인가. 한 많은 사람들 세상은 돌고 도는 나침반. 세월 속에 잊으리. 먼 곳에서 생존 길에 서서 진실하게 헤쳐 가며 대견하게 살아가는 너. 세상 최고의 인물로 인정하면서 보슬비처럼 힘없이 잠이 든다. 안녕.

기약 없이 부산에서 전화 와 당황

이금순에게

말없이 기다리다가 네가 기약 없이 부산에서 전해오는 전화 소리 당황했다. 순간 숙이 소리기에 사연에 따라 얼마나 반가운지 수화기를 놓고 부산 옥자에게 전화를 하면서 하소연을 했다. 그렇게도 지루했던 세월 어느덧 6월 9일자 듦이 아니었던가.

그런데 두 모자가 대구 무슨 볼일이 있기에 그런가 하고 생각을 바꾸었고 서로의 거리를 두고 견제하기도 했다. 자기대로의 귀중한 볼일이 있기에 머뭇거린 것일 텐데 나는 손꼽아 기다려 섭섭했기에 오해를 했다. 언제나 사람은 생각에서 많은 오점을 남기는 것이다. 앞으로 생활 속에 늘 겸소와 진실함으로 살아가기를 언니로서. 안녕.

외롭다 말고 희망을 가져라

이금순에게

이곳 이동 후 보내온 편지 잘 받아 보았다. 그동안 변동 없는 생활이라니 반가우면서 늘 염려스럽다. 어쨌든 재혼하지 않고 살면 누가 너를 열녀라고 하겠느냐. 그러니 상대가 있으면 머뭇거리지 말고 선택하여라. 나는 이곳에서 사업상 혼자 있는 것이 아니고 많은 손님과 형제들과 천지들이 떠날 날이 없이 지내며 오늘은 시내를 한 바퀴 시찰하며 집에 와서 대청소를 하면서 너의 사진을 보았다. 그리고 요즘 밤마다 꿈에서는 늘 함께 했으나 눈만 뜨면 너의 사진을 본다.

오늘은 비오는 소리가 마치 폭풍이 몰아치는 소리. 갈망했던 단비는 가슴을 적셔 주는 듯했다. 보고 싶은 모자, 이렇게 오고 가지를 못하니 한이 쌓인다. 네가 나를 바라보는 순간 초라한 모습으로 엮어 보는 것 같은 기분이었다. 허나 아직도 내가 초라한 모습은 아니니 자연스럽게 봐줘라. 다만 자주 비가 내리니 얼룩진 얼굴에 눈물과 혼합되는 가냘픈 모습. 언제나 혼자 빈 방을 지키며 살아가라는 것인가. 방안에 들어서면 우두커니 로봇. 사진만이 바라보는 눈초리. 자신의 울분에 차 캄캄한 골목길 걸어보다 비를 맞고 바바리 옷자락에 눈물방울도 함께 흘러내린다.

그곳에 살면서 외롭다 말고 승이가 있으니 희망을 걸어라. 로스앤젤레스 대학을 간다 하더니 계획이 어떠한지 궁금하다. 앞으로 자세하게 편지 써 보내라. 기다릴게. 언니가. 늘 너의 은밀함이 언니의 머릿속에 맴돌고 있단다. 안녕!

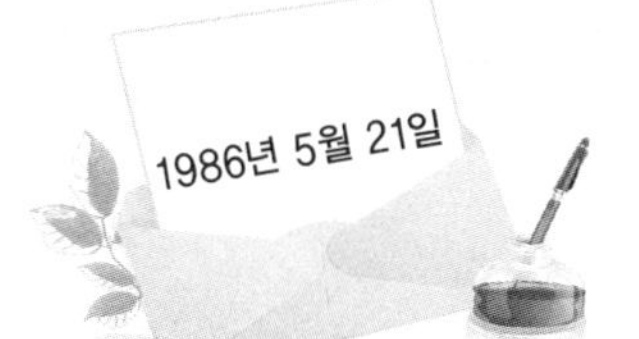

아카시아 꽃잎 떨어져 황금빛 흐르는 고향

광승 모자에게

아카시아 꽃잎 따다 입에 물고 풀피리 불며 오솔길을 걷던 그 옛날의 아쉬움이 고향 길에서 다시 떠오르네요. 머나먼 하늘 밑에 두 모자가 변동 없는 생활을 한다니 반갑다. 이곳도 지금 변함없는 생활이니 걱정 말고 열심히 직장 다녀라.

그렇게 송별이 싫어서 한 걸음을 겨우 딛고 갔건만 공항의 시간은 인정과 사정은 통하지 않는 곳이며 1년이란 긴 세월도 상관없는 곳. 이곳에서 손꼽아 헤아리며 만남을 원했으나 눈앞에 닥쳤으니 마치 겨울 날씨 서리 내린 듯 내 마음속 찬 서리만 스치네. 우리들은 기약 없는 이별이기에 그리워하며 늙으리. 두 뺨에 맺힌 이 눈물은 누구를 그리는 눈물인가. 아니, 삶의 기로에 서 흘러야 하는 건지 자신도 모른다. 나를 감싸주던 너. 만나면 얘기로 밤을 지새우는 것이 반가움을 뜻하는 것이고 어떤 때는 소리쳐 부르고 싶은 마음. 그러나 세상에는 눈이 있고 귀가 있어 소리 내어 울 수 없는 혼자의 삶.

승이 차도 사주고 열심히 길러 똑똑한 인재를 만들어 주는 것이 부모의 의무 아닌가. 힘들더라도 승이를 보고 희생하는 사람 아니냐. 자기 소망대로 다 이루어주기 바란다. 이곳 엄마도 유암에 걸렸는데 아마 때가 늦어서 병원도 못 가고 혼자서 간호하니 너무 가슴 아프다. 한숨으로 돌리고 앞으로 만나면 웃음으로 살아가자. 그럼 답 있기를 기다리면서. 안녕. 언니가.

이동 후 두 번째 편지 받았다

광승 모 금순에게

이사 온 후 두 번째 편지를 받아보고 순간 무척이나 기뻤다. 허나 한숨에 지친 나에게 다시 사연 뜻은 실망이 온다. 그동안 변함없이 있다니 반갑고 마음을 놓인다만 나는 이곳에서 서울이나 부산이나 삶의 터전을 구상하며 살아간다. 어느 곳에 정착하는 것이 여생을 보내는 기본인 것 같다. 그리고 눈이 아픈 것은 이곳에 잘 보는 친구가 있으니 염려놓고 신경을 너무 많이 쓰지 마라. 항시 승이에게도, 너의 직장 일에도 집중을 하고 이곳 염려는 안 해도 된다.

이곳에서 바빠 뛰다 집에 와서 편지를 쓴다. 삶의 괴로움을 인내하고 승이를 위해서 합심하여 열심히 살아가자. 이제 나도 은빛 머리가 제법 보이고 하지만 아직까지는 자신 있는 세상이다. 인종 차별도 많은 곳에서 힘들게 살아가는 너에게 살아남기 위해서 할 일들이 말할 수 없이 많다는 것 예측하면서, 이곳 언니는 말 한마디 위로가 없이 너의 마음을 괴롭혀 미안하단다.

그리는 마음에 한국 나가서 3명이서 여행을 떠나자는 말 고맙다. 서로 타국 땅, 이국 땅 멀리 있어도 한 지붕 밑에 자면서 숨 쉬는 기분. 그 말에 포근한 마음 믿어지는 1시간 기뻤으나 아득한 나날을 믿어본다. 한 세상은 두 사람의 여행의 꿈이 마치 허공을 맴도는 까치 울음소리 같다.

이제 너는 한국인이든 미국인이든 선택하여 재혼하고 너의 길을 찾아라. 먼 곳에 있으니 너의 마음은 잘 알고 있으나 속셈은 모르겠다. 언제나 직장에서 하는 일마다 즐거움과 행복이 넘치게 일과를 보내고 집에 와선 승이에게 짜증 없이 함께 살아가기를 먼 곳에서 언니는 늘 바라는 마음이다. 그럼 건강하기를. 안녕.

전화벨에 잠에서 깨 멍했다

오캄포 금순, 광승에게

삶에 지쳐 잠을 이루지 못하다 겨우 잠이 들기도 했다. 자면서 들은 적 있는 전화 벨소리여서 받아보니 미국 간 아우였다. 갑자기 받은 전화에 멍하다 물으니 한국 부산이라 했다. 울산 다녀갈 거라고 하기에 10일 기다리니 충무 도착했다. 나는 광승이가 제일 보고 싶었다. 곳곳 친구들에게 전화를 거니까 모두 환영식을 베풀어주었다. 사랑하는 승이를 보는 기쁨이 어디에 비할 바가 없었다.

어느덧 헤어짐이 눈앞에 닥쳤으나 짧은 시일일지라도 인덕은 있는 편. 우리 승이를 모두가 사랑해줘서 무척 고마웠다. 충무 관광호텔 숙박을 시켜주던 친구도 있고 해서 여러 사람에게 사랑을 담뿍 실은 모자, 굉장히 행복했다. 이제 그는 앞서 6월에 떠나고 승이는 8월에 떠날 때 약 3개월 가까이 내가 데리고 있으면서 더욱 정이 흐르며 애처로웠다. 나이는 17세였다. 80 된 할머니, 늙으신 엄마가 사랑하는 승이에게 돈을 만 원을 줄 때 무척 감격했다. 저의 언니 그리던 너 만나 반가워했어도 갈 데가 많다 보니 시간이 없고 우리네는 늘 곁에 있으면 하는 생각뿐이나 보내야 하기에 모두에게 송별하며 공항에서 이별, 이것이 끝이 된 것이다.

승이는 1986년 8월 23일자 김해공항에서 송별했다. 나이키 신발 가격도 모르다가 승이 바람에 가격을 알면서 신발 한 켤레 겨우 사준 것이 마음이 그렇게 아프다. 언제 다시 한 번 만날 때까지 기다리마. 다음 비행사 조기장 되어 한국을 넘나드는 하늘의 왕이 되겠다는 승이. 로스앤젤레스 현지 대학 간다고 하더니 소식조차 사라져 한없이 궁금하고 보고 싶구나. 승이야, 모자간 소식 있기를 꼭 소망하면서 건강만 하기를 바란다.

한여름 빗방울이 심금을 울리듯

오캄포 이금순, 광승에게

아침 일어나서 창문을 열어보니 한여름을 상징하는 첫 소식의 빗방울이 나의 심금을 울리듯 두두둑 소리가 나에게 신호를 주듯 문득 너의 생각이 떠오르며 아침에 까치가 울면 너의 소식이 전해오나 하고 생각. 우체부 아저씨 무거운 가방 속에 수많은 사연들이 모여 있는지 눈앞에 가방을 통째로 삼키고 싶은 마음이 일기도 한다.

두 사람 만남은 왜 이렇게 힘이 드는가. 헤어지면 그립고 만나보면 시들하다는 옛 노래 하나 거짓이 없는 일상생활을 말하는 것이다. 우리는 만남과 헤어짐에도 변함없는 정 그리면서 때로는 잊고 살아야 하는가. 참 못난 인생 잊으리. 오늘밤 꿈에서 눈물이 고여 한잔 술에 서러움을 풀어 한 곡을 소리쳐 부르다. 애통함을 호소하면서 잠에서 깨보니 꿈이었다. 그러고 허전한 마음에 바로 편지 한 장을 쓰고 있단다.

너의 문패는 이국땅, 나의 문패는 고국땅. 문패마저 찾을 길이 막연해 아무리 수소문을 하고 싶어도 그곳을 갈 수 없는 현실이라 슬픔 금할 길 없는 암흑세계에서 하루를 보내며 생존 경쟁에 일어서고 있단다. 그리고 나오라면 올 자신 있는지, 희망 없는 이곳 무슨 기대하며 올 것인가. 사시사철 상면만이 믿고 꿈을 꾸어 보지만 그 꿈은 우리를 허공에서 도탄에 빠져 헤매 도는 것밖에 아니니 너는 행복하게 살아가라. 언니가 사랑한다는 증표다.

5월 6일의 추억이 맴돈다

오캄포 이금순, 광승에게

우린 헤어져 있어도 그리움은 가슴마다 6월의 쓰라림이 맴돌고 있다. 타향살이 인연이 그렇게 길지는 않은데 다만 승이를 내가 길렀다 보니 그 고마움에 너는 나를 못 잊고, 나는 승이를 보다 보니까 두 사람 정이 있다. 맺지 못할 인연일랑 생각을 말자고 한 노래 가사는 여기서 나온다. 너와 나, 한구석에 정만 남겨두고 현해탄 건너 만남은 우리에게는 부질없는 일. 불미스러운 현실의 꿈 열심히 뛰다 피로할 때 지난 옛일들이 추억 속에서 떠올라 연상에서 끝맺는 것이 현명하고 참된 삶을 갖는 길이다.

어젯밤 꿈에도 승이가 보여 너무도 애처롭고 마음이 쓰렸다. 나날을 한숨으로 애통하게 살아가는 현실. 모두가 다 헤어져 살아야 하는가. 어째서 매일 밤을 지새워야 하는지. 동서남북 어느 하늘 아래 살고 있는지 매일 뛰다 허공에서 하늘만 바라보고 여망에 꿈을 실어 본다. 이제는 허황됨을 버리고 보람 있는 비전을 구상하면서 살 것을 다짐한다. 너의 교는 천주교, 나는 앞으로 예수장로교를 믿을 것이다. 숙아, 내가 노래 한 구절 가사가 가슴에 와 닿는 가사 있기에 줄게.

1절

꿈이었다고 생각하기엔 너무나도 아쉬움 남아
가슴 태우며 기다리기엔 너무나도 멀어진 그대
사랑했던 마음도 미워했던 마음도
허공 속에 묻어야만 될 슬픈 옛이야기
스쳐버린 그날들 잊어야 할 그날들
허공 속에 묻힐 그날들

2절

잊는다고 생각하기엔 너무나도 미련이 남아
돌아선 마음 달래보기엔 너무나도 멀어진 그대
설레던 마음도 기다리던 마음도
허공 속에 묻어야만 될 슬픈 옛이야기
스쳐버린 그 약속 잊어야 할 그 약속
허공 속에 묻힐 그 약속

— 조용필, 〈허공〉

이곳 염려는 물 위에 씻어라

이금순, 광승에게

보내온 편지 잘 받아 보았고 이곳을 염려해 주어서 고맙기는 하지만 복잡한 너, 생활에 염려가 무리니 걱정하지 마라. 너의 염려 덕분에 잘 지내고 있다. 고국에는 부모 · 형제가 있지 않냐.

큰 형부는 부산복음병원 계실 때 1년을 투병 생활에 64세에 집에 오셔서 병명 위암으로 돌아가셨다. 내가 제일 마음 아픈 죽음. 5일 두고 나를 찾아 장모님 오래 살아도 기탄없이 모시라고 당부했다. 운명 자기의 수명대로 가니 잘 보살피라는 유언을 남기기 위해 막내 처제를 불렀는데 그때 무척 바빠 못 가 내일 가겠다 했는데 어느새 앰뷸런스가 고향집에 와서 3일 만에 운명하신 것이 너무 마음 아프다.

우리 인생은 완벽함이 없고 언제나 떠날 때 아쉬움은 남는 것. 우리 서로 빈곤하여도 비관도 하며 살지 말고 이 짧은 세상 긴 한숨을 버리고 웃으며 살자. 모두가 운명만 믿지 말고 증오하지 말고 고운 말, 거친 말 다 버리고 재생의 인생으로 남겼다.

미국 오캄포 광승

은하수도 한스러운 밤

미국 이금순, 광승에게

음력 7월 7일, 칠석날. 견우직녀가 1년 만에 만나려는데 그리움이 쌓여 구름이 뭉쳐 견우직녀의 만남을 볼 수 없게 흐려진 밤. 우리는 보려고 잠을 자지도 않고 기다려도 살포시 낀 구름 사이에 치마폭을 가린 채 만나는 아쉬움에 또다시 내년을 기약하면서 자기 자리를 지켜 만나듯, 우리 인간사에도 숫한 곡절 속에 견우직녀처럼 살아가는 현실이 숨어 있을 것이다. 먼 곳에 있어도 우린 10년에 한 번이라도 만남을 기약하자. 건강하여라. 승이와 함께.

매년 찾아오는 은하수 밤

1

은하수 오작교에 닭소리 들리면 일 년에 한 번 만나
이별에 견우직녀 하룻밤 그리워서 올해도 또 왔건만
구슬픈 이 한밤이 어이 이리 짧으냐

2

비오는 칠월칠석 견우가 비쳤으니 직녀성 울지 마라
내년 있지 않나 직녀성 너를 두고 가는 게 한이로되
구슬픈 이 한밤이 어이 이리 짧으냐

세 식구 안락한 것이 언니의 바람

오캄포 광승, 금순에게

신경쇠약에 잠을 이루지 못하는 괴로움. 이곳을 잊어버리고 나가는 백화점 맡은 일에 열중하면서 세 식구 안락하게 잘 살아가는 것이 한국을 빛내주는 것이다. 우리 서로 만남의 정 덕분에 상업도 잘하면서 아무런 시련이 없으련만, 그곳은 미국. 승이를 위해서 열심히 살아가는 길이 보람되도록 한국인의 끈질긴 태도를 보여주는 것이 보람 있는 생활이 아닌가. 이곳도 하루해가 너무 지루하지만 내일을 믿으며 살아는 것이 인생이다. 나 같은 행인의 길목에는 주어진 여권도 없는 것일까. 우리 모두 곡절 없이 평탄하게 살아간다면 무슨 굴곡이 있으리오. 어둠에서 광명을 찾듯 운명도 고치며 살아가야 한다. 때로는 갈망해서 살아가다 보면 내리는 단비도 필요한 것이다. 형제가 많으면 좋을 때도 있고 많이 괴로울 때도 있다. 차라리 고아라면 이렇게 아픈 마음이 없으련마는 하는 심중.

우리 언니는 늘 효녀 심청이라고들 한다. 하루는 교통사고로 주례 교도소에 있는 낙오 오빠 방문했는데 마음이 아프다. 저녁에 조카며느리와 친구들과 함께 부산 코모드 나이트 참석. 많은 사람 속에서 노래도 부르고 힘껏 놀다 보니 있든 걱정이 다 해소되었다. 한 노래처럼 언제 우리가 만났던가 언제 우리가 헤어졌던가 하는 노래 흘러간 로맨스 젊음을 되살려 지그시 눈을 감고 불러보았다. 나는 언제나 뛰는 맥박이 약해져 산소 호흡이 필요했다. 어둠의 흑백 암흑세계에 도달할 듯, 무궁무진 힘을 내어야 한다. 하루는 수전 대학 운동장에서 운동할 때 아는 아우들이 3명이나 있어 차 한 잔 얻어먹고 집에 와서 TV를 트니 오늘의 그 장면 보면서 함께 즐거웠다.

애타게 기다리며 세월 속에 늙으리

오캄포 이금순, 광승에게

말없이 기다리는 편지, 소식이 없어 애타게 궁금한 나 기다린다. 어느덧 여름은 다 가고 가을을 맞이하는 기분, 주름살 진단다. 승이는 학교에 나가 새로운 친구들 만나 얼마나 즐거우랴. 축하한다. 나는 8월 8일자 부산을 갔으나 불행한 여행인 것 같고 모두가 다 서글퍼만 했다. 우리 기약 없는 만남을 세월 속에 기다림에 늙으리. 다시 꿈에서 깨어나듯 찾아줄 참된 인연을 찾아, 숙아, 재혼하여라. 현재 남의 이목 생각 말고 젊음이 가기 전에 주변을 생각하고 마음속 병을 얻지 말며 외로움을 달래가며 살아가기 바란다. 물론 일선에 뛰다보면 온갖 짜증이 나겠지. 허나 승이를 보며 용기 내 고생하고 걸어온 발자취 보람 있게 살아가기를 먼 곳에서 바란다. 장한 엄마 혼자 십자가를 지고 낯선 타국 땅에서 뒤지지 않고 모델 한다니 참 대견스럽고 우러러본다. 다음 편지를 기다리마. 안녕.

광승이 올림픽 좌석표 준비할 테니까

오캄포 이금순, 광승에게

자연의 숲속을 파고드는 가을의 풍경에 금수강산이 참으로 아름답게 물들었다. 가로수마다 오색 단풍잎이 한국 풍경 이곳저곳에서 금메달로 한국을 빛내주는 우리 선수들의 모습을 보라. 너도 그곳에서 한국 사람들의 모범으로 살아가며 너의 포인트를 잊지 말라고 부탁한다.

이곳을 다녀가다가 장물 800만 원 넘게 잃어 버렸다고 혼자서 마비 상태라고 하는 너. 그 얼마나 충격을 많이 받았을까. 그래도 다 털어 버리고 새롭게 시작하여라. 승이 88올림픽 보고 싶은데 이모가 표를 사서 놓으면 된다는 말을 했을 때, 철없는 아이를 보고 한숨이 나온다는 그 말 한마디 가슴 아프다. 그러니 이곳에 함께 와라. 내가 책임지고 좌석 마련할 테니 염려 말고 와라. 네가 이곳에 심어둔 것도 있지 않냐. 두 사람 나오면 경비까지 마련 다 할게. 그럼 기다리면서, 안녕.

세월이 가도 못 잊는 너희 모자

경남 김해 광승

미국 이금순, 광승에게

세월이 가 소식 없어도 마음에서 떠나지 않는 두 사람의 소식 궁금하단다. 재혼을 한다는 말, 언니가 전해준 말에 대한 실천인지 뭔지 모르지만 진짜라면 환영한다. 너희 두 사람을 위해서 말이다. 승이가 열심히 공부를 해 학업 성적이 지금도 제일 우수한지 알고 싶다. 너의 일에는 변동이 없는가. 생활에 별 지장이 없는지 걱정이 앞선다. 그곳에서 매사에 낙심치 말고 처세를 완벽하게 하며 살면 된다. 항상 어디를 가도 안전 운행하며. 물론 너는 한국 생각, 언니 생각하다가 사고 날 뻔했다고 하는데 이곳을 잊고 앞으로 전진하여라. 이제 재혼한다니 서로 의지하며 돕고 행복하게 살아가기를 빌며 일생토록 서로 의지하면서 승이에게도 상처주지 말고. 안녕.

가지마다 내린 하얀 눈, 목화꽃 같아

미국 이금순, 광승에게

앙상한 가지마다 하얀 눈 내린 아름다운 설경이 마치 목화꽃을 상징하는 듯하다. 몹시도 기다리던 편지 잘 받아 보았다. 그렇게 할 말이 없던가. 취미 없는 생활에 보람 없는 세월을 보내는 것 같기도 하네. 저번에 네가 심어둔 것 한국 왔다 가면서 다 거두어갔다. 부담 없는 만남을 가지고 있는데 나는 이곳 사회에 잘 살았다고들 말한다. 그러니 몸이 아파도 후회 없이 사는 것을 보여주고 싶다. 그리고 너에게 감사한 마음 인생 끝날 때까지 못 잊으리다.

숙아, 여기서 우리 친구들은 마치 너를 여왕처럼 공주처럼 생각한다. 그에 내가 대신 보답하고 있으니 그렇게 알고 해준 선물도 있느 않느냐. 너는 사는 곳마다 욕심을 버리고 선한 일을 베푸는 사람이라 언제인가는 복 받을 사람이라고 믿어본다. 누구든 다 인정한다.

그럼 그동안 건강을 유의하고 다음 소식 기다릴게. 안녕.

기다리던 미국 편지

오캄포 이금순, 광승에게

바라던 편지. 승이가 학교를 가더니 벌써 세 번이나 편지를 해서 무척 기특하다. 승아, 이모가 너에게 바라는 것은 앞으로 엄마에게 효도하라는 것을 부탁한다. 항상 하는 말도, 편지도, 엄마 다음 이모를 사랑한다고 말했다. 그 말 한마디만으로도 내가 바로 받아 기른 것에 보람을 느낀단다.

받아 보는 카드는 자주 오지만, 이모는 카드 대신 편지를 좋아한다. 88년 올림픽 때 한국으로 꼭 나와서 꿈에서나 보던 얼굴들 다시 보자. 승이가 처음 한국에 나올 때 초등학교 4학년이었는데, 그때 충청도에서 손잡고 〈사랑해 당신을〉이란 노래 불렀던 옛 기억 잊었니? 승이 사랑한다.

그럼 만날 때를 기다리면서 잘 있어. 안녕. 이모가.

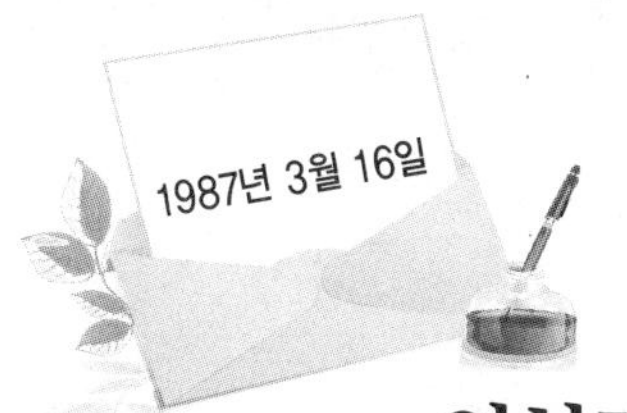

이산가족과 다름없는 우리 처지

오캄포 광승에게

벌써 만물이 소생하는 봄. 강남 갔던 제비도 날아오며 땅속에 묻혔던 식물도 파릇한 싹을 피우고 있는데, 우리들의 만남은 사계절 없는 마음의 봄. 이곳에서 부모 형제와 잘 살아가고 있으면서 마치 봄바람은 혼자 타는 듯.

참, 부산 문 선생과 옥자 언니 남편 어느 후진국 떨어진 섬에 갔는데 너를 찾아보려고 하기에 내가 생략하게 했다. 너 혼자 있는 것 같아서 말이다. 옥자 고모는 충무동 살고 현수는 의과대학 다니며 장학생으로 선정. 옥자는 누구보다도 월등히 인생을 잘 살았다고 인정한다. 그러나 나는 누가 뭐라고 해도 승이만큼 인물 좋고 착하고 공부 잘하는 아이는 더 이상 본 적이 없다.

이곳 초량도 잘 살고 있으며 구연 언니도 잘 살고 있단다. 모두가 고마운 언니들 아니냐. 참으로 나에게는 좋은 친구였다. 활짝 핀 벚꽃처럼 그 아름다움이 3일이면 늙은 80 노인으로 변한다. 두 모자는 몇 년 만에 있다가 얼굴 보자마자 가버리니 이산가족과 다를 바가 없다. 꿈속에서 살아가는 인생이라 풀어본다. 승이 건강하길 바라며 학교 선생님 말씀에 순종해 매사에 엄마처럼 어디를 가더라도 사랑받는 착한 아이 되기를 이모는 늘 빌며 한시도 잊어본 예가 없다.

그럼 건강히 안녕. 이모가.

꿈에서 집 찾아갔지만, 허한 발걸음

유금순에게

어젯밤 꿈에서 너의 집을 갔더니 이동하고 없어 발걸음이 무거워 정신이 돌아오면서 꿈에서 깨보니 스쳐가는 그리운 친구들의 얼굴. 애절한 우정에 옛날을 되새겨보기도 한다. 방울방울 맺힌 눈물에 아픔이 몰려오기도 한다. 금빛 노을 물들듯이 사라져가는 인생, 가는 곳은 병원이란다. 육신의 병 고칠 수 있으나 마음의 병 치유는 세월의 고통이 따르는 법. 현실보다 미래가 중요함은 누구나 다 알고 있다. 우정의 삶이란 이렇게도 상실할까. 그리움 사무쳐 웃고 울며 환상의 밤. 그 얼굴, 너울지는 한 세월 나는 1986년 4월 5일 언니 집으로 이동했다. 1986년 4월 12일 재이동한 후 너의 전화 통신 불명. 서울을 간다고 하면서 몹시도 괴로운 목소리였기에 상황이 염려스러웠다. 현재는 교회 집사 직분으로 선지자 길 참신하게 살아가는 너. 배순자가.

꼭 만나고 싶다

전정실*에게

세상을 원망하는 소녀들의 심중이던가. 붉은 무리 때문에 38선 가로 막힌 눈물겨운 피난살이 고생을 하며 고사리 손으로 나물 캐던 옛 생각 눈에 아롱거리지 않던가. 우리들이 어떻게 인연을 맺었든 피난 생활을 함께해 못 잊는 친구들 다들 보고 싶다고들 한다. 이곳 친구들은 언제 만나보냐고 야단이란다.

정실아, 현재 인천에 산다는 소식을 들었다. 어느 곳에 가든지 부모님 슬하에 안정된 생활 속에서 살아간다면 더 이상 염려할 길이 있겠냐. 부모님에게도 함께 안부 전해줘라. 물론 동생들도 잘 있겠지.

정실아, 우리 고향이 너의 제2고향 아니냐. 찾아오기를 바라며 아련한 옛날 그리며 기다릴게. 참, 그 후 너의 소식을 듣고 인천 성심라사점을 찾아 내가 31세 때 너와 만났지. 동생 형권에게서 주소지를 찾아 상면했고 우리 두 사람이 극장도 함께 가서 연극 보고 헤어지고 끝. 만약 이 책을 보게 되면 꼭 거제 통영을 찾아 주기바라며 70, 80줄에 우리의 젊은 시절을 상징하는 논두렁에서 우리만이 사는 듯한 기분으로 그 얼굴 만나보자. 31세 때 인천 성심라사에서 정실과 극장 가본 것이 끝이었구나. 안녕.

*40년 전 인천에서 성심라사를 경영.

갑성호에서

김 하사 언니*에게

만남은 기묘합니다. 처음 부산 갑성호에 탔을 때 모두가 멀미를 하기에 신성 내에서 다 사라졌는데 두 사람이 앉아 처음 본 얼굴이지만 정이 갔습니다. 그동안 추운 날씨 군부대에서 얼마나 고생이 많으신지요. 이곳 후방에 있는 우리는 누구 할 것 없이 모두 무사합니다.

언니, 내가 군에 입대하고자 하니까 언니가 인내할 수 있겠냐고 했던 말이 생각나며 보고 싶네요. 언니가 대전에서 하사관으로 인사과 있다고 하면서 만약 오거든 찾아오라고 했을 때 나는 용기를 냈지요. 그 후 부산 다녀오는 길에 창원39사단 들려 여군 시험이 언제 있냐고 물으니 9월에 있다는 답을 들었을 때 "예, 다음에 오겠습니다"라고 한 뒤 돌아서 생각이 많았어요. 내가 방문했을 때 8월이었고 1개월 뒤인데 먹는 식사 법 고추장만 먹는다고 해 앞으로 자신이 없어 포기를 했습니다. 이제부터 모든 비전을 세우며 열심히 살아가겠습니다.

아무쪼록 건강하시고 만날 때를 기약하면서, 동생 배순자 드림.

* 육군하사관. 대전에 인사과 근무.

군 복무 씩씩하게 마치세요

이웃 오빠에게

보낸 편지 잘 받아 보았습니다. 물론 저도 덕분에 무사히 잘 지내고 있습니다. 저희 집도 오빠의 부모님도 다 별고 없으십니다. 군 복무나 충실히 마칠 때까지 필승하고 돌아오십시오. 오빠 답변을 해주고 싶지만 마음이 내키지 않고 한데 실망은 마십시오. 다만 오빠의 편지 내용이 마음에 들지 않기에 하는 말입니다. 앞으로 그런 생각 버리고 동생으로 대하여 주시고 더 이상 어떤 내용이라면 답변도 끝입니다. 생각지도 마시고 군 복무 씩씩한 모습으로 마치고 오는 그날까지 건강하십시오. 순자 동생 드림.

부산 언니 집에서

김종옥*에게

군인의 모습으로 언니 집에서 만난 인연. 답변을 하게 됨이 망설여집니다. 군 복무와 학업에 열중하고 계신지요. 낮에는 군 복무, 밤에는 야간 학업 너무도 힘들고 무리인 것 같네요. 우리들이 처음 만나 철없이 손잡고 벼이삭을 스치며 극장을 가던 때 한없이 생각나며, 지금도 동아대학교을 다니고 있는 중인지. 중단치 않고 열심히 인내하며 세상을 극복하고 있는지요. 때로는 극장에서 들려오는 노래 '하룻밤에 만리성을 쌓아올려 놓고' 라는 주옥같은 추억들. 저는 고향을 오고 보니 무척 부산이 생각납니다. 자신도 모르게 마음 한구석 담뿍 실은 그 이름 잊히지 않네요. 그리고 김 병장께 자주 편지 못한다고 했습니다. 언니 집에 자주 놀러가세요. 그리고 멀지 않는 앞날에 그 분야에서 감당할 수 있는 사회적으로 부족함이 없는 사람 되기를 바랍니다.

하시는 일 소망대로 다 성취되길 빌면서, 안녕히 계세요. 자(子) 드림.

* 군 병기학교, 동아대학교 3학년 재학 중.

2년 세월 동안 궁금했던 임

김종옥에게

그동안 2년 세월 흘러 궁금했던 임, 안녕하셨습니까. 답장 못해 드려 미안합니다. 한 번씩 전해보는 저의 편지 묵묵히 인내하는 임. 지금도 학업을 계속하는 중이라고요. 정말 장하십니다. 군병기학교, 그리고 동아대학교에서 열심히 노력하여 사회 한 일원으로서 부족함이 없는 분이 되기를 바라고 있으며 배움의 길은 끝도 한도 없는 길이나 꼭 열매는 맺어지겠지요. 아픔과 시름을 버리고 열심히 하시면 끝에 희망이 보입니다. 역시 저도 보고 싶지만 서로를 위해서요. 물론 저의 고향에도 보류하는 것이 저의 바람이고 하나, 현재는 저의 고향은 물과 산과 아름다운 청정해역으로 좋지만 후일로 미루고 말이 많은 시골입니다. 물론 이곳은 부산시보다 만남의 장소로 여의치 못해 청을 거부하며 오해 마시고 넓은 아량과 사랑으로 봐주세요. 그리고 앞으로 편지 못합니다. 기다리지 마시고 그 옛날에 마음을 주고받은 때를 연상하며 하루를 보내며 살아가겠습니다.

하시는 일 하루를 잘 보내시길 기원합니다. 안녕히. 자(子) 드림.

오빠 전상서

조성돈 오빠*에게

군대에서 보내온 편지 잘 받아 보았습니다. 물론 후방에 있는 가족과 친지 무사히 잘 있습니다. 오빠 군 복무가 얼마나 고된 훈련인지 잘 알고 있습니다. 보잘 것 없는 고종사촌 동생에게 편지 자주 주시니 고맙고요. 그보다 제가 남자가 되어 군 복무를 한다면 충성을 다짐하며 맡은 사명에 최선을 다 하면서 3년간 금배지 부름이 없이 씩씩한 장부로서 힘낼 것입니다. 외갓집 외삼촌, 외숙모님도 3대 독자 아들의 군 생활 마쳐 활짝 핀 그 얼굴을 상상하면서 열심히 살아가고 있습니다. 남은 기일 동안 힘내 필승으로 다짐하며 매사에 침착한 마음으로 인내라는 글자를 새기며 고향에 올 때까지 마음과 몸이 건강하시기를 동생이 빌겠습니다. 동생 드림.

* 외사촌 오빠.

하나님의 보좌관이 되었음을 믿는다

故 유선자에게

오랜 세월이 흐른 것 같구나. 나그네 신세처럼 이 항구 저 항구 다니다 보니 좀 시일이 늦어서 그곳 소식이 궁금하기에 편지를 쓴다. 나는 마산에서 계속 있기는 했으나 타향살이에 고달프다. 마산 요양소에 있는 유선자 마산 가포동에 면회를 하고, 침순 친구와 다니다 보니 선자 후배가 너무 불쌍하고 마음이 아프다. 중학교 다닐 때도 성적이 전교 1등이었고, 미모는 일색이었다. 마산 가포동으로 그의 면회를 3번이나 가다 보니 너무도 안타까웠다. 후에는 부산 복음병원 약 3개월 있다 다시 마산요양소 이동했다기에 찾아가니 서울 복음교회로 갔다는 소식이 오자 그는 운명하여 하나님의 나라로 갔다. 병원에 있을 때 자주 편지를 해 주었는데 그 후 차츰차츰 못해준 것이 야속했을 것이다. 천사 같은 후배, 결핵으로 생을 마감하였다. 우리 인간은 욕망대로 하고 싶지만 하나님께서는 착한 사람을 천국으로 부르니, 하나님 곁에 사랑스런 자식으로 불러 보좌관으로 두신 것으로 믿겠다. 앞으로 우리도 믿음으로 구원받아 살아갈 것을 염원하며 영혼을 구원받아 함께 하늘나라로 가자. 요단강을 건너 꽃피는 동산 앞서간 너, 하나님이 보좌관으로 선택하셨음을 믿는다. 선배 배순자.

거제도에서 만난 친구

유금순에게

이 하늘 아래 너 하나만이 생각하는 나. 그동안 거제도에서 아무 탈 없이 지내고 있는지 궁금하다. 나는 하루를 무사히 보내며 살아간단다. 다름이 아니고 부산 영도 영선동 전세방 25,000원 주고 얻었으니 네가 말한 대로 생활하자는 생각에 편지를 했다. 받은 즉시 올라와 주기 바란다. 여기 와서 광복동 뉴스타일학원을 가서 더 배움을 하기로 약속하고. 그럼 일주일 기다리겠다. 만날 때까지 안녕.

기다리던 편지 받았다

유금순에게

기다리던 네 편지는 잘 받아 보았다. 아니, 부산 오기를 기다리는데 서울을 오라니 정말 반갑지 않다. 여기서 10일 기다리겠다. 못 올 형편이면 꼭 편지 하여라. 그동안 보고 싶긴 한데 서울 하늘 지붕 밑만 생각하며 매사 인내한다. 참, 언니 집 가족 다 무사한지. 서울이 좋은 곳이나 이곳에 꼭 내려와 주기 바라고, 만약 못 내려오면 전보하고 가마. 꼭 마중 나와라. 이 밤도 안녕.

많은 세월 흘렀다

김해숙에게

많은 세월이 가고 계절도 다시 바뀌고 있다. 그동안 무엇을 하고 있는지 이곳 언니는 궁금하단다. 얼마 전 경기도를 다녀왔는데, 들여다보고 싶은 생각이 간절했으나 어머님께 한 것이 없어 미안하고 이곳 종착역까지 달려왔으나 해숙 아우 생각나서 편지를 쓴다. 언니는 하루하루 뛰면서 잘 살아가고 있단다. 그리고 어머님께 평안하시길 바란다고 안부 전해다오. 그럼 후에 만날 때까지 안녕.

15일 내 오길 바라겠다

친구 유금순에게

요즘 고향 가서 오지 않아 또 염려가 된다. 그동안 촌에 있을 것으로 알고 있다. 아니면 부산에 빨리 와주기 바라며 15일 이내에 갈 일이 있으니 속히 오는 것이 좋겠다. 이곳에 있는 분들이 모두가 안부 전한다. 강씨, 이씨 식구 모두 다 보라 너에게 신경을 쓰다 보니 고생도 많다. 그러나 마음은 그렇지 않다는 것 증명해야 할 것 아니냐. 오면서 너의 친지와 나의 친지들에게 들리기 바란다. 이곳 직장에서 더 신경 쓰지 않도록 해다오. 기다릴게. 안녕.

지난날에 대한 반성문

유금순에게

다시는 못 볼까 해 지난날 일들을 반성하는 시간이 필요했다. 형부를 구출한 것이 아니라 내가 오히려 구렁텅이에 빠졌다. 친구와 나 두 사람은 결심 있게 부산에서 강원도, 서울 대방동을 거쳐 다시 안양에 자리 잡게 되었을 때 사유 모를 파탄 맞은 형부 때문에 너의 마음도 아프지 않을까. 제발 강원도에서 내려와 주기를 간곡히 부탁한다. 떠나는 밤 비오는 거리에서 우산을 쓴 채 앞문과 뒷문에서 기다려 봐도 그는 오지 않기에 모든 것을 잊고 마음을 비우기로 했다. 참으로 아름다운 친구. 이 생명 다하도록 말하고 싶다. 기다리마. 안녕.

건강만 유지하기를 바란다

박정자 아우에게

주님 은총 아래서 어머님을 비롯해 별고 없는지 궁금하다. 요즘 맡은 일과 양재점도 진행이 잘 되어가는가. 나는 부산에서 벗어나지 못하며 살아간단다. 만약 부산에 올 일 있으면 꼭 찾아주기 바란다. 그래도 만나볼 사람은 거의 다 만났다. 현재 언니는 건강히 잘 있다. 어느 곳에 있어도 건강만 유지하면 된다. 꼭 언니의 문제와 너의 뉴스도 함께 그럼 이 밤도 좋은 꿈꾸며 건강하기를 바란다. 안녕.

대견스럽고 현명한 아우

제일 좋아하는 아우 김해숙*에게

하염없이 걸어오다 묵묵히 탄 열차. 앞좌석에 우연히 발견한, 때 묻지 않는 대구 효성여대 학생. 두 사람은 말없이 침묵 속에서 역전 광장을 나오는데 뒤에서 하는 말, 대신동을 가려면 어느 쪽으로 가야 하냐고 물어 그럼 다방에 가서 전화를 하고 기다려 식구가 마중 나오면 함께 가는 것이 좋다고 했더니 다행히 이모부가 와서 인도를 했다. 열차에서의 인연, 다방에서 석별했다.

대한여론협회 다니면서 좋은 일 궂은일을 다 했다. 갈 때 명함을 주었더니 나에게 편지가 왔다. 그동안 학업에 열중 공부로 게으름이 없는 착한 학생이 효성여대 부회장을 맡으면서 기숙사 100호 열쇠도 다 자기가 책임지고 있다.

언니는 자격도 없으나 다시 엽서를 보낸다. 처음 보는 얼굴이 무척이나 차분하고 학생다웠다. 굉장히 내가 귀엽게 봤나 보다. 해숙아, 우연한 인연일지라도 마음에서 사라지지 않는 그 얼굴. 해숙이는 내게 거울이기도 하며 지표가 되기도 한 대견스런 아우이다. 아우지만 고귀하고 예쁜 아우. 천주교 진실한 신자, 수녀를 꿈꿔 20명 시험 쳐 5명 합격한 까라멜수도원 근무하다 다시 미국 발령 날 때 홀어머니 권유에 신부될 분과 결혼 서약을 했다는 너. 참 대견스럽고 현명한 아우. 왜관중 3학년 담임도 열심히 해냈다.

* 왜관중학교 교사, 국문학과.

열심히 사는 모습 장하다

박분희 아우*에게

지부장님 소개를 받아 박분희를 알게 되었다. 과연 칭찬할 수 있는 학생이었다. 동주여상 야간 성적도 우수하며 그 반 실장으로 자리를 지키면서 낮에는 치과에서 근무, 시간이 절박하여 쉬는 틈을 타서 열심히 공부하는 모습이 매우 기특하다. 나는 외롭고 가냘픈 분희 같은 학생을 돕고 싶었다. 착하면서 하는 일에 책임을 다하여 완수하는 사람. 목표가 뚜렷한 사람을 돕고 싶지만 그렇게 못해도 한 번 찾아오너라. 바람도 쐬고 저녁 식사나 함께 하자. 열심히 사는 모습 장하다. 안녕.

* 부산국제시장 치과 주간 근무, 야간 동주여상 장학생.

만날 때까지 건강하길

김해숙에게

보내온 편지 잘 받아 보았다, 그동안 어머님을 비롯해 가내 별일 없는지. 다름이 아니고 얼마 후 서울에 갈 예정인데 그동안 편지 중단하고 기다려다오. 부산이 좋지만 나에게는 텅 빈 가슴으로 남는 것 같아. 왜관중학교 국문과라고 했지. 시간이 없으니 우리 서로 편지나 하자꾸나. 어느 곳에 있어도 형제만이 생각할 것을 숙이와 다짐한다. 한 번 맺은 인연은 끊을 수 없는 것이 우리 인간의 본능이라고 생각하면서 서로 만날 때까지 건강한 몸과 마음. 그럼 착하게 열심히 살아가는 그 모습 생각하면서 언니는 이만 안녕.

행여 소식 들으면 연락 다오

박분희에게

대한여론협회 있을 때 여론 수집하려다 어느 치과에 들어섰는데 동주여상 다니던 학생이 아르바이트를 하는 중. 하도 착해 보여 동생으로 삼았으나 그 후 서로의 주소를 잊었다. 늘 착한 동생을 못 잊고 그가 마음속에 남아 있어 이렇게 글을 쓴다. 어느 곳에 있어도 이 책을 읽는다면 찾아주기 바란다. 고향 경남 김해라 했고 이름은 '박분희' 라고 명칭. 언니가 무척 궁금하게 찾고 있다. 한번 만나보고 싶다. 지금쯤 아마 주름살이 있을 것이다. 물론 언니도 은빛머리 물들인 설경이란다. 어느 곳에서 이제는 할머니가 되었겠지. 항상 잘 살아갈 것을 믿으면서 당시는 시간에 쫓겨 미안했다. 나는 월간 『문학세계』 수필가로 지금 머뭇거리고 산다오. 이름은 배순자. 그때는 영도에 거주했지만 현재 통영에서 살고 있다. 행여라도 올 소식 많이 궁금하다. 주소지 경남 통영시 광도면 죽림리 죽림주공아파트 206동 1105호. 이산가족 찾듯이 길이 있다면—.

소식 없는 동생, 책을 통해 만나길

이금순에게

네 옆집 살면서 시간이 있으면 늘 책을 읽었다. 어느 날 책을 빌려 달라고 하니 3일 정도 읽고 달라고 하기에 답을 하자 고향 친구가 와서 친목회 가자고 재촉했다. 그 후 책을 주니까 친형제처럼 지내자고 했다. 서로의 만남에 외롭지 않으며 서로 잘 지내고 있었다. 그 후 아우는 아들도 낳았는데 무척 사랑스런 아들이었다. 모두가 손에서 기르며 주변 사람들이 다 사랑하고 사랑했다. 이때 하숙을 아우 집에서 하게 되고 전에 하던 사업을 계속하면서 아기를 열심히 거두어 낳은 자식보다 더 정이 흐르는 법. 생활에 아무런 구애 없이 꽃피는 세월이었기도 했다. 생활이 생동감을 받으며 넘쳐흘렀다. 광승 아빠는 미국을 왕래하였고 나에게는 이때가 전성기 때라 뭔지 모르고 세상을 살아 온 기억들. 부산에서 바로 위에 언니와 늘 함께 있으면서 뜻을 따라주지 못함이 너무 죄스럽고, 언니 64세에 세상을 하직한 것에 너무 상심이 흐른다. 함께 의지하던 아우는 아들과 미국 들어 가버린 채 자신은 친형제와 서로 돕고 각자의 삶을 구김 없이 살아가고 있었다. 누구나 사람마다 한이 없는 세상은 없다. 모두 한을 남기고 떠났으련만 대신 그 한을 씻을 수 없는 것이 한이다. 부산의 거리에 갈매기 울음소리 처량하기만 했던 그날들, 새롭게 그리워진다.

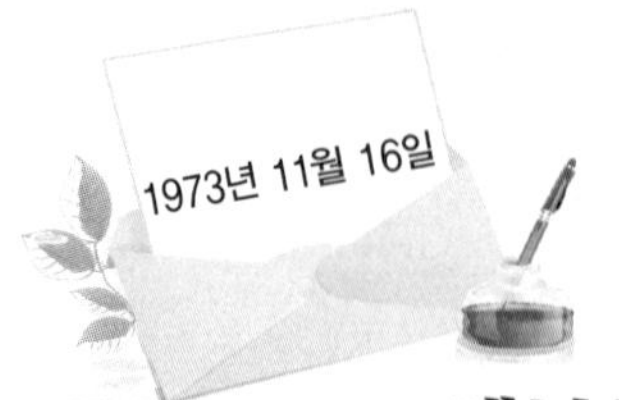

새부산예식장에서 36세 배순자 결혼

돌아가신 아버님을 생각하며 늘 맺힌 한이 상심이 되었다. 세상에 남은 어머님 권유에 결혼하게 되었다. 나는 친구들이 몰려와서 빨리 원양호를 타고 충무 한산대첩 구경 가자고 왔기에 생각 없이 훌쩍 떠나왔다. 도착하니 부모 · 형제가 철저히 약속이 구성된 것이다.

나는 아무 영문도 모르다 가신 아버님을 생각하고 늙으신 어머님의 뜻을 따라, 그리고 형제 모두를 생각하고 결정을 했다. 나는 아무것도 묻지 말고 갈 것이라고 생각했다. 이것저것 다 알고 보면 갈 곳이 별로 없기에 무에서 무로 정했다. 갑자기 약혼을 시작했고 아무 준비 없는 결혼 황당하기만 하다. 어느덧 결혼 일자가 잡혀 부산 광복동 새부산예식장에서 결혼식 하객과 친지들이 와서 많은 축하를 해줘 흐뭇했다.

36세 결혼 새부산예식장

앞날 부탁 부산에서 제일 큰 예식장 내 세단을 부르라고 부탁한 것이 예식 마친 후 택시가 대기하고 있기에 설마 했다. 바로 그 차가 나를 태우고 신혼여행 갈 차였기에 모두가 놀랐으나 그래도 담담하게 앉아 있으니 신랑이 뒤에 오르자 기사

님께서 "어디를 갈까요?" 하기에 "기사님, 오해마시고 들으세요. 이 차를 탄 채 어디를 가겠어요. 해운대 여인숙 앞에 대주세요"라고 하니 역시 기사님과 함께 모두가 침묵하고 여인숙에 도착했다. 말없이 가서 이불 쓴 채 누웠으니 배가 시장할 뿐더러 몸도 땅에 꺼진 듯 그날 밤 겨우 하룻밤 자고 아침에 삼촌 집에 도착해 부모 형제께 인사하고 절하고 영도 집으로 떠났다.

노처녀 결혼 청첩장 금지법

엽서 100장을 3일간 앉아 글을 썼다. 곳곳에 알려져 보는 사람 모두 너 결혼하지 않느냐 하면 너무 싫어져 일자를 받은 후 전국 일대 나를 알며 관심 있는 분들께 알리기 위해 서울 시계탑 밑에서 택시를 탄 채 경기도 시흥에, 다시 안양에, 다시 수원에, 마지막 오산 양산동 도착하니 그날에 택시비는 7만 원이 들었다. 그래도 사람들의 입정이 너무 싫어서 아무런 아까운 것 없이 후회되지 않고 홀가분한 것이다.

하객을 맞이하기 위해서 광복동 새부산예식장에서 최고급 드레스 맞춘 후 사진도 최고 큰 판형으로 계약했다. 식을 마친 후 택시 속에 신부가 앉으니 모두가 놀라 했다. 신혼여행 보내고 가기 위해 하객과 친지 모두 황당한 눈으로 시선을 주기에 약 1시간 경과. 나는 고개를 돌릴 수가 없을 정도로 창피하기만 하며 그날의 모든 상황은 신랑에게 달렸는데 바쁜 시간에 우인들과 납치되어서 신부 쪽에서 찾아 그네들께 경비를 드리고 떠날 때 신부는 생각이 마치 지구가 돌 듯 미래를 결정하며 택시 앉으니 기사님께서 “어디를 갈까요?”라고 물어, 신부의 답 “기사님 오해 마시고 들어주세요. 오늘 부산서 제일 인정받는 예식장 내에서 나와 택시를 탄 채 갈 곳이 해운대 여인숙밖에 더 있겠어요. 가주세요”라고 한 뒤 침묵을 지키고 여인숙에 도착했다.

이불 쓴 채 혼자 누웠으니 시장하기도 하고 저녁 먹지 않고 날만 새기를 고대했다. 아침 밝아오자 식사가 들어올 때도 한 술 뜨지 않고 범일동 집에 도착, 집안 식구들이 있어 인사 후 영도 대교동에서 모든 것을 표현한 후 많은 에피소드가 연극 단막 희극과 비극에 취해 연출에 다가선 운명. 눈앞에 신랑을 두고 할 말을 잃은 채 막을 내린 연극이기도 했다.

결혼의 후유증

영도 집에 오니까 아모레화장품 1세트 15,000원이었는데 가격을 절반씩 하자기에 나는 그때부터 자신의 모든 것에 대해 깊은 생각을 했다. 결혼 후 팔찌도 찾아 주며 모든 순서를 다 바꿨다. 그날로 고향 왔다가 정해둔 곳에 3일 만에 정착을 하면서 매사에 자신이 없고 운명이 막혔다. 생각 끝에 조용히 두 사람 주고받을 것 없이 헤어지기로 하자 시부모 형제가 와서 잘살아 보려고 하는데 자신이 없다, 결혼 전에 약속대로만 해주면 살겠다고 하니 답이 없었다. 생각에 아우와 모 영업을 시작할 것을 꿈꾸다가 차라리 혼자 살아가는 것이 낫겠다는 판단이 되어 편지 3번 한 뒤에 모 영업을 1년 한 후 끝을 맺고 모든 삶이 주어진 운명대로라고 생각하면서 연극은 끝이 나고 모든 사람들이 내 곁에서 떠났다. 이제 남은 언니도 각각 삶의 길을 찾아서 떠나고 나서 혼자 기로에 서 새로운 설계를 하면서 열심히 뛰어 누구에게 구애받지 않고 살아가는 현실이었다. 그래도 고향에 땅 1,000평 사두고 경제 면에서는 물론 마음도 부자 되었고, 하루를 부러움 없이 살아왔다. 그러던 어느 날, 1983년에 고향에서 논을 팔아 100만 원 보내오기에 말없이 받았으나 조카들을 기른다고 협조한 것이 이제 와서 후회되어 故 본인도 없는데 물어보니까 500만 원 받은 것 형제가 한 것이라. 분노해도 이제는 모든 것이 끝이 나고 말았다. 인생도 허무했던 길. 1983년 3월, 보람 있게 살아온 생애라 엮어본다.

부산 생활이 그렇게 행복했다

오캄포 금순, 광승에게

많은 세월이 흘러 네 번째 편지하기까지 소식 없어 마음이 초조해지며 한없이 죄를 지은 것 같아 미안할 뿐이다. 미국을 떠날 때 너희 가족 다 못 본 채 떠난 것이 늘 상심이었다. 가슴이 아파 죽음에서 헤어나지 못하리라. 우리 삶에 사랑도 여러 가지, 살아 숨 쉬는 사랑도 있고 숨 쉬지 않는 사랑도 있다.

나는 부산 생활이 그렇게도 행복했다. 그리고 6월 27일 언니 집을 갔더니 식구 전체가 서로 몰라보는 듯했다. 자신은 좀 미안했고 당황했으나 나이가 있으니까 눈이 침침했다는 말. 이때 언니와 나, 두 사람은 마치 친동생을 만난 듯했다. 그리고 어머님과 아버님이 애타게 기다리다 못해 부산에 다섯 번이나 찾아 왔다가 별세했다니 한을 가신 길이 가슴 아팠다.

숙아, 이 편지 받거든 꼭 고향 가족들에게 소식을 알려드려라. 울산 오빠도 너를 간곡히 찾고 있단다. 그럼 이만. 기다릴게.

충무 온 사유와 떠나려는 마음 궁금하다

배동숙 아우에게

동숙아, 충무로 온 사유와 현재 떠나고 싶다는 이유가 궁금하단다. 함경에 피난을 온 너, 타향살이 몇 해던가 정리하는 너. 야경에 불빛을 풀어본다. 사회생활이란 인상도 써야 하고 억지로 웃어야 하니 세상은 야속하기만 한 것이다. 그러나 젊음을 불태우고, 찾아 헤매는 새장의 새처럼 마음속 옥살이 털어버려라. 갈망하는 상처도 운명에 맡기고 보낸 세월의 절망을 훨훨 날려버리고 사세요. 예쁜 얼굴, 고운 마음, 아름다운 미모로써 행복한 안식처 찾아 참된 삶을 꿈꾸며 안락한 가정 이루어 웃음꽃을 피우기를 바란다. 새 삶에 뒤떨어짐 없이 사회생활 하는 많은 분들이, 특히 여성분들이 미래의 창조자가 되길 바라며 어느 곳에라도 아롱다롱 행복하기를 빈다오. 고모가.

서울에 보내온 답서

언니야, 밤은 깊어 12시가 넘어서 새로 1시가 다 되었습니다. 무슨 사연이 그리도 많아서 이 밤의 적막을 깨뜨리고 마는 귀뚜라미 울음소리 이런저런 생각에 농땡이를 치다가 한 밤의 깊은 감동과 정숙한 마음의 슬픈 행복을 내 나름대로 음미하고 있답니다.

오늘은 언니에게 편지를 써야 되겠다고 마음먹고 몇 자 마음을 전합니다. 그간 얼마나 세월이 지났는지는 모르지만 항시 곁에 있다는 언니의 모습을 그려 말없는 대화를 주고받고 합니다. 그간 병원에서 검사 결과가 좋다고 하시니 정말로 고맙고 감사합니다.

내 인생은 내가 살아간다는 긍지와 보람을 갖고 밝고 명랑하게 살도록 우리 서로 노력합시다. 자식이 내 인생을 이렇게 살아주나요. 행복이 무엇인지 어디쯤에 있으며 어떤 모양인지도 아무도 모를 것입니다. 찾는 것이 재물인지 세력인지 쾌락인지는 모르지만 천방지축 과욕으로 허덕이다가 어느새 훌쩍 세월은 흘러서 죽음 앞에 다가서면 줄거리도 없는 후회 속에 긴 한숨만 남기는 것이 우리들의 인생인가 봅니다. 오늘이 가면 어쩔 수 없이 받아들일 수밖에 없는 내일 주어진 운명은 달게 받으며 그래도 내일이 있다는 희망 속에 오늘의 슬픔과 괴로움을 견디면서 바보처럼 살아가는 정자의 인생. 내 이런 심정을 언니는 알까요? 사람 구실 못하고 사는 이 초라한 인생살이 집구석에는 지걱거리는 농짝이 한 개의 고물 같은 소지품 몇 개 이것저것 생각하면 무엇하고 살았을까요.

한심하기 짝이 없고 허무한 생각들이 나를 못살게 합니다. 그래도 우리들에게는 아름다운 추억들이 많이 있지요. 지난날 언니는 사진

대장, 우리는 졸병들. 진달래 밭을 갈고 다니면서 소녀처럼 덤벙거리다 그 이른 봄날… 영원토록 변함없이 이 꿈을 먹고살자. 언니야, 어디 가서 살더라도 마음은 변치 마세요. 나는 괴로울 때면 항시 언니가 부러워요. 조용히 앉아서 글도 쓰고 시도 읽고 항시 정리하면서 사시는 언니가 정말 정말 부럽다오.

세월은 빨라 어느덧 추석이 다가왔어요. 언제쯤 오실 것입니까? 이 못난 정자는 주는 것 없이 언니를 기다리고 있습니다. 항시 언니를 존경하며 내 마음속 깊이 자리하고 있다는 것은 절대 거짓 아닌 진실이랍니다. 이제는 언니야 눈이 침침하고 글이 잘 보이지도 않습니다. 어중만 잡고 대충 제치니 글도 엉망인데다 감정도 메말라서 말도 잘 되지 않네요. 잘 이해하시고 만날 그날까지 건강을 윕니다.

2001년 9월 12일 정자

신종주 보내온 답

경기도 성남시 모 회사 부장
조카 신종주

안녕하십니까? 어제(2001년 11월 21일)집에 들어가 이모님의 편지를 보았습니다. 아이들은 신기해 하고 마누라는 감격해 하고…. 획기적인 통신 수단이 발달한 요즘은 편지를 쓰거나 받는 것(상업적인 것 외)이 고물화되고 호기심의 대상이 되는 요즘 추세에 이모님의 편지는 여러 가지 면에서 참신함을 느낍니다.

저는 지금 답장을 쓰지만 자필이 아닌 워드라는 컴퓨터 프로그램을 이용하고 있습니다. 아마 이모님과 컴퓨터 통신이 된다면 컴퓨터 통신을 통하여 이 답장을 보냈을 것입니다. 세상이 직장을 다니고 있으면 단절이 됩니다. 몸이 편찮으셨는데 서울에 와서 조카(?)의 뒷바라지를 하신다는 것을 들었으나 직접 전화 한 통도 못해드리는 처지입니다. 일요일 날도 할 일이 많고 어쩌다 일요일 하루 집에 있기라도 하면 거의 온종일 잠을 자 체력을 보충하느라 외부와 연락을 단절합니다. 이게 현대 직장인들이 하는 형태입니다.

편지를 보니 이모님의 저에 대한 생각이 제가 이모님을 생각하는 것보다는 무척 크다는 것을 느낍니다. 아주 어렸을 적 처음 대면한 후 이제 저도 40대의 말미에 서서 50줄을 거슬러 가야 하는 세월이 되었습니다. 그 세월 동안 변치 않고 이 조카를 사랑해주시는 이모님의 마음을 보답할 길이 없네요.

저는 이 세상 편히 살고 있습니다. 착하신 부모님 덕분에 인생의 삶이란 돈이 전부가 아니라는 인생관도 배웠습니다. 학교 졸업 할 때까지의 어려움이 내가 더 높은 자리, 더 많은 돈을 생각하게 하는 것이 아니라 조금 부족해도 한정된 삶 속에서 얼마나 정신적으로 행복할 수 있느냐. 이 세상은 모든 것을 얻을 수는 없다. 대통령이나 대그룹 회장은 그 자리를 얻고자 인간의 자기를 버린 불쌍한 사람, 자기 뜻대로 할 수 없는 남을 의식하고 살아야 하는 어쩌면 위대한 성인이 볼 때는 실패한 사람들이라는 것이 제 개인적인 인생관으로, 세상은 정말 살 만하다는 하루하루의 느낌으로 저희 가족은 살고 있습니다.

이모님, 건방진 소리지만 계속 본인을 위해 사십시오(요즘 어떻게 지내시는지 모르지만). 저녁놀도 아침만큼 아름답습니다. 제가 이모님을 위해 할 수 있는 것은 솔직히 아무것도 없습니다. 단지 입 발린 소리 외에는. 부디 몸 건강하시고 더 아름다운 생을 추구하시며…. 저는 사실 이모님과 맥주 집에서 생맥주라도 할 수 있다면 하고 꿈꾼 적이 있습니다.

2001년 11월 22일, 겨울이 오는 길목에서 조카 종주 씁니다.

봉평교회 입사성도 배순자

친구에게 휩쓸려 교회를 가니까 때마침 부흥강사 반 전도 선배였다. 나의 선배 신학교를 마친 후 고향 방하교회에서 많은 설교를 관장했다. 내 자신은 설교를 들은 후 지금부터 예수님을 믿으며 선교의 길을 걷고 싶은 생각하면서 부모님께 애원을 하게 되자 부모님께서 성경책도 앞마당에 팽개치며 거부했다. 이 무렵 다시 재거론. 엄마 교회만 보내주면 못할 것 없이 잘하겠다고 하여도 아무런 감각이 없는 묵묵부답. 생각다 못해 포기를 할까 하고 생각 중 하루는 학습을 권유. 겨우 학습을 받은 후 세례를 받으려 생각하니 아예 맹세인데 하면서 교회를 포기하고 세상과 함께 어우러져 방황도 했다. 하지만 세상에 죄를 지으면 세상 사람에게도 사회생활에 이 죄라는 단어는 절대 자신의 마음속 늘 진실하게 살아간다는 심념 하나님께 감사했다. 나의 동창생 권사님 세 분, 목사님 세 분 늘 나를 위해서 기도하면서 언제인가는 너는 하나님 앞에 설 것이라는 말이 예언처럼 다가왔다. 그동안 몇십 년 세월이 흐르다 보니 교회를 가야지 하고 있되, 깊이 심어둔 씨앗이 움트며 어느 날 조카 배계임 전

배순자 황옥자 친구

도에 은혜의 말씀 가운데 교회에 발을 딛고 조카 세 명도 권사님 활동. 나에게 많은 기도를 한 은혜 감사하지만 3년간 나가고 있으나 열린 문이 없어 세상과 함께 믿음에 추수 때가 아닌 것 인정되며 늘 하나님께 건강과 소망을 달라고 간곡한 기도와 확실한 믿음에서 살 것을 은사의 기도 하나님께 드립니다. 지금은 73세, 맹세코 하나님의 딸로서 생을 마칠 것을 약속드리면서 감사를 드립니다.

성경 말씀 따라 기도

무더웠던 하절기도 멀리하신 하나님 노랗게 물든 들녘은 오곡백합 무르익어 흐뭇함에 감사를 드립니다. 이른 비 와 늦은 비를 주시는 모든 일이 하나님께 감사합니다. 메마른 땅에 단비를 내리시던 하나님 늘 감사합니다. 머리 숙여 기도하며 한 주간의 죄악에서 헤매는 저들에게 구원해 주시고 또한 경제 문제도 해결해 주신 주님 부유 생활 늘 보호해 주심에 감사합니다. 하나님 금보다 귀한 믿음 세상에서 빛과 소금처럼 행하지 못해 용서를 구합니다. 참 좋으신 하나님, 저의 교회 성도를 한마음 한뜻으로 믿음의 은혜 아래 축복 받은 한 형제 늘 하나님께 감사함을 기도합니다. 저희 교회 기도 재목 천 명의 성도와 천 평의 땅을 위하여 기도합니다. 사람은 미련하고 게으를지라도 이루어주실 분은 여호와 하나님이심을 믿고 간구합니다. 하나님 주의 앞을 찾는 걸음마다 축복해주시며 성령님께서 건강도 주실 줄 믿습니다. 항상 하나님의 말씀을 전하는 사자 위에 은혜를 더 입어 입술을 통하여 많은 성도들께 생명 있는 말씀이 있고 권세 있는 말씀되어 부족함을 채워 주실 것을 믿습니다. 우리 입술을 통하여 아멘으로 믿음 성장되며 축복해 주신 예수님 받들어 늘 기도드립니다. 하나님! 성경 말씀 마음의 양식. 찬송은 생활의 기도. 나 같은 죄인 살리려는 찬송 부르며 기쁩니다.

유정자의 모닥불 화환

새벽종이 멀리서 은은히 들려오는 순간 새 동이 튼다. 이제 한 해를 맞아 모든 벽을 허물어야 하는데 매사에 여유 있지 못하다. 항상 남을 미워하지 말며 탐욕도 버리고 성실하고 참되게 살아가야 한다. 내 잘못은 뒤로 돌리고 보이지 않는 흠이 자기의 흠인 것 같다.

하루는 형제들과 마산 크리스탈호텔 교육장을 가기 위해 봉고차 대절해 호텔 출발. 교육비 1인 5만 원인데, 7인 35만 원 들여 교육을 받았다. 많은 사람들이 교육을 받으며 식품을 복용하는 것이 더욱 효능이 있다. 내 언니 연탄가스 취했을 때 누구에게도 알리지 않고 동생 혼자 한 것을 그네들은 모두가 잘못을 모른다는 게 인간의 본능인 것이라고 생각한다. 친조카 한 사람 결혼 때 못 가면서 그릇 5만 원 선물, 시계 15만 원짜리 선물했으나 참석하지 않는 것만 오려 내기도 하기에 서로 섭섭했다.

엄마가 간 후 그해는 산소 묘지 앞에 일곱 번 갔으나 차츰 차츰 적게 가, 이제 10년이 지나니 겨우 1년에 1번씩 찾아보는 내 자신의 마음이 흐려진다. 처음에 엄마 묘소 가서 태산 같이 울고 싶으나 올라가면서 다리가 아프고 숨이 차다 보니 되레 엄마 산소에 서면 한숨을 내쉬면서 노래만 부른다.

누워 있는 분이 무슨 힘이 있다고 "사랑하는 딸들이 왔어요" 하며 구구절절 외우며 우리의 소망과 가족끼리 함께 사시기를 빌면서 호소한다. 함께 계신 아버님도 마음속에 늘 간직하며 한세상 애달픔을 애도한다.

지금부터선 사무실 개업 시작할 때 제법 꽃다발도 수없이 들어왔을 뿐더러 많은 사람들이 와 참석해 무척 고마웠다. 큰언니가 꽃다발 7개를 했다. 본사에서도 꽃다발 했으며 그분들 축하에 경비는 제법 소비했으나 회사가 번창하며 영업소에도 건대한 발전에 힘을 얻었다. 그날의 모든 일들은 소망을 이룬 듯 유(柳) 모닥불 화환 최고 고마웠다.

배계임 영상 편지

어린 시절 세월이 흘러 의젓한 노년으로 변신. 얼굴 주름살이 말리고 있다. 등허리에 업고 기른 조카, 지금은 머리 위 은빛에 함께 늙음을 가시하며 산다. 고모가 세상에서 제일 예뻐했으며 늘 마음속에 자랑과 칭송이 가득 찬 것이다. 부산에서 함께 거주하며 어린 시절에서부터 성인이 되기까지 학업에도 사회도 맡은 바 사명감 충실히 이행하는 조카. 이웃에서 모범적 무대에 올려둔 조카였기에 어느 서울하늘 아래 있어도 간 곳마다 필요한 사람 쓰임 인정받는 배계임.

서울 미싱자수학원 입학하여 남보다 더 뛰어나는 노력하에 졸업식 일자 마포에 직장 선출 준비 중 나종길 씨가 나타나 3일만 농촌 자기 집에 가자고 재촉. 조카는 서울에서 오산을 떠나간 후 찾아가니깐 고모는 뒤늦었으나 섭섭했지만 학원에서 인사를 하고 올 때 그곳 선생님께서 하는 말, "경상도 사람은 다 그런 건가요. 배계임만큼 허점 없는 학생은 처음 봤다"라면서 놀라는 표현으로 고모님은 조카를 잘 두었다고 전술하였다.

배계임은 농촌에 도착해 인척분들과 동네 사람들이 저렇게 예쁜 아가씨가 3일 이상 잊지 않는다는 입들의 수선 모으며, 그러나 그는 도착하고 보니 너무도 식구도 많으며 시할아버지 시아버님 대신 모장애, 시누이, 머슴들, 일꾼들과 정신없이 살다 보니 아무런 생각 없이 만남의 인연. 결혼하며 애기 낳고 황혼까지 일생을 함께 동고동락하며 살아가는 것이 무척이나 대견스럽기만 하다.

근본 학원 곁에 시고모님 눈에 합격. 자기 조카를 소개하여 한 번 본 후 미군부대 근무 중 쉴 새 없이 고모께 간곡한 부탁. 허나 고모님도 어려워했지만 욕심에 재권유. 조카는 자기 목표 달성. 허나 남자가 너무 애걸하니 그럼 안양 있는 고모께로 가서 허락을 받아야 한다니까 허락 받으려 예고 없이 나타나 허락을 요했다.

힘겨운 시집살이

나는 처음 보는 순간 얼굴 생김과 의상도 단정하고 담배 술도 일체 못한다 했으며 머리도 대머리 아니었고 음성도 하나 버릴 것이 없어 보였다. 그리고 농촌이지만 부유 층으로 있다는 것을 감안하면서, 그럼 고모가 말하고 싶은 것은 두 사람이 산다면 앞으로 절대로 일편단심 살아야 하고 자신 없으면 헤어지라는 말. 어떤 굴곡 시련이 있더라도 인내 없으면 못 산다는 그 말 한마디. 배계임 가는 곳마다 칭송과 넋을 잃고 바라보는 눈초리 빠진 몸매에 빠짐이 없이 보여 저런 얼굴이 무척 미인이라고들 말했다. 고모의 기대는 영화배우의 꿈이

었으나 현실은 뜻하지 못했어도 나종질 남편이 사람, 인간 승리 종이 울린 것이다.

농촌이 뭔지도 모르고 가사 열중하며 힘겹던 그날들 되새기고 싶지는 않지만 때로는 묘를 낼 때 인공적 약 일역 50명, 30명 그분들의 입맛에 맞추어 들여 밥 내가는 길. 힘든 줄 모르고 식사를 하며 마치 누에가 뽕잎 먹듯 먹는 것을 볼 때 고된 시간은 잠깐이었고 먼 길도 가까이 살아온 날들. 큰집안 내력 할아버지께서 재산 경제 열쇠를 쥔 채 모두가 용돈을 타서 쓰는 형편. 할아버지 계실 때는 시장비도 조금 넉넉한 것이었다.

할아버지는 손자며느리를 무척이나 사랑해주시며 많은 배려를 해주었다. 때로는 수원시장까지 가면 시장을 힘겹게 봐야 일주일을 지낸다는 것. 할아버지는 손자며느리를 으뜸으로 생각해주시니 며느리로서의 보답은 명주 한복을 재단하는 것이었다. 자를 대고 때로는 뒤집어 보면 소매가 4개 될 때도 있어 연구하면서 한복을 입혀 두시며 마음이 흐뭇했다는 것. 물론 곁에 숙모님의 조언도 많이 힘이 된 것을 알고 있다는 얘기도.

남자 3분과 시누님 이혼, 병든 형제와 시누 등 많은 식구들 보살피는 것이 보통이 아니었다. 할아버지 돌아가신 후 시아버님은 며느리 수원시장 가려면 50만 원 청구 올렸는데 20만 원 주면 더 말도 못한 채 재산권 열세 호소할 수 없이 생활에 뉘우쳤다. 그러기에 동네 마을 빵 공장 들어서니 이력서를 넣었다. 애들이 학교에 가려 하면 수업료를 주지 않고 애를 태우기에 엄마로서 직접 벌어서 애들 학교 울지 않고 보내기 위해서. 제외된 동네 사람들 다 데리고 가서 함께 노력. 월급을 타서 마음대로 애들 주면 반가워하는 미소를 볼 때 어느덧 세월 훌쩍 간 기분. 집에 와서 시아버님, 애들 따뜻한 물에 모두 씻기며 저녁 밥상 끝나면 하루 일을 다한 후 방에 잠을 자고 나면 새벽 5시. 애들 준비에 취해 본인은 잠을 자지도 못한 채 밥도 먹지 못한 채 동네 식구들 위덕을 주기 위해 사장님께 자문을 구해 새 사람들 모집해 서로를 돕고 살았다. 그네들은 맡은 일을 못하는데 가운데 들어서 조카는 몇 사람의 일을 다 하니 사장님의 하신 말씀, "배계임 여사 같은 사람 둘만 있으면 공장 운영하겠다"라는 칭송도 들었다.

열심히 일을 하러 가면 집에서는 전화 통신. 남편은 사장과 공장 너무 싫다고 가지 말라 해도 갔던 것이 뒤에는 후회였다. 이때 시아버님은 재산 탕진, 새어머님도 함께 살다 새 살림 나가 계실 때 몇천만 원 없애긴 잠시였다. 물론 시누이께로도 흘러 목으로, 남편은 그저 술에 취해 쉴 새 없이 일을 저지르며 해도 여자는 말하면 안 되는 걸 알고 순종하는 걸 머릿속에 입력하고 진행한 것이 오늘의 후회였다.

배계임 권사로의 길

그러자 집안의 좋은 일보다 별로 좋지 못한 일들이 많아져 깊이 생각했다. 무당집을 드나들면서 아무리 공을 들여 봐도 소용없어 일이 물거품이었다. 그래서 교회 하나님과 예수님을 믿기 시작하니 남편이 이혼을 한다고 해도 이제부터 모든 것 사회 일도, 종교도 다 정리. 경기도 생활 개선 총무도 사표, 시청 생활 개선 회장도 사표, 동네부녀회장도 사표, 기타 감사도 사표 내놓은 채 겁 없이 교회를 열심히 가니 개척교회 목사님까지 5명 역시 고모가 가면 함께 동행하면서 잘 알고 있었다.

교회 손에 손 잡고 예배를 드린 1년 후 약 백 명가량 교인 전도되었다. 그러자 배계임 권사님 남편 신박교회 차에 함께 가자며 때로는 식구 모두 차에 실어 전도. 식구들을 구하기 위해서 늘 기도도 많이 하면서 헌금도 식구 개인 개인 따로 하면서 눈물의 기도. 하나님은 그 기도를 들어주셨다.

또한 배계임 권사가 우리 교회 대들보라고 하면서 가정 행복을 위하기도. 목사님이 교회를 세우게 300평 땅을 사드린다고 하나님과 약속. 그러자 기도 끝에 남편도 애들도 교회를 나와서 함께 다니는 중. 애들도 다른 교회를 가자고 간곡한 권유 배계임 교회 지으라고 약속. 5천만 원 목사님 드리면서 교회 합동어음을 하기를 권유 목사하는 말, 허가 복잡하다고 목사님 앞에 하자고 자기를 달라 하니까 드리면서 "하나님은 아시겠지요"라고 하면서 드린 후 여전도사 교회 개척 목사님 승진. 십자가 세우라는 기도. 교회 창단식 십자가 세우기 위해서 2백만 원 지불. 배계임이 하나님께 기도로써 만족한 것은 은혜 받기 위해였다.

그 교회의 모든 문제 해결한 후 식구들의 권유로 다른 교회를 물망중, 수원 순복음교회 부흥한다기에 혼자서 일주일 다니다 보니까 자신의 은혜가 넘쳐 보여 선택한 것이었기에 지금은 식구 절반은 전도되었다.

배계임 권사님 꼭 십일조 헌금. 하나님 앞에 바치는 마음 보기에 무척이나 아름다운 것. 세상에 살면서 하기 어려운 일은 구석구석 돌아보며 일하는 일꾼. 이웃도 챙기며 일가친지들 시집 뒤 친정 뒤 교회도 빠짐없이 보살펴주는 권사님. 최우선 교회 목사님 부목과 교회 직분 계신 분들 그리고 어려운 분들 1년 농사 평균 70가마가 배포될 때도 있으며 기타 농산물은 나눠 먹는 것이 자기의 본분과 주어진 사명이라고 생각한다. 동네에서 모두가 큰댁이라 부르고 타지에서 이사 온 분들마저 큰집이라고 하며 꼭 명절이면 대문 안에 선물이 가득 차 있는 것을 볼 때 정말 감사하며, 서로 나눠 먹고 사랑의 선행을 베풀면 복된 길이 온다는 생각이다. 교회에서 열심히 기도하며 남편 안수 집사, 권사님 직분 맡은 바 사명감을 완수하며 권사의 부회장으로서 수원 순복음교회 성화 불 식지 않는 믿음. 선지자 에녹같이 발자취를 따라서 사랑 받는 두 분, 하나님 은혜 가운데 현모양처로 감사하며 살아간다.

고모가 하고픈 말

되돌려 반성해보니 세상 살면서 육신의 폭력보다 말 한마디 마음의 상처가 더 할 바가 없다. 배계임 권사님, 사소한 일에 목을 매지 말고 큰일에 목을 매야 하나님도 기뻐할 것이다. 배계임 전도 고모의 구원받게 함은 한 사람 생명 천하보다 귀하다. 주님께 상 받을 것이며 면류관 받는 크리스천으로 임명받을 것을 고모가 기도한다. 어디를 가든 무슨 일을 하든 몸과 마음을 헌신하는 권사님. 육신의 아픔과 마음의 상처, 하나님께서 그리고 성령께서 치유해줄 것을 믿는다.

기도 배순자 고모(통영 봉평 교회 성도)가

나혜연 희곡작가

- 세계문인협회 이사
- 초등학교, 오산 양산동에서 졸업
- 중학교, 오산에서 졸업
- 고등학교, 경기도 안양영화예술고등학교 문예창작과 졸업
- 대학교, 서울예술대학교 공연창작학부 졸업
- 前 라디오 방송 작가
- 월간 『문학세계』 등단(추천인 배길수 선생님, 배순자 수필가)
- 문학세계문학상 희곡 부문 대상 수상기념 작품집 『한뫼 그 숨비소리』(도서출판 천우, 2012.07.) 출간

♥ 많은 애독자들께 비전 있는 창작, 개성 있게 올리겠습니다 ♥

주소 : 경기도 오산시 양산동 393번지 2층

H.P : 010-9457-0518

감 속에 검은 씨.
해설 : 자녀들의 번창을 뜻하는 말.
갈수록 태산이라.
해설 : 갈수록 더욱 어려운 지경에 처하게 되는 경우.
개장수를 보면서 "야, 이 개새끼야"라고 하는 사람.
해설 : 거친 습관이 든 사람.
고래 싸움에 새우 등 터진다.
해설 : 강한 자들끼리 싸우는 통에 아무 상관도 없는 약한 자가 중간에 끼어 피해를 입게 됨.
그 나물에 그 밥이다.
해설 : 서로 격이 어울리는 것끼리 짝이 되었을 경우.
김칫국부터 마신다.
해설 : 해줄 사람은 생각지도 않는데 미리부터 다 된 일로 알고 행동한다.
길을 두고 뫼로 갈까.
해설 : 쉽게 할 수 있는 것을 구태여 어렵게 하거나 편한 곳을 두고도 불편한 곳으로 가는 경우.
꼬리가 길면 밟힌다.
해설 : 나쁜 일을 아무리 남모르게 한다고 해도 오래 두고 여러 번 계속하면 결국에는 들키고 만다.
나무 뚝배기 쇠 양품 될까.
해설 : 본시 제가 타고난 대로밖에는 아무리 하여도 안 됨.
나이 팔아 인사 차려라.
해설 : 누구나 철부지 같다는 뜻.
남의 더운밥이 내 식은 밥만 못하다.
해설 : '남의 돈 천 냥이 내 돈 한 푼만 못하다' 의 북한 속담. 아무리 적고 보잘것없어도 자기가 직접 가진 것이 더 나음.
낮말은 새가 듣고 밤말은 쥐가 듣는다.
해설 : 아무도 안 듣는 데서라도 말조심해야 한다.

내 딸이 고와야 사위를 고르지. **해설** : 자기는 부족하고 불완전하면서 남의 완전한 것만을 구하는 것은 부당함.
내 손이 내 딸이다. **해설** : 남에게 시키지 않고 자기 손으로 직접 일을 하는 것이 마음에 맞게 잘됨.
주인이 내 집개를 사랑하면 남들도 사랑한다. **해설** : 본보기를 잘 보여야 한다.
누가 장에 가면 빈 망태기 들고 따라가듯. **해설** : 남 따라 장에 간다.
눈이 크면 간이 없다고 하고, 눈이 작으면 간이 크다고 한다. **해설** : 이도 저도 아니다.
늦은 밥 먹고 파장 간다. **해설** : 때가 이미 늦었음.
임아, 임아, 너 두고 죽거든 셋째 넷째 다시 태어나도 같은 임 만나 살자. **해설** : 인연이 없는 정(情).
달밤에 삿갓 쓰고 나온다. **해설** : 가뜩이나 미운 사람이 더 미운 짓만 함.
당금 같다. **해설** : 매우 귀하다.
당신 엄마가 외미르냐 이부애비가 애비더냐. **해설** : 눈과 마음을 어기는 정(情).
도둑을 피해 강도를 만나다. **해설** : 갈수록 태산이다.
돌다리도 두들겨 보고 건너라. **해설** : 잘 아는 일이라도 세심하게 주의를 하라는 말.
등잔 밑이 어둡다. **해설** : 대상에서 가까이 있는 사람이 도리어 대상에 대하여 잘 알기 어렵다.

땅 넓은 줄을 모르고 하늘 높은 줄만 안다. 해설 : 키만 홀쭉하게 크고 마른 사람을 놀림조로 이르는 말.
떡 본 김에 굿한다. 해설 : 우연히 운 좋은 기회에, 하려던 일을 해치운다.
마음속에 금계를 버려라. 해설 : 효심은 지평이다.
말이 많으면 쓸 말이 적다. 해설 : 하지 않아도 될 말을 이것저것 많이 늘어놓으면 그만큼 쓸 말은 적어진다는 뜻으로, 말을 삼가라는 말.
먼 사촌보다 가까운 이웃이 낫다. 해설 : 이웃끼리 서로 친하게 지내다 보면 먼 곳에 있는 일가보다 더 친하게 되어 서로 도우며 살게 된다는 것.
못된 송아지 엉덩이에 뿔이 난다. 해설 : 되지못한 것이 엇나가는 짓만 한다.
못 오를 나무는 쳐다보지도 마라. 해설 : 불가능한 일은 일찌감치 단념하라는 말.
물과 기름. 해설 : 서로 어울리지 못하여 겉도는 사이.
뭔데 나무 비친다고 곁에 나무 개이듯. 해설 : 권력에 힘주는 것.
미련한 도깨비가 해 지는 줄 모른다고. 해설 : 무식한 사람을 비유하여 이르는 말.
발뒤꿈치가 달걀 같다. 해설 : 며느리가 미워서 달걀같이 예쁘게 생긴 발뒤꿈치까지 나무란다는 말.
밤은 밑바닥을 보면 가훈의 뿌리. 해설 : 뜻하는 듯.
병든 주인이 열 사람 몫을 한다. 해설 : 남들은 시간만 기다리는 태도가 있다.

부모님 100살에 수술 후 "100살까지 사세요" 하는 말.
해설 : 건망증을 뜻함.
비단옷 입고 밤길 가기.
해설 : 비단옷을 입고 밤길을 걸으면 아무도 알아주지 않는다는 뜻으로, 생색이 나지 않는 공연한 일에 애쓰고도 보람이 없는 경우.
상주가 술에 취해 손님이 맞이할 때 "반갑습니다."
해설 : 앞으로 여기 자주 찾아주세요.
선가 없는 놈이 배에 먼저 오른다.
해설 : 뱃삯으로 낼 돈도 없는 주제에 배에는 염치없이 먼저 오른다는 뜻으로, 실력 없는 사람이 오히려 실력 있는 사람보다 앞서서 덤벙대거나 서두름을 놀림조로 이르는 말.
수양산 그늘이 강동 팔십 리를 간다.
해설 : 수양산 그늘진 곳에 아름답기로 유명한 강동 땅 팔십 리가 펼쳐졌다는 뜻으로, 어떤 한 사람이 크게 되면 친척이나 친구들까지 그 덕을 입게 됨을 뜻하는 말.
숫자마다 대장이 있다.
해설 : 지휘자를 따르는 법이다.
승자는 말이 없다.
해설 : 훌륭한 사람은 행동으로 보여준다는 뜻.
시우시우 좋은 때는 두 번 다시 못 오는데 가신 님 발자국 사진처럼 찍혔네.
해설 : 청풍(淸風).
십 년이면 강산도 변한다.
해설 : 세월이 흐르게 되면 모든 것이 다 변하게 됨.
아주머니 살결은 밤새 데워줘도 자고 나니 도구 통이 웬 말이냐.
해설 : 친절은 금물.
아파트 이름이 왜 그렇게 어려울까?
해설 : 부모님 못 찾게 할 뜻.

앞에서 꼬리 치는 개가 후에 발뒤꿈치 문다.
해설 : 앞에 와서 좋은 말만 하고 살살 비위를 맞추기에 급급한 사람일수록 보이지 않는 데서는 험담을 하고 모해함.

어머님을 산속에 버리러 가는데, "너는 나를 두고 가되, 네 가는 길이 험해 길을 찾지 못할까 염려스럽구나."
해설 : 어머님의 사랑이 최선의 사랑이다.

어버이날에 자녀들 길러주셔서 감사하는 뜻은 많이 웃기다고 하는 사람.
해설 : 사람인가.

업어다 난장 맞힌다.
해설 : 애써 한 일이 자기에게 손해가 되는 결과를 가져온다는 말.

엎드려 절 받기.
해설 : 상대편은 마음에 없는데 자기 스스로 요구하여 대접을 받는 경우.

우리에게는 칭찬이 꼭 필요하다.
해설 : 칭찬이 활기를 불어넣는다는 뜻.

웃으면 복이 온다.
해설 : 웃는 사람에게는 많은 복이 온다.

윗물이 맑아야 아랫물이 맑다.
해설 : 윗사람이 잘하면 아랫사람도 따라서 잘하게 된다.

욕심이 많으면 식물이 거두듯.
해설 : 독을 피운다.

외손자는 업고 친손자는 걸리면서 업은 아이 발 시리다 빨리 가자 한다.
해설 : 1. 딸에 대한 극진한 사랑으로, 친손자가 더 소중하면서도 외손자를 더 귀여워함.
2. 사랑에 있어 경중이 바뀌었다는 뜻으로, 행동에서 주객이 뒤바뀌었음을 이르는 말.

은혜는 물에 새기고 원한은 돌에 새긴다.
해설 : 은혜는 쉽게 잊고 원한은 오래 기억한다.

이웃집 나그네도 손볼 날이 있다. **해설** : 아무리 가까운 사이일지라도 손님으로서 깍듯이 대접해야 할 때가 있음.
이판사판. **해설** : 막다른 데 이르러 어찌할 수 없게 된 지경.
일색 소박은 있어도 박색 소박은 없다. **해설** : 1. 아름다운 여자는 흔히 잘난 체하므로 남편에게 소박을 당하여도, 못생긴 여자는 다소곳하므로 소박을 당하는 일이 적다는 말 2. 사람됨은 얼굴과 상관없음.
자리마다 지킴이 있다. **해설** : 텃새를 한다.
작은 고추가 더 맵다. **해설** : 몸집이 작은 사람이 큰 사람보다 재주가 뛰어나고 야무짐.
장인이 '이년아' 하니 사위마저 장모를 '이년아' 라고 한다. **해설** : 함부로 본보기 하면 안 된다.
재수 없는 놈은 뒤로 자빠져도 코가 깨진다. **해설** : 일이 안되려면 하는 모든 일이 잘 안 풀리고 뜻밖의 큰 불행도 생긴다.
주먹구구에 박 터진다. **해설** : 계획성 없이 그저 대강 맞추어 하다가는 나중에 큰 봉변을 당하게 됨.
주인 배 아픈데 머슴이 설사한다. **해설** : 남의 일로 인하여 공연히 벌을 받거나 손해를 입는다.
죄는 지은 데로 가고 덕은 닦은 데로 간다. **해설** : 죄를 지으면 벌을 받고 덕을 쌓으면 복을 받는다.
지성이면 감천이라. **해설** : 정성이 지극하면 하늘도 감동하게 된다는 뜻으로, 무슨 일에든 정성을 다하면 아주 어려운 일도 순조롭게 풀리어 좋은 결과를 맺는다는 말.

지척이 천 리라. 해설 : 서로 아주 가까운 곳에 살면서도 오래 만나지 못하여 멀리 떨어져 사는 것과 같다.
착한 사람, 너는 우리 집안의 보물이다. 해설 : 복이 많고 사랑 받는 며느리.
청배나무 소년 적에 칼 찬 선비 다 오더니 청배나무 고목되니 눈먼 새도 아니 온다. 해설 : 늙고 병들면 누구 하나 찾아 주지 아니하고 좋아하는 사람도 없음을 비유적으로 이르는 말.
치마 밑이 내 살이면 묻지 말고 가라고. 해설 : 속속들이 정을 주는 여자의 힘, 재능이었다.
친절한 입에서 비밀을 지키자. 해설 : 인내하면 누설이 없다.
티끌 모아 태산. 해설 : 아무리 작은 것이라도 모이고 모이면 나중에 큰 덩어리가 됨.
팽이는 치면 칠수록 잘 돌아간다. 해설 : 사람도 매를 치면 엄숙한 태도에 시정을 한다.
하늘이 맑아야 개못도 맑아진다. 해설 : 여의치 않는 일.
학교 선생님이 "애들아, 식사 후 너희들 눈 뜨고 자라." 해설 : 현명한 선생님.
한강물에 차랑알 차듯. 해설 : 이 넓은 곳에서 너를 만나듯.
헛다리 짚지 마라. 해설 : 남의 것을 탐내지 마라.
형제 가는 길에 법도 침범 못한다고. 해설 : 윤기가 비친다.
일소일소(一笑一少), 일노일로(一怒一老). 뜻 : 웃으면 젊어지고 성내면 빨리 늙음. 곧 웃고 지내라는 말.

눈치 없는 이웃 할머니

이웃할머니가 매일 신혼부부 침소에 합숙하러 오는 것을 거절을 못해 두 부부가 음성을 높여 분쟁을 하니까 할머니가 "얘들아, 나를 봐서 참아라" 하시면서 애환의 얼굴 이것이 인간의 본능이었다.

아내의 애틋한 원한

어두컴컴 빈방 안에 귀신같은 임 앉아서 비녀 팔아 달빛 팔아 청 비녀 또 팔아오니 고이 잠든 님 좀 보소. 서방 원한 소원이라 병든 남편 고치려다 이루지 못한 원한 서려.

독한 시어머니

콩밭 매러 보내는 시어머니 며느리 죽게 하려고 더운 하절기 웅덩이 있는 곳에 빠져 죽게 하기 위해 김매는 밭에서 일을 시켰다. 며느리는 더위 못 이겨 웅덩이에 들어서 목욕을 하고 밭을 매니 그 해는 풍년이었다. 시원하기 그지없어 맡은 일에 열심히 한 덕분에 시어머니 보란 듯 잘만 살았다. 지성이면 감천이라고, 이걸 두고 난 말이다.

친정어머니의 친절

친정 엄마가 딸을 아끼느라고 큰 나무 그늘 있는 밭을 주었더니 딸은 더위에 못 이겨 그늘진 곳만 찾아 시원한 바람 따라 잠만 잤다. 결국 그해 폐농한 것이다. 친정어머니의 친절이 독이었다. 지성이면 감천이라, 이를 두고 하는 말이다.

선비 남편

옛 선비는 글공부 가난에 면치 못해 손님 오면 상다리 놓고 장 떠오라고 외친다. 거행치 못하는 부인 안절부절못하며 살아갈 길이 막막했다. 그녀는 할 수 없이 문전을 떠나 재혼을 했으나 가난을 면치 못해 늘 들판에 쟁기를 훑어 끼니를 때우는 운명이었다. 어딘가 달려오는 승마에 몸을 실어 소리치며 던져준 그 한마디 거기 쟁기 훑는 저 부인아, 나를 따라 오라거든 하는 말. 발자국 밟아 오시라고 하며 호령 치더니 전 남편 늦으시던지 그 어사또가 달려가자 이 부인은 자국자국 밟아도 따라갈 수 없어 자리 주저앉아 팔자대로 살아가는 운명 뉘 원망 하리오. 한을 남긴 부인.

네 자신이 변화를 가지면 너의 운명도 변화를 일으킨다. 해설 : 운명은 자신이 개척하는 것이다.
물건을 잃어버리고 나서야 비로소 그 가치를 안다. 빛깔은 아름다우나 향기 없는 꽃처럼 말이 훌륭해도 실천이 없으며 결실이 없다. 해설 : 빈 상자를 쉽게 포장한다는 뜻. 눈에 보이지 않는 것보다 마음이 보이지 않는 것이다.
신용이 떨어지는 것은 거울이 깨지는 것과 같다. 해설 : 신용은 떨어지기 쉽다.
아는 것은 손쉽지만 행하는 것은 어렵다. 해설 : 무슨 일이나 말로 하기는 쉬워도 실제로 행동에 옮기기는 쉽지 아니하다는 말.
일본국 장수 비결은 목욕을 매일 하는 것이다. 해설 : 사람은 늘 청결해야 한다.
자존심 세고 오만한 자에게 없는 것은 자신의 인격을 존중하는 마음과 행동이다. 사람의 자존심은 목숨을 구하는 것보다 귀중하지 못하리라. 해설 : 인격을 존중해야 한다.
주머니가 빈 뒤에 절제는 이미 늦다. 해설 : 꾸준히 절제를 해야 한다.
칭찬은 남에게 책임은 나에게. 해설 : 자신이 책임을 지라는 뜻.
하고자 하는 노력하는 자는 힘을 가진다. 해설 : 발휘에 최선을 다해야 한다.

강태공 착한 것을 보거든 목마를 때 물 본 듯이 주저하지 말고 악한 것을 듣거든 귀머거리같이 하라. 그리고 착한 일이란 모름지기 탐을 내고 악한 일이란 모름지기 즐겨하지 말라.
괴테 그대의 것이 아니거든 보지를 말라. 그대의 마음을 흔드는 것이라면 보지를 말라. 그래도 강하게 덤비거든, 그 마음을 힘차게 불러일으켜라. 사랑은 사랑하는 자에게 찾아갈 것이다.
노자 곧으려거든 몸을 구부려라.
논어 교묘한 말은 덕을 어지럽히며, 작은 것을 참지 못하면 큰 계획을 어지럽히게 된다.
논어 자신에게 엄격하고 남의 행동에는 대범하라.
담자화서 교만한 자는 마음은 늘 가난하다.
도로우 나는 항상 일을 하고 있다. 그리고 생각하고 있다.
듀이 지식은 도구이다.
디즈레일리 무지를 자각하는 것은 지식 향상의 커다란 단계다.
러스커 인간의 참된 삶은 믿음 위에서만 가능하다.
르나드 사랑하는 사람과 순수한 양심을 가진 사람에게 인생은 달콤한 것이며 유쾌한 것이다.
마빈 토케이어 인간은 그 마음을 조절할 수 있는 것이 인간이다.

맹자 인(仁)은 사람의 마음이요, 의(義)는 사람의 길이라. 그 길을 버리고 따라가지 않으며, 그 마음을 잃어버리고 찾지 않으니 슬프도다. 사람이 자기 소유의 닭이나 개를 잃어버리면 그것을 찾으려고 하지만 잃어버린 마음은 찾으려 하지 않는다. 학문의 길이란 별 다른 것이 없다. 잃어버린 마음을 찾는 것이다.
메러디드 겸손을 배우려 하지 않는 자는 아무것도 배우지 못한다.
몽테뉴 인간은 전 세계를 알면서도 자기 자신을 모르고 있다.
밀레 희망은 사람의 마음속에 마르지 않는 샘이다.
범순인 남을 책망하는 마음으로 자기를 책망하라.
베르질리우스 희망을 가지고 보다 나은 때를 위해 힘을 길러라.
비스마르크 일하라, 더 일하라, 지칠 때까지 더 일하라. 번성할 때 교만하면 빈한할 때 덕이 없다.
석가모니 싸움에 있어서는 한 사람이 천 사람을 이길 수도 있다. 그러나 자기에게 이기는 자야말로 가장 위대한 승리자다.
성 암브로시우스 남에게 무례한 짓을 하지 말고 남에게 무례한 짓을 당하지 말라.
세계 명언 과실은 고치지 않는 것이 과실이다. 세상을 살아가는 데 신이 아닌 이상 죄를 무마치 못한다.
셰익스피어 마음이 유쾌하면 종일 걸을 수 있고 괴로움이 있으면 십 리 길에도 지친다.

셰익스피어 실수에 대한 변명은 늘 그 변명 때문에 또 하나의 실수를 범하게 한다.
소학 평생토록 길을 양보해도 백 보에 지나지 않을 것이며, 평생토록 밭두렁을 양보해도 한 마지기를 잃지 않을 것이다.
쇼펜하우어 인간이 살고 있는 이 세상은 그가 보는 시각에 따라 모양이 달리 보인다.
쉐드 배가 항구에 정박해 있으면 안전하지만 그것은 배를 만든 목적이 아니다.
스나드 행복은 매우 가까운 곳에 있다. 우리 마음속에서 행복을 찾아내라.
스코트 휴식이 너무 길면 녹이 슨다.
안병욱 우정은 참으로 소중한 가치의 하나다. 정다운 친구와 마주 앉아서 허물없이 대화를 즐기는 시간은 인생의 즐거운 시간이다. 진정한 친구란 그리 흔한 게 아니다. 인생의 지기는 참으로 드물다.
엘리암 고든 행복이란 자신이 속하지 않는 것이다.
여이보리 무엇을 얻을 것인가 생각하지 말고 무엇을 버려야 할 것인가 생각하라.
영국 명언 너의 이웃을 사랑하라. 그러나 울타리는 없애지 마라.
영국 명언 밤마다 죽었다가 아침마다 새롭게 태어나니 하루가 이와 같고 인생이 이와 같다.
우드로 윌슨 운명에는 우연이 없다. 인간은 어떤 운명을 만나기 전 벌써 제 스스로가 그것을 만들고 있는 것이다.

유효덕
얌체를 버리고 인격을 갖춰라.

입센
인간은 첫째 의무는 무엇인가? 그것은 자기 자신이어야 한다는 것이다.

장자
언덕은 낮은 것이 쌓여 높아지고 강물은 적은 물이 합류하여 커진다.

정황
귀로 듣는 것은 눈으로 보는 것만 못하고, 눈으로 보는 것은 몸으로 행하는 것만 못하다.

제인 오스틴
네 마음의 작은 뜰에 인내를 심어라. 그 뿌리는 쓰더라도 그 열매는 달다.

존 F. 케네디 미국 前 대통령
해야 할 일은 해야 한다. 어떤 고난과 장애와 위험, 그리고 압력이 따르더라도. 그것이야말로 모든 인간 도덕의 기본이다.

주베르
어린이는 비평보다 본보기가 필요하다.

진자함(振字函)
배고프면 밥을 먹고 피곤하면 잠을 잔다.

탈무드
거짓말쟁이가 받는 가장 큰 벌은 그가 진실을 말해도 사람들이 믿지 않는 것이다.

탈무드
성공의 문을 열기 위해서 밀거나 당겨야 한다.

토마스 켐피스
죄를 짓고 변명하는 것보다 참회의 눈물을 머금는 것이 훨씬 낫다.

톨러
꿈꾸지 않는 자는 힘도 없다. 마음의 평화는 내 집 옆에 있다.

톨스토이
내가 만나는 사람들에게는 반드시 배울 만한 점이 있다.

프랑스 속담 사람은 친하면 친할수록 허점이 보인다.
프랭클린 루스벨트 사람은 자기의 약점을 들여다보고 비관하느니 자신의 장점을 키우는 데 힘써야 한다. 땅 속에 무진장의 금광이 들어 있듯이, 사람의 정신 속에도 파면 팔수록 빛나는 재능이 들어 있다. 노력만이 나의 재능을 빛낼 수 있다.
필립스 사람은 나이를 먹는 것이 아니라 좋은 포도주처럼 익는 것이다.
하라시 있는 그대로의 세계를, 있는 그대로의 인간을 찾아내는 것이 중요하다.
한국 명언 참다운 창조는 극히 작은 일에서도 관심이 될 만한 그 무엇을 찾아보는 것이고, 사람의 가치는 재산이 아닌 아니고 그의 됨됨이에서 나온다.
헨리 포드 미래를 겁내고 실패를 겁내는 사람은 그 활동을 제한당하여 손발을 내밀지 못한다. 실패는 별로 겁낼 것이 아니다. 이전보다도 더욱 풍부한 지식으로 다시 시작할 좋은 기회이다.
회남자(淮南子) 사슴을 쫓는 자는 토끼를 돌아보지 않는다.
A. 포프 이성은 나침반이다. 정열은 질풍이다.
H. J. 모링브룩 욕망과 감정은 인간성의 용수철이다. 이성은 그것을 통제하고 조절하는 브레이크다.
J.러스킨 인생은 흘러가는 것이 아니고 성실로써 내용을 이루어 가는 것이라야 한다.
W.드러먼드 하루하루를 마치 그대의 최후의 날인 것처럼 살아가라.

마태복음 4장 4절
사람이 떡으로만 살 것이 아니요, 하나님의 입으로부터 나오는 모든 말씀으로 살 것이라.
마태복음 7장 12절
남에게 대접을 받고자 하는 대로 너희도 남을 대접하라. 이것이 율법이요, 선지자니라.
누가복음 11장 9절
내가 또 너희에게 이르노니 구하라, 그러면 너희에게 주실 것이요. 찾으라, 그러면 찾아낼 것이요. 문을 두드리라, 그러면 너희에게 열릴 것이니.
하박국 3장 2절
여호와여 주는 주의 일을 이 수년 내에 부흥하게 하옵소서. 이 수년 내에 나타내시옵소서. 진노 중에라도 긍휼을 잊지 마옵소서.
신명기 26장 15절
원하건대 주의 거룩한 처소 하늘에서 보시고 주의 백성 이스라엘에게 복을 주시며 우리 조상들에게 맹세하여 우리에게 주신 젖과 꿀이 흐르는 땅에 복을 내리소서 할지니라.
야고보서 1장 2-3절
내 형제들아 너희가 여러 가지 시험을 당하거든 온전히 기쁘게 여기라. 이는 너희 믿음의 시련이 인내를 만들어 내는 줄 너희가 앎이라.

주를 위해 바칩니다

안철호

세상에서 방황할 때 나- 주님을 몰랐네
많은 사람 찾아와서 나의 친구가 되어도
이 죄인의 애통함을 예수께서 들으셨네
내 모든 죄 무거운 짐 이젠 모두다 벗었네

내 맘대로 고집하며 온갖 죄를 저질렀네
병든 몸과 상한 마음 위로받지 못했다오
못자국 난 사랑의 손 나를 어루만지셨네
우리 주님 예수께서 나와 함께 계신다오

예수여 이 죄인도 용서받을 수 있-나요
예수여 이 죄인을 불쌍히 여겨주-소서
내 주여 이 죄인이 다시 눈물 흘립-니다
내 주여 이 죄인이 무한 감사드립-니다

벌레만도 못한 내가 용서받을 수 있나요
의지할 것 없는 이 몸 위로받기 원합니다
오 내 주여 나 이제는 아무 걱정 없습니다
나의 몸과 영혼까지 주를 위해 바칩니다

문학세계대표작가선 712

세월의 흔적

배순자 작품집

인쇄 1판 1쇄 2014년 4월 14일
발행 1판 1쇄 2014년 4월 21일

지 은 이 : 배순자
펴 낸 이 : 金天雨
펴 낸 곳 : 도서출판 天雨
등 록 : 1992. 2. 15. 제1-1307호
주 소 : 서울시 성동구 무학봉28길 6 금용빌딩 2F(하왕십리동 966-23)
전 화 : 02)2298-7661
팩 스 : 02)2298-7665
http://www.moonhaknet.com
E-mail : chunwo@hanmail.net

ⓒ 배순자, 2014.

값 15,000원

* 이 책의 저작권과 판권은 작가와의 협의에 따라 도서출판 天雨에 있습니다. 도서출판 天雨의 서면 동의 없는 무단 전재 및 복제를 금합니다.

* 저자와의 협의에 따라 인지는 생략합니다.

ISBN 978-89-7954-564-7